ŻYCIE ZERO WASTE
Żyj bez śmieci i żyj lepiej

ŻYCIE ZERO WASTE
Żyj bez śmieci i żyj lepiej

KATARZYNA WĄGROWSKA

Kraków 2017

Spis treści

Wstęp

Czym jest *zero waste*?

Najkrócej mówiąc, *zero waste* (z ang. „zero śmieci") to **życie bez generowania odpadów**. Głównym założeniem tego ruchu jest praktykowanie umiarkowanej i rozsądnej konsumpcji z poszanowaniem wykorzystywanych zasobów, aby zachować równowagę w środowisku i zostawić świat w co najmniej tak dobrym stanie, w jakim sami go zastaliśmy.

Dlaczego *zero*, a nie kilka?

W największych korporacjach, między innymi w Google'u i Intelu, stosuje się zasadę wyznaczania sobie bardzo ambitnych celów, żeby mieć większą motywację do ich realizowania. Jeśli cel będzie za łatwy, zbyt szybko możemy osiąść na laurach. Wartościowy cel to taki, który mamy na horyzoncie przez długi czas i do którego doprowadzi nas konkretny plan działania z mierzalnymi wskaźnikami jego realizacji. Cel plus droga do celu z konkretnymi „stacjami pomiarowymi" to coś, co warto uwzględnić, gdy myślimy o dużym życiowym przedsięwzięciu. Takim celem jest dla mnie bezodpadowe życie.

Być może życie zupełnie bez odpadów to mrzonka. Jednak droga do niego jest tak wciągająca, że gdy raz się na nią wstąpi, trudno z niej zejść. A jeśli nawet zboczy się ze ścieżki, po chwili refleksji wraca się na właściwe tory.

Może nawet to, co po drodze, jest bardziej ekscytujące niż samo osiągnięcie celu. Droga w tym przypadku też jest celem, równie wartościowym jak ten, do którego ma nas doprowadzić.

Trochę historii

Zero waste to pojęcie, które pierwszy raz zostało użyte w USA w latach siedemdziesiątych przez Paula Palmera, założyciela przedsiębiorstwa zajmującego się powtórnym użyciem surowców chemicznych stosowanych w sprzęcie elektronicznym, Zero Waste Systems Inc. Od tamtej pory w Stanach Zjednoczonych stopniowo rozwijał się ruch *zero waste*, skupiający się na ekologii i świadomym podejściu do obiegu odpadów w gospodarce (ang. *circular economy*), stojąc w opozycji do ich składowania na wysypiskach czy spalania.

Rewolucja w podejściu do śmieci nastąpiła w momencie, gdy Bea Johnson, autorka amerykańskiego bloga „Zero Waste Home", zdecydowała, że chce zredukować ilość produkowanych przez siebie odpadów do zera. Bea postanowiła bezwzględnie rozprawić się z problemem śmieci, czym szokowała, wzbudzała oburzenie i zdziwienie, ale z biegiem czasu również zachwyt. Przez pierwsze lata wiele osób śledziło jej działania, nie mogąc uwierzyć w to, co osiągnęła. Przy okazji opisywania swojego życia, obserwowania siebie i swojego otoczenia Bea sformułowała pięć zasad (tak zwane **5R**), które stały się pięcioma przykazaniami każdego „zeroodpadowca". *Refuse*, *reduce*, *reuse*, *recycle* i *rot* – stanowią kręgosłup, wokół którego rozwinął się cały, globalny już, ruch *zero waste*.

Pięć zasad życia bez odpadów

Refuse	**1.** Odmawiaj
Reduce	**2.** Ograniczaj
Reuse	**3.** Użyj ponownie
Recycle	**4.** Przetwarzaj
Rot	**5.** Kompostuj

Z początku nie rozumiałam, jak w ogóle można żyć bez śmieci. Osiągnięcie Bei w postaci wygenerowania zaledwie jednego słoika odpadów rocznie na czteroosobową (!) rodzinę wydawało mi się grubą przesadą i mordęgą dla wszystkich w to zaangażowanych. Przecież to niemożliwe, żeby zupełnie nie tworzyć śmieci! Moje narastające zdziwienie zaowocowało poszukiwaniem informacji na temat realiów życia piewczyni idei *zero waste*. Czy na pewno niczego nie ukrywa? Czy jej życie nie jest oparte na dobrze się sprzedającym, medialnym kłamstwie? Jak duży musi być słoik, by pomieścić moje roczne odpady?

Od zetknięcia się z utopijnym założeniem, że można żyć bez wytwarzania odpadów w domu, do rozpoczęcia mojego własnego eksperymentu musiało upłynąć trochę czasu. Tygodniami starałam się zrozumieć, jak Bea jest w stanie nie wyrzucać śmieci i jak wygląda jej życie, skoro może się skupić na niegenerowaniu odpadów, nie rezygnując przy tym z normalnego funkcjonowania swojej rodziny. „Ona musi mieć mnóstwo czasu" – myślałam. „Nic nie robi, tylko jeździ po zakupy, wyszukując produkty bez opakowania". Gdy zaczęłam czytać jej bloga, zrozumiałam, że życie bez odpadów to stan, którego nie osiąga się od razu. Do zmiany prowadzi seria małych kroków – dokonywanie świadomych konsumenckich wyborów. Z czasem zaczynasz rozumieć, co jest lepsze dla ciebie, twojej rodziny, twojego domu, miasta i środowiska. Co ciekawe, wydaje się, że ta droga nie ma końca, bo świat się zmienia, tak jak i nasze potrzeby nie zawsze są takie same.

Przykład Bei Johnson pokazuje, że bezodpadowe życie jest możliwe, tylko trzeba się do niego odpowiednio przygotować.

Czym jest *zero waste* w formie, którą znamy?

Zero waste to droga do maksymalnego ograniczenia ilości generowanych odpadów poprzez rezygnację z problematycznych produktów, ograniczenie stanu posiadania do rozsądnego minimum, ponowne używanie produktów uznawanych za jednorazowe, przetwarzanie rzeczy nadających się do przetworzenia i kompostowanie odpadków organicznych. Dzięki takiemu podejściu, a głównie dzięki przemyślanemu podejściu do konsumpcji, można osiągnąć efekt bliski jednemu słoikowi Bei. Wymaga to jednak odpowiedniej kontroli nad swoimi wyborami zakupowymi oraz wyobraźni i wiedzy na temat tego, w jaki sposób można przetwarzać odpady, by nie stały się obciążeniem dla środowiska.

Ruch *zero waste* narodził się w USA, gdzie mieszka Bea. Ona sama zaczęła życie bez odpadów około 2008 roku. W tym samym czasie pojawiło się sporo blogów promujących bezodpadowy styl życia – każdy na swój sposób opisuje, jak zminimalizować swój śmieciowy ślad na Ziemi. Jednym z nich jest „Trash is for Tossers", na którym piękna Lauren Singer zaraża świadomym podejściem do konsumpcji i zdrowego stylu życia. Z kolei „My Plastic-free Life" to blog, którego autorka Beth Terry postanowiła podjąć wyzwanie i dobrowolnie zrezygnować z produktów plastikowych.

Podejście *zero waste*, znane też jako *no waste* czy *reduce waste*, zagościło w końcu w Europie, gdzie – jak się okazuje – świadomość ekologiczna i konsumencka jest o wiele większa niż w USA. Jak twierdzi sama Bea, Europejczycy szybciej dochodzą do tego, jak fatalny wpływ mają na nas tworzywa sztuczne i odpady w ogóle. Podejmujemy różne inicjatywy, by zmniejszyć ilość odpadów, segregujemy śmieci, częściej wsiadamy na rower, zwracamy uwagę na to, co jemy i jak żyjemy. Realia „śmieciowe" są jednak różne – zależą od kraju i funkcjonujących w nim regulacji prawnych, bo to wokół nich budowany jest cały system gospodarowania odpadami i nasze pomysły na ich redukcję. Ogromną rolę odgrywają organizacje pozarządowe i oddolne ruchy społeczne, które dzięki rosnącemu poparciu mogą wiele zdziałać w szerzeniu świadomości ekologicznej i konsumenckiej. Problem tylko w tym, że to, co dla osoby zaangażowanej jest warte uwagi, dla zwykłego obywatela może być niezrozumiałe i mało ważne.

Gdy zainteresowałam się życiem bez odpadów, trafiłam na grupę „Zero Waste Polska" na Facebooku. To dzięki niej miałam szansę znaleźć inne osoby, które starają się żyć bez generowania odpadów w polskiej rzeczywistości. Czułam, że nie jestem sama, że moje porażki bywają też porażkami innych. Razem uczymy się, jak wyciągać z nich wnioski, poznajemy alternatywy dla sprawnego zarządzania odpadami. To wspaniałe, że mogę liczyć na wsparcie innych, szczególnie gdy mam chwile zwątpienia, czy wybrana przeze mnie droga ma sens. Dzięki temu, że widzę efekty moich działań we własnym domu, w najbliższym otoczeniu, ale też wśród innych osób na tej samej ścieżce, mam wrażenie, że robię coś dobrego i ważnego. Że małe, codzienne kroczki mają znaczenie w szerszym kontekście. Dlatego gdy ktokolwiek mnie spyta, czy to, co robię, ma sens, mogę śmiało odpowiedzieć, że tak, bo widzę realną zmianę nastawienia również wśród innych. Trzepot skrzydeł motyla wywołuje burzę, a moje – i być może wkrótce także twoje – działania mogą zmienić świat, w którym żyjemy. To JEST realne, bo już się dzieje.

10 powodów, dla których warto żyć bez śmieci

Idea *zero waste* to nie tylko szlachetnie brzmiąca teoria. Wdrażanie jej założeń przekłada się na konkretne efekty! Niektóre z nich można zauważyć po krótkim, inne po dłuższym czasie, ale każdy ma pozytywny wpływ na nasze życie i – jakkolwiek górnolotnie to zabrzmi – na losy całego świata. Gdyby nie fakt, że nasze działania mają realne znaczenie w szerszym kontekście środowiskowo-społecznym, trudno byłoby mi przy nich wytrwać. Tobie również.

Gdy na samym początku myślałam o *zero waste* w moim domu, od razu przyszły mi do głowy plastikowe opakowania. Sądziłam, że to z nich będzie najtrudniej zrezygnować – są wszędzie, na co dzień nawet się ich nie zauważa. Większym problemem okazały się jednak odpady zmieszane wrzucane do kosza w szafce pod zlewem. Worek z nimi jest największy i najcięższy. Co tydzień opróżniamy nasz kosz resztkowy, ważący – nie skłamię – jakieś 10 kilo, prawie tyle, co moja dwuletnia córeczka. Dlatego pierwszym powodem, dla którego warto pomyśleć o *zero waste*, jest ten:

1. Żeby rzadziej wynosić śmieci

Segregujemy odpady i w sumie mamy w domu cztery kosze na śmieci: na odpady zmieszane, tworzywa sztuczne, makulaturę i szkło. Moje pojemniki potrafiły napełniać się bardzo szybko. Ledwo wróciłam ze spaceru do osiedlowych kontenerów i odstawiłam kosze na miejsce, już lądowały w nich kolejne odpadki. Częste wynoszenie śmieci było koniecznością, inaczej nie dałoby się przejść przez przelewające się w kuchni papiery i opakowania. Dodajmy do tego nieprzyjemne zapachy z kosza na odpady zmieszane i wychodzi mieszanka wybuchowa, której musiałam się pozbywać.

Wynoszenie śmieci nie należy do moich ulubionych czynności. Zawsze licytujemy się z mężem, czyja teraz kolej. On butelki, ja plastiki. On zmieszane, ja makulaturę. I tak w kółko. Nie jesteśmy jeszcze w stanie całkowicie zaprzestać generowania odpadów, ale odkąd wdrażamy zasady ich redukowania, nasze spacery do kontenerów stały się o wiele rzadsze. Zakładając, że przygotowanie śmieci do wyniesienia, wędrówka do śmietnika przed blokiem i powrót zajmują około 15 minut dwa razy w tygodniu, całkowita eliminacja odpadów daje nam 1560 minut w skali roku, co oznacza – uwaga – 26 godzin do wykorzystania na o wiele przyjemniejsze czy pożyteczniejsze rzeczy. Wolę spędzić ten czas, czytając o interesujących mnie sprawach, albo poświęcić go mężowi i dzieciom.

2. Żeby uniknąć rozrastania się wysypisk śmieci

Z odpadami jest jak z kłopotem – gdy się z nim uporamy, chcemy jak najszybciej o nim zapomnieć. Niestety, śmieci nie znikają po wyniesieniu z domu. Jest to gorzka prawda, którą musiałam sobie uświadomić na samym początku drogi do *zero waste*.

W telegraficznym skrócie: niesortowane odpady resztkowe z mojego domu lądują na wysypisku, na którym gromadzone od lat śmieci piętrzą się w wielotonowe góry wysokości kilkudziesięciu metrów. Warszawiacy śmieją się, że najwyższym szczytem województwa mazowieckiego jest zamknięte w 2011 roku składowisko Łubna. Góra śmieci zajmująca 20 hektarów ma wysokość 112 metrów (170 metrów n.p.m.). Co roku przywożono tu 250 ton odpadów[1]. Obecnie miejsce to podlega rekultywacji, która zakoń-

---

1 Grzegorz Szymanik, *Wysypisko śmieci pełne skarbów. Co można tam znaleźć?*, „Gazeta Wyborcza" [online], 9 kwietnia 2011, warszawa.wyborcza.pl/warszawa/1,34889,9402393,Wysypisko_smieci_pelne_skarbow___Co_mozna_tam_znalezc_.html? (dostęp: 24 maja 2017).

czy się po około 30 latach – tyle mniej więcej trwa proces przy-wracania terenów powysypiskowych naturze. Oczywiście obszar ten nie będzie się nadawać pod uprawy, gdyż toksyny z groma-dzonych tam przez dziesięciolecia odpadów będą tkwić w ziemi jeszcze długie lata. Jednak dzięki rekultywacji okoliczni mieszkań-cy otrzymają teren zielony zamiast odstraszającej odorem i wy-glądem hałdy śmieci z warszawskich domów.

Kiedyś żyłam w przekonaniu, że materia organiczna wyrzuca-na przeze mnie do kosza na odpady zmieszane rozłoży się właś-nie na składowisku. Okazuje się jednak, że warunki, jakie tam panują, nie sprzyjają rozkładowi. Na wysypisku można znaleźć świetnie zachowane gazety sprzed kilkudziesięciu lat, a obierki z warzyw latami nie zmieniają formy.

Między warstwami odpadów piętrzącymi się jedna na drugiej powstaje środowisko beztlenowe, w którym wytwarzają się gazy, przede wszystkim metan. Jest on bardziej niebezpieczny dla at-mosfery niż dwutlenek węgla, ponieważ uwalnia znacznie więcej ciepła (zob. s. 21, 51). Na składowiskach odpadów często buduje się biogazownie wykorzystujące właśnie metan do produkcji bioener-gii. Gdy brak biogazowni, wysypisko należy odgazowywać spec-jalnie montowanymi rurkami, a metan spalać, nawet jeśli ener-gia z tego procesu nie zostanie wykorzystana.

Poza tym składowiska odpadów zanieczyszczają środowisko chemicznymi wyciekami, które przenikają do wód gruntowych i powierzchniowych, szpecą krajobraz i wydzielają rażąco niemiłe zapachy, skutkiem czego mieszkańcy okolicznych miejscowości nierzadko żądają ich zamknięcia. Dzięki takiemu protestowi zli-kwidowano wysypisko Łubna. Natomiast stale otwiera się kolejne.

Jeśli nadal myślisz, że składowiska to wygodny sposób na po-zbycie się śmieci z własnego pola widzenia, zastanów się, czy chciałbyś, by odpady gromadzono koło twojego domu. Albo po-myśl, czy to, co wyrzucasz w workach do kontenerów, chciałbyś zakopywać w swoim ogródku – i jak długo mógłbyś to robić, zanim skończyłoby ci się miejsce. Rok? Miesiąc? A może tydzień?

Jeśli nie przynosisz do domu śmieci, również ich nie wyrzucasz. A gleba, powietrze i woda na tym nie tracą.

3. Żeby żyć w czystszym kraju

Spacer po lesie może obfitować w skrajne emocje. Z jednej strony odpoczywam od miejskiego krajobrazu, ciesząc się spokojem, czystym powietrzem i bliskością natury. Z drugiej obserwuję, jak pod drzewami i w krzakach gromadzą się śmieci przyniesione tu przez ludzi. Ucieczka od miejskości zatacza koło, bo to, co w mieście sprzątają specjalne służby, z dala od niego zalega pozostawione samo sobie. Śmieci w lesie to obrazowy przykład, który uzmysłowił mi, jak kiepskimi panami jesteśmy dla tego świata.

Polska ma około 800 wysypisk śmieci, czyli w 800 miejscach ludzie walczą o świeże powietrze, trawniki wolne od foliówek i dzieci niezagrożone chorobami układu oddechowego. Lato musi być dla nich przekleństwem.

O ile czyściej i w efekcie lepiej by nam się żyło, gdyby zmniejszyć ilość śmieci wytwarzanych w naszych domach? Wyobrażasz sobie, że twoja rodzina generuje słoik, no dobrze – wiadro śmieci rocznie? Można by wtedy zrezygnować z 700 wysypisk, ratując powietrze, glebę i wodę od zatrucia, a samym sobie sprezentować zdrowie. *Zero waste* to czystszy, piękniejszy kraj!

4. Żeby uniknąć powstawania kolejnej wyspy odpadów na oceanie

Gdy dowiedziałam się o jej istnieniu, najpierw nie wierzyłam, potem nie rozumiałam, a teraz zastanawiam się, dlaczego my, ludzie, pozwalamy, by tony plastików pływały w naszych morzach i oceanach, zanieczyszczając całe ekosystemy. Great Pacific Garbage Patch[2], czyli w wolnym tłumaczeniu Wielka Pacyficzna Wyspa Odpadów, dryfuje po Oceanie Spokojnym pomiędzy Hawajami a Japonią. Składa się z ton śmieci, głównie trudno rozkładających się plastików, które trafiły do oceanu zwiewane przez silne wiatry ze składowisk odpadów albo spłukiwane z ulic strumieniami deszczowej wody, która niesie je do studzienek kanalizacyjnych, nierzadko do rzek, a stamtąd do większych akwenów. Plastik trafia do mórz na wiele różnych sposobów, ale głównym winowajcą jest człowiek i jego beztroska.

Wielkich wysp złożonych z odpadów jest więcej, bo prawdopodobnie pięć – na każdym z oceanów. Powstają one w wyniku koncentrowania się śmieci niesionych przez prądy morskie. Każda z tych wysp to ogromne zagrożenie dla całych ekosystemów wodnych, a także dla człowieka. Plastik pod wpływem światła rozkłada się w wierzchniej warstwie wody do mikrocząsteczek. Te wchłaniane są przez plankton i małe organizmy wodne, które stanowią pokarm dla ryb odławianych następnie przez człowieka. W ten sposób sami stajemy się ofiarami własnych śmieci, które trafiły nie tam, gdzie powinny. To kolejny dowód na to, że zasada „co z oczu, to z serca" nie ma zastosowania w odniesieniu do odpadów. Brudny problem może do nas wrócić ze zdwojoną siłą, jeśli pozwolimy naszym śmieciom na zanieczyszczanie wód na Ziemi.

5. Żeby oszczędzić

Prawdziwa cena kupowanego produktu to w dużej mierze koszt jego opakowania, dystrybucji, transportu i często również mar-

---

2 *Great Pacific garbage patch*, Wikipedia.org, en.wikipedia.org/wiki/Great_Pacific_garbage_patch (dostęp: 24 maja 2017).

ketingu i promocji. Zakupy na wagę pozwalają nie płacić za te pierwsze, a wybieranie lokalnych produktów zredukować pozostałe z wymienionych kosztów. Dzięki lokalnym i ekologicznym zakupom zyskuje nie tylko nasz portfel, lecz także zdrowie – nasze i naszych rodzin.

Odkąd żywię się tym, co kupię w kooperatywie spożywczej, która ma w ofercie produkty tylko od lokalnych dostawców, wiem, że bezpośrednio przyczyniam się do lepszego życia w moim mikro- i makrootoczeniu – bo wspomagam rozwój małych przedsiębiorców z okolicy, bo stawiam na dobrą jakość warzyw bez użycia chemii rolnej, bo w ten sposób wspieram bioróżnorodność upraw, dzięki którym rodzime gatunki roślin i zwierząt mają szansę na przetrwanie i rozwój. Zdrowy ekosystem wprost przekłada się na nasze zdrowie.

6. Żeby oddychać zdrowszym powietrzem

Cieszyłam się, gdy odkryłam biodegradowalne siateczki foliowe. Pomyślałam wtedy, że nareszcie nauka sprawiła, że można mieć plastik i nie mieć plastiku. Skoro biodegradowalny, to przecież się wkrótce rozłoży. Okazuje się, że w procesie defragmentacji biodegradowalne tworzywa sztuczne bynajmniej nie rozkładają się do materii organicznej, by razem z liśćmi i mchem tworzyć zdrową warstwę gleby. Mikrocząsteczki plastiku nigdy się całkowicie nie rozłożą i nigdy nie będą wartościowym pokarmem dla zwierząt, roślin czy mikroorganizmów. Nie ma takiego stworzenia na świecie, które byłoby w stanie strawić plastik. Ewolucja nie nadążyła za tempem rozwoju naszej cywilizacji. A może jej degradacji?

Jeśli nie chcesz wdychać z powietrzem pyłu polimerowego, zrezygnuj z plastikowych torebek. Jeśli chcesz jeść zdrowe rośliny, nie wyrzucaj plastików. Ogranicz kupowanie pakowanych produktów, bo inaczej nasze życie już wkrótce dramatycznie straci na jakości.

Poza tym przy produkcji, transporcie i przetwarzaniu konsumowanych przez nas dóbr wytwarza się ponad 40 procent gazów cieplarnianych[3] odpowiedzialnych za topnienie pokrywy lodowej i podnoszenie poziomu wód na Ziemi. Rezygnacja z nadmiernej konsumpcji to krok w stronę czystszej planety.

Przyzwolenie na składowanie odpadów to opowiedzenie się za zwiększoną emisją metanu i dwutlenku węgla do atmosfery. Metan z wysypisk uwalnia do atmosfery 84 razy więcej ciepła niż dwutlenek węgla[4]. Z tego powodu biomaterię warto przetwarzać na kompost, zamiast ryzykować nasilenie się efektu cieplarnianego.

7. Żeby szanować to, co mamy – naprawiać zamiast wyrzucać

Jedną z zasad życia *zero waste* jest naprawianie. Ciężko było mi się do niej przekonać, głównie z powodu wygody i braku czasu. A może zamiast naprawiać starą bluzkę, wolałam kupić sobie coś nowego, odświeżyć szafę? Teraz jestem otwarta na cerowanie i łatanie takiej odzieży, na której mi zależy i która z powodzeniem może być używana przez kolejne miesiące czy lata. Dotyczy to głównie ubrań dziecięcych, które eksploatowane są krótko, lecz intensywnie. Dzięki temu, że mam zaprzyjaźnioną krawcową, nie musimy kupować nowych spodni co miesiąc. Łaty na kolanach są naszym chlebem powszednim i nie wstydzimy się, że nasz synek ma cerowane spodnie.

---

3 *10 Reasons Why Zero Waste Is a Priority Climate Solution*, Nerc.org, 15 grudnia 2015, www.nerc.org/news-and-updates/blog/nerc-blog/2015/12/15/10-reasons-why-zero-waste-is-a-priority-climate-solution (dostęp: 24 maja 2017).

4 *Methane: The other important greenhouse gas*, Edf.org, www.edf.org/methane-other-important-greenhouse-gas (dostęp: 24 maja 2017).

Sama odkurzyłam starą, rodzinną maszynę do szycia i gdy mam więcej czasu, spędzam przy niej wieczory, koncentrując się na równych ściegach wędrujących przez podziurawioną tkaninę. Na pewno powrót do pracy zawodowej nie pomaga w znalezieniu czasu na szycie, ale mam nadzieję, że moja niedawno nabyta umiejętność nie zginie i będę ją wykorzystywać, gdy tylko nadarzy się sposobność.

Naprawiać można nie tylko ubrania. Warto dbać o meble, zabawki, książki, przybory kuchenne i łazienkowe. Nieco trudniej dziś o naprawę sprzętu RTV i AGD, który świadomie i celowo jest postarzany przez producentów. Co chwilę media ujawniają ich niecne praktyki, mające sprawić, że będziemy wymieniać sprzęt na nowy co pięć lat[5]. Tyle czasu mamy, by nacieszyć się nową pralką, lodówką czy płytą grzewczą, zanim zepsują się bez możliwości wykonania opłacalnej dla nas naprawy. Samemu trudno przywrócić do życia urządzenia najnowszej generacji, a specjaliści drogo wyceniają nawet drobną pracę. Często rozmowa ze złotą rączką kończy się konstatacją: „Bardziej będzie się państwu opłacało kupić nowe". Zamiast naprawiać, mamy wybrać nowy sprzęt, a stary, choć dopiero kilkuletni, wyrzucić na śmietnik i niczym się nie martwić. Dopiero niedawno proceder ten zwrócił uwagę Parlamentu Europejskiego, który planuje wprowadzić zakaz postarzania nowego sprzętu i wymóc na producentach umożliwienie jego naprawiania[6]. Bez tego może się okazać, że co miesiąc będziemy musieli wyrzucić i kupić jedno urządzenie elektroniczne, a starego w jakiś sposób się pozbyć.

---

5 Maria Huma, *Planowane postarzanie*, Ekonsument.pl, 23 maja 2013, www.ekonsument.pl/a66697_planowane_postarzanie.html (dostęp: 23 maja 2017).

6 Joanna Pieńczykowska, *Unia ma dość celowego psucia urządzeń przez producentów: Żywotność sprzętu ma być dłuższa*, „Gazeta Prawna" [online], 3 marca 2017, www.serwisy.gazetaprawna.pl/poradnik-konsumenta/artykuly/10-24251,produkcja-sprzetu-prawa-konsumentow-ue.html (dostęp: 23 maja 2017).

Żyjąc według zasad *zero waste*, mogę działać w granicach, na które pozwalają mi moje umiejętności, dlatego skupiam się na drobnych domowych naprawach i dbaniu o sprzęty, które działają, by służyły nam jak najdłużej. Wystarczy, że zamiast wyrzucić i kupić nowe, zaceruję synowi spodnie, skleję okładkę książki czy doszyję misiowi uszko.

Zamiast wyrzucać, naprawiaj!

Coraz więcej osób, wybierając drogie sprzęty domowe, zastanawia się, dlaczego tego rodzaju rzeczy tak szybko się psują. Najprostszym rozwiązaniem problemu jest naprawa, choć coraz rzadziej się na to decydujemy. Podobnie jest ze zniszczonymi ubraniami i wieloma innymi przedmiotami. Taka inicjatywa jak *repair café* (ang. „kawiarnia z naprawami") może oszczędzić nam nieco trudu, gdy nie mamy kwalifikacji, czasu lub ochoty, by zająć się naprawą jakiejś rzeczy.

Idea *repair café* zawiera się w zasadzie „napraw, zamiast wyrzucać" i stanowi jeden z filarów świadomego gospodarowania naszymi zasobami. Kawiarnia oferuje pomoc specjalistów z różnych dziedzin w zakresie naprawiania sprzętów i przedmiotów codziennego użytku, całkowicie za darmo, w miłej atmosferze współpracy i wzajemnego wsparcia. W poważnych przypadkach użytkownicy kawiarni często kierowani są do profesjonalnych zakładów naprawczych, co rozwija lokalny rynek drobnych rzemieślników.

Repair café mają zwrócić uwagę na problem zbyt szybkiego i bezrefleksyjnego wyrzucania sprzętów, często porządnych i mogących służyć latami. Dzięki naprawom w pakiecie z działającym sprzętem otrzymujemy wiele korzyści:

- więcej osób uczy się przydatnych umiejętności, które mogą wykorzystywać na co dzień,
- mniej śmieci ląduje na składowiskach,
- mniej surowców zużywa się do produkcji nowych przedmiotów,

- zmniejsza się emisja dwutlenku węgla, który wytwarzany jest przy produkcji i transporcie nowych produktów,
- lokalna społeczność się rozwija, wzmacniają się więzi międzyludzkie.

Pierwsza *repair café* powstała w 2009 roku w Amsterdamie z inicjatywy Martine Postmy. Sukces przedsięwzięcia zaowocował założeniem fundacji Repair Café Foundation, w ramach której lokalni aktywiści otrzymują wsparcie w zakładaniu filii kawiarni w swoich miastach.

W Polsce pierwszą (i do tej pory jedyną) *repair café* jest **kawiarnia w Pile**, założona przez Tomasza Wojciechowskiego. Prowadzący ją ludzie regularnie zmieniają lokale, by dotrzeć do jak największej liczby osób.

„Napraw dokonują specjaliści z różnych dziedzin, a do dyspozycji mieszkańców jest specjalista od sprzętu komputerowego, elektryk, krawcowa, serwis rowerowy (w sezonie) czy fachowiec od ostrzenia noży i nożyczek.

Pomoc mieszkańcom udzielana jest całkowicie za darmo, a do tego każdorazowo częstujemy kawą i świeżymi ciastami, przygotowanymi przez rodziców ze szkoły, w której w danym miesiącu urzędujemy" – mówi Bartosz Bober, jeden z członków pilskiej kawiarni. „Formuła przyjęta przez nas jest taka, aby raz w miesiącu zjawić się na każdym z pilskich osiedli. Mamy już za sobą pół roku działalności, a na swoim koncie setki zadowolonych mieszkańców, którym udało się podczas naszych wizyt pomóc. Do najczęściej naprawianych przedmiotów należą odzież, sprzęt komputerowy, rowery oraz noże".

Na całym świecie funkcjonuje około 1300 lokali typu *repair café*, z czego w całej Europie Środkowo-Wschodniej działają ich tylko trzy. Dla porównania: w Wielkiej Brytanii jest ich 230, a w krajach Beneluksu, czyli w regionie, skąd się wywodzą, aż 708! Być może to kwestia świadomości ekologicznej, którą potrzebujemy wzmocnić, by ta inicjatywa i u nas działała prężniej. Zakładajmy kawiarnie i naprawiajmy, zamiast wyrzucać!

8. Żeby robić świadome zakupy

Dla mnie świadome zakupy łączą się z wyborem lokalnych produktów zarówno dobrej jakości, jak i sprzedawanych bez opakowania albo w opakowaniu nadającym się do zwrotu lub ponownego użycia. Mam dość sklepów ekologicznych, w których wszystko oprócz warzyw zapakowane jest w foliowe torebki. Warto zwracać uwagę na całokształt śladu węglowego i odpadowego, jaki zostawiamy. Sama wybieram produkty sezonowe, bazując na pożywieniu, które jest naturalnie dostępne w danej porze roku. Zimą i na przednówku jem dużo domowych przetworów, latem korzystam z darów pól, grządek i sadów. Staram się unikać warzyw i owoców, które przyjechały do nas z drugiego końca świata, szczególnie że – nie wiedzieć czemu – często pakowane są po jednej sztuce w plastikowe torebki. Smuci mnie widok ciasno zafoliowanych ogórków; robi się to chyba tylko po to, by się nawzajem nie uszkodziły ogonkami podczas transportu.

Masowa produkcja żywności mnie przeraża. Zatrważające są metody, którymi są w stanie posłużyć się wielcy hodowcy, by ponieść jak najmniej strat. Sztuczne nawozy, pestycydy, herbicydy – to wszystko spożywamy wraz z atrakcyjnym i z pozoru zdrowo wyglądającym owocem. Odkąd zmieniłam dietę na sezonową, z poszanowaniem praw rządzących urodzajem i nieurodzajem, mam pewność, że choć w tym zakresie uchronię moje dzieci przed szkodliwymi efektami współczesnego życia. A za opakowania dziękuję, mam swoje.

9. Żeby zwrócić uwagę na problem nadmiernej konsumpcji

Konsumowanie dóbr nigdy nie było tak łatwe jak teraz. Półki sklepowe uginają się od produktów, które beztrosko wkładamy do koszyków. Obrastając w nadmiar, rzadko zastanawiamy się nad konsekwencjami naszych wyborów dla środowiska. Wiem, bo jeszcze niedawno sama lubiłam spędzać wolny czas na zakupach, bezrefleksyjnie podążając za zbyt szybko zmieniającą się modą. Tu sezonowość ma negatywny wymiar, bo sezon generowany jest sztucznie przez firmy chcące osiągnąć jak największy zysk.

Zero waste to zdrowe podejście do zakupów, podążanie za własnymi potrzebami, a nie tymi, które narzucają nam machiny marketingu. *Zero waste* to także brak przyzwolenia na marnotrawienie zasobów wykorzystywanych do produkcji dóbr, które potem wyrzucamy. To nauka gospodarności, która przekłada się na większą kontrolę nad własnymi finansami, własną lodówką i własnymi odpadami.

10. Żeby dbać o zasoby naturalne

Dziesięć procent wydobywanej ropy naftowej jest zużywane do produkcji i transportu plastikowych opakowań. Ropy, która jest nieodnawialnym bogactwem naturalnym i której zapasy kiedyś się wyczerpią. O ile racjonalniej byłoby korzystać z wielorazowych opakowań wytwarzanych z łatwo odnawialnych surowców, których pozyskiwanie nie wiąże się z nadmiernym eksploatowaniem zasobów naszej planety?

Polska historia śmiecenia

Kto by kiedyś pomyślał, że można żyć bez śmieci. Każda polska rodzina ma w domu kosz na odpady. Najczęściej w szafce pod zlewozmywakiem. Rzadziej w innych miejscach, niedaleko miejsca roboczego w kuchni. Dodatkowo stawiamy kosze na śmieci w innych pomieszczeniach. W łazience kosz na odpady higieniczne.

W pokoju dziecięcym pojemnik na pieluchy. W biurze kosz na odpady papiernicze. Śmiecimy zawsze i wszędzie.

Śmieci w naszych domach to przedmioty lub pozostałości po różnych rzeczach, które nie są nam więcej potrzebne. Chcemy się ich pozbyć, bo nie widzimy dla nich żadnego sensownego zastosowania. **Sprzątanie jest naturalną częścią naszego życia, ale wyrzucanie praktykujemy od niedawna.**

To, że segregujemy śmieci, oczywiście ma swój sens, o ile wysyłamy je do ponownego przetworzenia, ale również jest to koncept nowy w perspektywie całej historii ludzkości.

Śmieci i bogactwo

Słowo śmieć pochodzi od czasownika mieć. O historii śmiecia profesor Sulima pisze: „[...] polskie przysłowia nie znają pojęcia śmieci jako odpadów, czegoś zbędnego. Śmiecie są synonimem własności, gospodarzenia, obfitości dóbr. [...] Śmiecie to coś, co [jest] »miecone« i »miecione«, a więc pierwotnie: mnogie, niepoliczalne, rozproszone, oznaczające bogactwo"[7]. Można z tego wysnuć wniosek, że dawne bogactwo, komfort posiadania wielu dóbr dziś przekłada się na wygodę... pozbywania się dóbr. Śmieć zmienił swe znaczenie – z tego, co mamy i jest nam drogie, stał się tym, czego mamy za dużo, co jest bezwartościowe, bo – być może – mamy wszystkiego aż nadto.

„W **cywilizacji drewna** nie było śmieci, podlegały one – mówiąc najogólniej – mineralizacji albo wtórnemu użyciu"[8] – twierdzi Roch Sulima, badacz polskiej codzienności. „Wieś słomiana [...]

---

7 Roch Sulima, *Antropologia codzienności*, Kraków 2000, s. 47.
8 Tamże.

nie znała rzeczy zbędnych. Ilość słów była względnie równoważna ilości rzeczy"[9].

Kiedyś nie wyrzucało się rzeczy. Przedmioty były wysoko cenione, wykonywane z trwałych materiałów i miały służyć do konkretnego, przemyślanego celu. Mało było rzeczy zbytecznych, nabywanych czy wytwarzanych bez namysłu, bo i proces wytwarzania był zupełnie inny – bardziej dbały, porządny i czasochłonny. W procesie produkcji, a w zasadzie w rzemiośle wytwarzania, nie było miejsca na odpady – wszystko stanowiło wartościowy surowiec do celowego wykorzystania w kolejnej pracy.

Wysoka jakość przekładała się na trwałość. Przedmioty – zamiast przemijać z modą – zyskiwały wartość sentymentalną, dziedziczoną z pokolenia na pokolenie. Kiedyś zniszczoną czy zepsutą rzecz naprawiano, by używać jej jak najdłużej, dziś rzeczy łatwo się wyrzuca i zastępuje nowymi.

Epoka masowej produkcji, która nastąpiła po czasach gospodarki opartej na rzemiośle, wprowadziła większą łatwość i beztroskę pozbywania się rzeczy. Przedmioty stały się tanie, ich jakość stopniowo spadała, toteż coraz mniej opłacało się je naprawiać, coraz częściej decydowano się na ich wyrzucenie. Miasta stanęły przed problemem radzenia sobie ze śmieciami w dzisiejszym tego słowa rozumieniu, czyli z nadmiarem przedmiotów posiadanych przez mieszkańców. Według antropologów to właśnie miasto jest formą cywilizacji sprzyjającą śmieciowej akumulacji, choć polska wieś również zmierza w kierunku szybkiej konsumpcji i równie szybkiego wyrzucania.

„Ludzie na wsi żyją teraz jak w mieście. Sklepy są co prawda oddalone, ale wszyscy są zmotoryzowani i wszędzie mogą dojechać. Model życia wygląda trochę inaczej, kobiety zostają w domu z dziećmi, a mężczyźni pracują najczęściej na budowie w innych

---

9 Tamże, s. 48.

częściach Polski i przyjeżdżają do domu na weekendy. Wtedy wspólnie wyruszają na zakupy do miasta. Kupują mleko w kartonie, jajka – produkty, które zwyczajowo wieś miała na miejscu. W pewien sposób tęsknią za konsumpcją, potrzebują choć namiastki miejskości" – mówi Dorota Czopyk, autorka bloga „EkoEksperymenty".

„Społeczeństwa Zachodu, nazywane często konsumenckimi, są równocześnie społeczeństwami wyrzucającymi, a ilości produkowanych obecnie śmieci nie sposób porównać z ich ilością z jakiegokolwiek wcześniejszego okresu historycznego"[10]. Pułapką takiego życia jest to, że pragnienie, które skłania do nabywania, nigdy nie zostaje w pełni zaspokojone. Z tego powodu stale konsumujemy, a efektem ubocznym tego są wyrzucane przez nas śmieci.

Co więcej, nasz stosunek do przedmiotów coraz częściej przenosimy na relacje międzyludzkie, zainteresowania i idee. Uczestniczymy w procederze śmiecenia już nie tylko przedmiotami, ale też bezmyślnym podejściem do wielu innych aspektów życia.

Czym się różnią śmieci od odpadów

Co wyrzucamy do kosza – śmieci czy odpady? Dlaczego na co dzień mówimy o śmieciach, a w oficjalnym języku spotykamy się z określeniem odpady? Nazywając coś śmieciem, odbieramy temu znaczenie, uznajemy to coś za niepotrzebne. **Śmieci** wyrzucamy do kubła

---

10 Tłumaczenie słów Susan Strasser za: Aleksandra Krupa-Ławrynowicz, Olgierd Ławrynowicz, *Wyrzucana codzienność. Antropolog z archeologiem rozmawiają o śmieciach*, [w:] *Brud. Idee – dylematy – sprawy*, pod red. Magdaleny Sztandary, Opole 2013.

podczas sprzątania. Traktujemy je jako coś zbędnego i kłopotliwego, a wyrzucenie zdejmuje z nas odpowiedzialność za ich dalsze losy. **Odpady** jesteśmy w stanie wykorzystać ponownie i przetworzyć na coś nowego. Widzimy w nich surowce wtórne, traktujemy je z szacunkiem, starając się odpowiedzialnie nimi gospodarować.

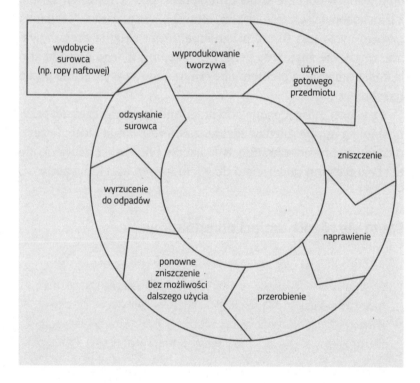

My, Polacy, jeszcze kilkadziesiąt lat temu żyliśmy w zupełnie innych realiach niż obecnie. Polska z czasów republiki ludowej nie rozpieszczała obfitością towarów na półkach. Nasze potrzeby nie były duże, bo i możliwości ich zaspokojenia nieustannie się kurczyły. Zadowalaliśmy się jednym rodzajem sera, kilkoma gatunkami kiełbasy czy zwykłym białym chlebem, których smak do dziś wspominamy z rozrzewnieniem.

„Nigdy nie będzie takiego lata" – śpiewa Bogusław Linda ze Świetlikami, symbolicznie wskazując na naszą narodową tendencję do gloryfikowania tego, co było kiedyś – albo czego nie było. Dzieci kiedyś słuchały dorosłych, a papier toaletowy był tylko z makulatury, szary i nieprzyjemny w użyciu. Luksus – owszem – był dostępny, ale dla nielicznych, uprzywilejowanych. Cała reszta nie miała wyjścia i radziła sobie, jak mogła.

Radzenie sobie mieliśmy we krwi. Trudne czasy trwały dla nas długo, począwszy od zaborów, przez pierwszą i drugą wojnę światową, skończywszy na szarym socjalizmie trwającym prawie pół wieku – pół wieku, które wciąż wspominamy, roztrząsamy lub gloryfikujemy.

Nic dziwnego, że po tak długim okresie odmawiania sobie komfortu i przyjemności musiał nastąpić przełom. To, co jawiło się jako luksus, zapakowane było w błyszczące, foliowe opakowania. Obiecywało trwałość, długą datę przydatności do spożycia, nęciło jaskrawymi barwami i znakami nowych na polskim rynku marek. Wydawałoby się, że zdrowy rozsądek przetrwa wszelkie zmiany cywilizacyjne, w tym wdzierający się w naszą rzeczywistość konsumpcjonizm. Niekoniecznie. Zachłyśnięcie nową modą wywodzącą się z krajów zachodnich można było obserwować w każdym innym kraju postradzieckiej Europy. „Kiedy państwa komunistyczne starają się prezentować nowocześnie, wstawiają wszędzie plastik"[11] – mówił Teun Voeten, holenderski fotograf, przemierzający Polskę lat osiemdziesiątych i dziewięćdziesiątych.

---

11 Olga Drenda, *Duchologia polska. Rzeczy i ludzie w latach transformacji*, Kraków 2016.

Dziś nawet plemiona zamieszkujące amazońskie wioski noszą ubrania z sieciówek, a plony lasu przynoszą do chałup w foliowych siatkach. Możliwość wyrzucenia śmieci, czyli czegoś zbędnego, już niepotrzebnego, jawi się jako oznaka wyższego statusu i poziomu zaawansowania cywilizacji. A brak wyobraźni i wiedzy na temat tego, co się dzieje z odpadami po wyrzuceniu, jest powszechny.

Nie trzeba jechać do dżungli, by natrafić na kolorowe plastikowe śmieci. Każdy z nas ma z nimi do czynienia na co dzień. Regularnie wybieramy się całymi rodzinami do wielkich centrów handlowych, by do pełna załadować kosze na kółkach różnymi produktami. Z moich obserwacji poczynionych w trakcie ostatnich dwóch lat, gdy uważniej przyglądałam się zawartości własnego koszyka, wynika, że mało kto zwraca uwagę na sposób pakowania produktu – pomijając aspekt atrakcyjności wizualnej samego opakowania, wynikający ze strategii marketingowej danej marki. Nie patrzymy, czy towar jest zawinięty w folię, w papier czy włożony do szklanego pojemnika. Dla znakomitej większości konsumentów najważniejsza jest cena. Wśród tych bardziej świadomych panuje przeświadczenie, że warto wybierać produkty ekologiczne. Nadal jednak mało komu przychodzi do głowy, by przez pryzmat ekologii patrzeć również na opakowania.

Mam zamiłowanie do rzeczy, które są często uznawane za śmieci

Człowiek, który ma wreszcie pod dostatkiem jedzenia, ma łatwy dostęp do produktów, których wcześniej nie mógł dostać, zachowuje się z konsumpcyjną beztroską. Dotąd przymuszony do oszczędzania i powstrzymywania się przed posiadaniem, nagle mógł sam podejmować wybory konsumenckie. Kupował więc, a że produkował przy tym mnóstwo śmieci, to z początku było nieistotne.

KASIA WĄGROWSKA: Jesteś autorką *Duchologii*, **książki o rzeczach materialnych z przełomu lat osiemdziesiątych i dziewięćdziesiątych. Prowadzisz na Facebooku profil o tym samym tytule, wciąż go aktualizujesz, dodając nowe zdjęcia. Co cię tak fascynuje akurat w tym okresie?**
OLGA DRENDA: Od zawsze pasjonuje mnie historia życia codziennego. Kryją się w nim detale, które są zupełnie przezroczyste w naszym codziennym doświadczeniu i często umykają naszej uwadze, dlatego że są traktowane w sposób bardzo praktyczny. Interesuje mnie najbliższe otoczenie widywane codziennie, niemal niezauważane. Mimo że jest dużo publikacji poświęconych polityce, socjologii czy ekonomii z tego okresu, bardzo słabo opisane jest życie codzienne i chciałam to nadrobić.

Stąd to zamiłowanie do pozornie bezwartościowych przedmiotów?
Tak, dla antropologa kultury każdy przedmiot ma jakąś wartość, bo mówi o realiach epoki, w której powstał, i o ludziach, którzy z niego korzystali.

Ja faktycznie mam zamiłowanie do przedmiotów, które są często uważane za śmieci. Od wielu lat jestem bywalczynią pchlich targów, gdzie ludzie wyprzedają drobiazgi o kompletnie zerowej wartości kolekcjonerskiej czy sentymentalnej.

Jak wyglądała kwestia śmieci w PRL-u?
Myślę, że PRL, zwłaszcza późny, był bardzo blisko kultury bezodpadowej. Nie było praktycznie reklamówek, a jeżeli już się jakaś zdarzała, pochodziła z zagranicy lub pewexu i była najczęściej używana wielokrotnie.

Bardzo interesujący jest dla mnie wątek opakowań, które w polskich mieszkaniach pełniły funkcję dekoracji czy zbioru, a za granicą były zwykłymi śmieciami. Dotyczy to głównie opakowań po papierosach czy napojach. Na zdjęciach z lat osiemdziesiątych bardzo często mamy taką kolekcję puszek po oranżadach czy piwach.

To naprawdę są kompletne odpady z perspektywy społeczeństwa konsumpcyjnego, w którym produkty kupuje się szybko, by zaraz o nich zapomnieć. Paweł Śpiewak pisał o długowieczności opakowań z paczek charytatywnych przesyłanych z zagranicy. Latami wykorzystywano pudełka po proszku do prania, przesypywano tam proszek krajowy. Pojemniki po mleku modyfikowanym służyły do przechowywania mąki.

Jak to się dzieje, że przedmioty, które na Zachodzie były traktowane jak śmieci, nabierały dla nas wartości symbolicznej i stawały się eksponatami długo przechowanymi w domach?
Myślę, że to kombinacja kilku elementów: pragmatyzmu i wartości symbolicznej, o której wspominasz. To, że ktoś miał w domu produkty z zagranicy czy pewexu, mówiło bardzo dużo o jego statusie społecznym. Prestiżowe okazywało się posiadanie ubrań czy sprzętu elektronicznego, ale także nagrań czy słodyczy, bo oznaczało dostęp do dóbr, których na miejscu nie było.

Opakowania zagranicznych produktów pełniły także funkcję pragmatyczną, zastępując przedmioty trudno dostępne lub złej jakości. Produkcja w późnym PRL-u była fatalna. Na ten stan rzeczy wpływały brak dostępu do surowców oraz zapóźnienie technologiczne. W antologiach listów z tego okresu bardzo często pojawiają się wątki, że ludzie stoją w kolejkach po rzeczy, których nie da się używać, że kupują niejeżdżące rowery lub kanapy, na których nie da się spać. Najprawdopodobniej nawet opakowanie, które zostało wyprodukowane w normalnych warunkach, było lepsze i bardziej niezawodne niż produkty dostępne na miejscu.

Fascynujące jest dla mnie, jak szybko zmieniło się w latach dziewięćdziesiątych podejście do rzeczy importowanych. Nagle coś, co było obiektem pożądania, stało się atrybutem człowieka biednego. Zakupy w sklepach z tanimi ciuchami stały się powodem do wstydu, przez długi czas używanie rzeczy z drugiej ręki było stygmatyzujące.

Lata dziewięćdziesiąte przyniosły też mnóstwo plastików. Dotąd zgrzebne państwa postkomunistyczne starały się prezentować nowocześnie i nagle zalała je fala kolorowych, pstrokatych plastików.

Pojawił się schludny, neonowy plastik, duralex święcił triumfy popularności. Można było wypić napój i wyrzucić plastikowy kubeczek jednorazowy. Wyobrażam sobie, że człowiek, który ma wreszcie pod dostatkiem jedzenia, ma łatwy dostęp do produktów, których wcześniej nie mógł dostać, zachowuje się z konsumpcyjną beztroską. Dotąd przymuszony do oszczędzania i powstrzymywania się przed posiadaniem, nagle mógł sam podejmować wybory konsumenckie. Kupował więc, a że produkował przy tym mnóstwo śmieci, to z początku było nieistotne.

Dopiero z czasem przyszła refleksja. Bywa, że ludzie żałują, że w pędzie unowocześniania mieszkania pozbyli się dobrej jakości przedmiotów. Jeszcze kilkanaście lat temu na śmietnik wystawiano meble nadające się do użytku, tylko już niemodne, które jakościowo przewyższały masową produkcję współczesną.

Coraz częściej zdajemy sobie sprawę, że produkowane obecnie przedmioty mają zaprogramowaną nietrwałość. Najbardziej jest to widoczne w sprzęcie elektronicznym i gospodarstwa domowego; dzisiaj zakupiona pralka za cztery–pięć lat nie będzie się nadawała do użytku. To powód do rozgoryczenia, bo są to duże wydatki, którym towarzyszy poczucie marnowania.

Jak oceniasz czasy, w których żyjemy?
Myślę, że żyjemy w przejściowych czasach. Bardzo wielu ludzi już uświadomiło sobie, że produkty jednorazowego użytku są nietrwałe i tak naprawdę to, co tanie, okazuje się drogie. Jeżeli jednak zarabia się poniżej pewnego pułapu, trudno uciec od kupowania rzeczy gorszej jakości czy niskiego poziomu życia. Myślę, że tkwimy w pułapce – zarobki determinują nasze wybory konsumenckie. Bardzo mi to dokucza.

Natomiast są pewne zmiany na lepsze, które częściowo pozwalają wyjść z tej sytuacji. Mam na myśli fakt, że kupowanie produktów z drugiej ręki już nie stygmatyzuje. Ja sama od wielu lat ubieram się w second-handach. Pozwoliło mi to zupełnie inaczej spojrzeć na zakupy ubraniowe, na modę w ogóle. Kiedy widzę nową sukienkę w sklepie, przeliczam, ile kilogramów ciuchów mogłabym kupić za jej równowartość w dobrym lumpeksie.

A nie masz wrażenia, że niska cena produktów stwarza pretekst do kupowania co sezon nowych rzeczy?
Niestety tak. Żyjemy w takiej rzeczywistości, która zastawia mnóstwo pułapek konsumenckich. W telewizji jest wiele reklam pożyczek, które z reguły są prezentowane jako łatwo dostępne pienią-

dze na doraźne potrzeby. System zachęcający do kompulsywnego kupowania nadal działa. Kupuje się w ten sposób nietrwałe rzeczy, które prawdopodobnie przez nikogo nie zostaną zatrzymane z sentymentu.

Zastanawiam się nad tym jako antropolog. Trudno będzie udokumentować rzeczywistość, w której produkty szybko się pojawiają i znikają. Ubrania z sieciówki żyją przez chwilę, co kilka miesięcy wypuszczane są nowe kolekcje. Przedmioty, które powstają szybko, są skazane na zapomnienie.

Tę dokumentacyjną funkcję przejął internet, zwłaszcza Instagram, gdzie ludzie fotografują na bieżąco wszystko, co się wokół nich dzieje. Pojawia się tam dużo rzeczy, które nie tyle nawet świadczą o prawdziwej, ile o wymarzonej codzienności. Te kadry obrazują, jak ludzie wyobrażają sobie dobre życie.

Ludziom wydaje się, że segregacja śmieci to postawa ekologiczna. Ale jak ich przekonać, żeby nie generowali tylu odpadów? Na Zachodzie czy w Skandynawii idea *zero waste* jest coraz powszechniejsza, wdraża się nowe rozwiązania.

Postawy minimalistyczne pojawiają się jako sygnał spokoju, stabilizacji i czasu wolnego. Wspomniałaś Skandynawię, czyli kraje, gdzie prawa pracownika są respektowane w znacznie wyższym stopniu niż w Polsce. Wolne weekendy i urlopy to tam oczywistość. Tymczasem w Polsce wciąż wielu ludzi pracuje, nie wiedząc, czego będą mogli się spodziewać za miesiąc. Brak tej stabilizacji sprawia, że życie staje się chaotyczne, upływa w niedoczasie, w ciągłym martwieniu się o swoje pieniądze i zdrowie.

Moim zdaniem nastawienie do życia jest konsekwencją realiów, w których egzystujemy. Jeśli świat dookoła wymusza bezwzględność, chaos i pośpiech, to ludzie – nawet jeśli tego nie chcą – muszą się dostosować, bo inaczej nie dadzą sobie rady. Dobrze byłoby liczyć na mądrych polityków, którzy ustabilizują rzeczywistość przeciętnego człowieka na tyle, by mógł on zadbać o świat i otoczenie wokół siebie.

Dziękuję za rozmowę.

Olga Drenda – autorka książki *Duchologia polska. Rzeczy i ludzie w latach transformacji* (Kraków 2016) powstałej na podstawie analizy codzienności lat osiemdziesiątych i dziewięćdziesiątych w Polsce. Dziennikarka i tłumaczka. Mieszka w Mikołowie.

Rozdział I
Jak ograniczać odpady w domu

Jak zacząć

Wkraczając na drogę życia *zero waste*, trzeba sobie uświadomić kilka spraw. *Primo*, niektóre cele osiągniesz małym kosztem i już po krótkim czasie będziesz mógł czerpać z tego satysfakcję. Od nich warto zacząć zmiany, by szybko zobaczyć wymierne efekty.

Secundo, w pewnym momencie natrafisz na opór: swój w postaci psychicznej blokady „nie dam rady tak dłużej", bliskich ci osób albo osób z dalszego otoczenia, ale mających wpływ na twoje życie. Z tym trzeba nauczyć się sobie radzić.

Tertio, dojdziesz też do takiego miejsca, że ciężko będzie ci przekroczyć pewną *magiczną granicę nieśmiecenia*. Pomyślisz zapewne: życie całkowicie bez odpadów nie jest możliwe. Nawet nie wiem, skąd te wszystkie śmieci biorą się u mnie w domu. Tak bardzo się staram, a nadal nie jest idealnie. Dlaczego?

Jak to się stało, że przestałam przynosić do domu śmieci

Etap, na którym jestem teraz, jest wypadkową kilku splotów zdarzeń z ostatnich dwóch lat. Historia zaczyna się od urodzenia drugiego dziecka, kiedy to stwierdziłam, że dłużej nie dam rady żyć w rytmie szalonego konsumpcjonizmu. Dziecko wiele zmienia w różnych sferach życia, mało się jednak mówi i myśli o zmianach w sferze posiadania. Panuje przekonanie, że z potomkiem wiążą się – oprócz rzecz jasna szczęścia, rodzicielskiego spełnienia i przedłużenia istnienia gatunku – dodatkowe koszty. Nawet prawodawca dokłada po 500 złotych na każde drugie i kolejne dziecko; 500 złotych – na tyle szacowane są przeciętne dodatkowe wydatki na potomstwo. W pewnym momencie pomyślałam: a gdyby tak nie wpadać w zakupowy szał i – oprócz rzeczy naprawdę niezbędnych – nie kupować? Nie obarczać siebie i dziecka konsumpcyjnym brzemieniem? Co by się stało, gdyby przyjąć dziecko takim, jakie jest, w pełnej krasie jego niewinności względem komercji, a przy okazji samej uwolnić się z tego błędnego koła, w które zostałam wciągnięta?

Zaczęłam bardziej świadomie podchodzić do konsumpcji, co pomogło mi dość mocno ograniczyć zbędne wydatki i w efekcie mój stan posiadania. Moja rodzina jest średnio zamożna. Nigdy nie stanęliśmy w obliczu kryzysu finansowego. Nie musieliśmy też sobie odmawiać kupna czegoś z powodu braku środków na koncie – z reguły nie miewaliśmy problemów z płynnością finansową. Tym trudniej było mi opanować moje zakupowe zachcianki. Zaczęłam ćwiczyć finansową samodyscyplinę. Po kilka razy analizowałam plany zakupowe, zanim rzeczywiście coś nabyłam. Mało pilne wydatki odkładałam na później, by po pewnym czasie zdecydować, czy rzeczywiście dana rzecz jest nam potrzebna, czy też była tylko chwilową słabostką.

Dyscyplina finansowa wiązała się ściśle z dyscypliną zakupową. Zdawałam sobie sprawę, że zbyt często kupuję. Online, w sąsiadującym z moim domem centrum handlowym, w sklepie pod blokiem – wszędzie czekały na mnie towary gotowe, by wrzucić je do koszyka. Brak planowania wpędził mnie niemal w zakupoholizm, a sklepowe promocje nie pomagały się z niego wydostać.

Dopiero lektura *Mniej* Marty Sapały i zainteresowanie minimalizmem w Polsce i na świecie sprowadziły mnie na właściwe tory. To nie jest zmyślona cudowna historia ozdrowienia. To był impuls, na który czekałam przez trzydzieści lat życia. Postanowiłam, że w samodyscyplinie i świadomym ograniczaniu zakupów pomoże mi blog, który wówczas założyłam. Początkowo przemyślenia na temat zakupowej kondycji mojej rodziny były smutne, wręcz depresyjne. Wiązało się to z uświadomieniem sobie, że obrosłam w ogrom niepotrzebnych mi przedmiotów, których nie używam, i nie wiem, co z nimi zrobić. Utopiłam w nich sporo pieniędzy, a teraz stanowią dla mnie problem – materialny, bo pieniądze zostały wydane, logistyczny – bo zajmują miejsce i nie mam pomysłu, jak się od nich uwolnić (wyrzucić, oddać, a może sprzedać?), i czasowy – bo przedmioty trzeba układać, przekładać, porządkować, odkurzać, by ostatecznie stwierdzić, że najlepiej się ich pozbyć, co również zajmuje czas.

Zainteresowanie blogami polskich minimalistów dostarczało mi codziennie garści inspiracji, podsuwało pomysły, jak żyć lepiej, bardziej świadomie i nauczyć się czerpać więcej z życia. To był dla mnie koncept nowy i świeży, który jak wiosenna burza spłukał ze mnie przymus spędzania wolnego czasu na zakupach. Stopniowo coraz lepiej rozumiałam, że niematerialna warstwa mojej egzystencji jest o wiele bardziej atrakcyjna i tkwi w niej niesamowity potencjał. Zaczęłam się skupiać na przeżyciach, a nie przedmiotach, co więcej – postanowiłam rozpoznać mój osobisty potencjał. Dzięki dogłębnej analizie własnych pomysłów na życie zaczęłam działać w sferach, w których wcześniej nie byłam obecna.

Minimalizm był katalizatorem wielu zmian. W trakcie zmniejszania ilości posiadanych rzeczy za każdym razem zastanawiałam się, jak najlepiej pozbyć się tego czy innego przedmiotu. Szybko się okazało, że rzeczy mam więcej, niż się spodziewałam, a wyrzucanie na śmietnik nie w każdym przypadku wydawało mi się właściwe. Organizowałam więc osiedlowe wymienianki odzieżowe, brałam udział w garażowych wyprzedażach książek, sprzedawałam przedmioty na portalach internetowych i wśród znajomych. Serio! To całe przedsięwzięcie stanowiło nie lada wyzwanie logistyczne – przecież byłam mamą małego dziecka, próbującą zrewolucjonizować swoje życie.

Totalne porządki kończą się zwykle szokującym objawieniem: „O mój Boże, ile rzeczy naznosiłam do domu! I ile z nich nie nadaje się już do użycia". Realia generalnego sprzątania są niestety takie, że nagromadzone latami graty lądują na śmietniku. Kiepskiej jakości ubrania zniszczone po kilku użyciach nie sprawdzają się jako podstawa kapsułowej garderoby (więcej – zob. s. 229). Połamane plastikowe zabawki wyszukane w dziecięcym pokoju przerażają nietrwałością wykonania i tym, jakie zagrożenie stanowią dla zdrowia i życia maluchów. Piętrzące się przeterminowane kosmetyki w łazienkowej szufladzie zawstydzają. Wszystko wyląduje w koszu. I co dalej?

W momencie gdy uświadomiłam sobie, jak konsumenckie wybory wpływają na stan naszych śmietników, zrobiłam pierwszy krok w stronę *zero waste*.

Krok 1. Diagnoza

Podstawą każdego dobrze zaplanowanego eksperymentu bądź projektu jest przeprowadzenie badań i postawienie diagnozy.

Polacy są w czołówce, jeśli chodzi o korzystanie z plastikowych torebek. W ciągu roku zużywamy ich ponad 400 na osobę[1], podczas gdy unijna średnia to 198. Dla porównania: statystyczny Duńczyk potrzebuje rocznie tylko czterech foliówek.

---

1 Jacek Hawryluk, Piotr Mazurkiewicz, *Polak zapłaci za torbę w sklepie*, „Rzeczpospolita" [online], 26 maja 2014, www.rp.pl/artykul/1112592-Polak-za-placi-za-torbe-w-sklepie.html (dostęp: 4 czerwca 2017).

Badania pokazują też, że marnujemy znaczną część jedzenia. Kupujemy pod wpływem emocji albo na zapas, podczas gdy praktyka pokazuje, że takie zakupy przyczyniają się do generowania resztek organicznych, najczęściej wrzucanych do kosza na odpady zmieszane. Co tydzień w polskich śmietnikach ląduje około jednej trzeciej zakupionej żywności. Jedzenie marnują wszyscy: od ucznia wyrzucającego kanapkę do kosza, by zamiast niej zjeść chrupki ze szkolnego sklepiku, przez rodziny kupujące żywność w nadmiarze i źle ją przechowujące, firmy karmiące pracowników gratisowymi przekąskami, które się czasem psują, aż po stołówki licznych instytucji i restauracje.

Gdy rozpoczynałam moją drogę do redukcji odpadów, dość dokładnie przyjrzałam się temu, co najczęściej lądowało w moim koszu. Niewątpliwie największym problemem były plastiki. Tworzywa sztuczne pojawiają się u nas jakby znikąd i najczęściej nawet nie myślimy o tym, że przynosimy je do domu. Przezroczyste folie tworzą „niewidzialną" otoczkę na kupowanych produktach. Dopiero w domu okazuje się, że istnieją i należy umieścić je we właściwym pojemniku.

„Niewidzialne" są też opakowania produktów, do których jesteśmy tak przyzwyczajeni, że nie zwracamy uwagi na to, w czym je umieszczono. Ulubiony jogurt jest dla nas ulubionym jogurtem, czyli zawartością opakowania, a nie plastikiem, w który wlano słodkawo-owocowy nabiał. Niestety, realia są takie, że nie jesteśmy nauczeni myśleć o opakowaniu jako o części produktu.

Jakość produktu a opakowanie

Z ankiety, którą przeprowadziłam wśród czytelników mojego bloga, znajomych z pracy i na Facebooku, wynika, że w trakcie zakupów zwracamy uwagę przede wszystkim na jakość produktu, czyli *de facto* na zawartość opakowań. Na drugim miejscu jest cena, czyli obiektywny ogranicznik, którego w sklepie nie jesteśmy w stanie pominąć. Dopiero kolejnym kryterium jest forma zapakowania produktu. Wydaje się, że to naturalne – jakość zawartości opakowania przedkładamy nad samo opakowanie. „Nie szata zdobi człowieka" i – analogicznie – jogurtu nie określa plastikowy kubeczek. Czy na pewno?

Jakość produktu zwykle jest powiązana z tym, w czym się go sprzedaje. Ma na to wpływ również fakt, że opakowania z naturalnych materiałów często lepiej zatrzymują aromat, a co za tym idzie, zapewniają lepszą jakość produktom. Poza tym okazuje się, że nawet dopuszczone do powszechnego użytku spożywczego opakowania z tworzyw sztucznych wcale nie są bezpieczne. Z badań amerykańskich naukowców z Uniwersytetu w Teksasie[2] wynika, że mimo zapewnień producentów o braku składnika BPA wycofywanego z rynku jako szkodliwy występują w nich inne substancje – niewymieniane w składzie – wywołujące zaburzenia hormonalne, niepłodność, otyłość, a nawet raka.

Wyniki analizy odpadów generowanych przez moją rodzinę w sierpniu 2016 wyglądały następująco. Co tydzień wyrzucaliśmy:

- dwa dwudziestolitrowe worki odpadów z tworzyw sztucznych, wśród których znajdowały się przede wszystkim: butelki po mleku, opakowania po jogurtach, torebki foliowe, zużyte szczoteczki do zębów, opakowania po detergentach i kosmetykach, butelki po wodzie mineralnej i sokach, plastikowe pojemniki po warzywach, folie zdjęte z ubrań ze sklepu, plastikowe opakowania po przedmiotach wszelakich

---

2 Chun Z. Yang, Stuart I. Yaniger, V. Craig Jordan, Daniel J. Klein, George D. Bittnercorresponding, *Most Plastic Products Release Estrogenic Chemicals: A Potential Health Problem That Can Be Solved*, „Environmental Health Perspectives" 2011, 119 (7), www.ncbi.nlm.nih.gov/pmc/articles/PMC3222987 (dostęp: 4 czerwca 2017).

(żarówki, pendrive'y, zabawki, płyty CD, nawet niektóre książki są pakowane w folię),
- jeden dwudziestolitrowy worek makulatury, wśród której znajdowały się weekendowe wydania gazet, papiery po produktach kupowanych na wagę, ulotki, przeczytane listy (zazwyczaj reklamowe), rachunki za prąd i tym podobne,
- półtora sześćdziesięciolitrowego worka z odpadami zmieszanymi, nienadającymi się do segregacji, a wśród nich: niedojedzone resztki posiłków, obierki z owoców i warzyw, zepsute owoce i warzywa, odpadki mięsne, zużyte ręczniki papierowe i chusteczki higieniczne, brudne plastiki, głównie pochodzące ze sklepu mięsnego lub rybnego.

Kosz łazienkowy opróżniałam rzadziej, ale znajdowały się w nim odpady, z których – jak mi się wydawało – nie można zrezygnować: bawełniane płatki kosmetyczne, patyczki do czysz-

Przeciętny Polak generuje 319–486 kilogramów odpadów rocznie. Zaledwie 28,2% odpadów jest obecnie zbieranych selektywnie, z czego tylko 9,5% podlega ponownemu przetworzeniu, a 7,9% kompostowaniu.

	Białystok	Bydgoszcz	Gdańsk	Katowice	Kielce	Kraków	Lublin	Łódź	Olsztyn	Opole	Poznań	Rzeszów	Szczecin	Warszawa	Wrocław	Zielona Góra
selektyw- nie (%)	46,1	34,6	26,6	24,5	21,0	34,7	28,5	26,3	25,8	33,4	26,9	30,2	23,6	23,7	26,9	20,5
recykling (%)	9,3	8,0	9,9	11,5	6,0	7,5	9,7	6,7	14,8	9,3	9,6	5,7	9,4	3,6	8,6	19,2
komposto- wanie (%)	8,2	9,8	19,6	5,1	3,8	9,4	7,9	8,9	6,2	12,4	7,7	4,9	6,2	6,5	8,1	4,5

Opracowanie: Paweł Głuszyński

czenia uszu i kobiece artykuły higieniczne. Nie wyobrażałam sobie bez nich życia. I zastanawiałam się, jak można wygenerować słoik odpadów rocznie (!) na całą rodzinę. Awykonalne.

Jak przeprowadzić własną analizę odpadów?

1. Spójrz krytycznym okiem na własne zakupy.

2. Zajrzyj do kosza na śmieci i zapisz, co i w jakiej ilości się w nim znajduje.

3. Rozejrzyj się po całym domu, wyszukaj (i zanotuj) informacje o wszelkich potencjalnych odpadach leżących wokół ciebie.

4. Opisz stan obecny – nawet jeśli jest szokujący; taka notatka pomoże ci odnieść się do stanu wyjściowego w przyszłości, dzięki niej dostrzeżesz postęp.

5. Postaw sobie realny do wykonania, konkretny cel – do czego dążysz i w jaki sposób chcesz to osiągnąć – i wyznacz termin jego realizacji.

Krok 2. Zacznij od łatwych rzeczy

Duże zmiany najlepiej zaczynać od rzeczy łatwych, które można osiągnąć niskim nakładem pracy. Gdy zaczynasz jeździć na nartach, nie pchasz się od razu na najbardziej strome stoki ani nie idziesz zjeżdżać na dziko poza wyznaczonymi trasami. Zaczynasz od łagodnych stoków i wygodnych nart dla początkujących. Wszystko po to, by nie frustrować się od początku brakiem widocznych osiągnięć. Nic nie motywuje nas bardziej niż widoczne efekty własnej pracy.

Ta zasada tyczy się wszystkich sfer życia, w tym również wdrażania zmian w domu. To od niego warto zacząć, bo to ty w nim rządzisz – nikt nie jest w stanie odebrać ci wolności do decydowania o zasadach panujących w twojej własnej przestrzeni. Jedynym ograniczeniem jest prawo do wolności innych osób, z którymi mieszkasz. Mąż, dzieci, rodzice czy współlokatorzy wcale nie muszą dokonywać takich samych wyborów. Miło będzie, jeśli będą je tolerować, jeszcze lepiej, gdy je zaakceptują. Z doświadczenia jednak wiem, że od akceptacji do adaptacji daleka droga. Występuje tu zjawisko, które opisałabym tak: jeśli ktoś w moim otoczeniu wybiera życie zgodne z zasadami ekologii i takie, które jest zgodne z moją moralnością, to mogę to zaakceptować, ale nie oznacza to, że sam muszę stosować się do jego reguł. Warto się z tym pogodzić bez podejmowania walki i przekonywania na siłę do swoich racji, bo to może przynieść więcej szkody niż pożytku. I warto pamiętać, że kropla drąży skałę, zatem jest szansa, że z czasem być może i najbliżsi przyjmą nasze zasady.

Foliówki

Gdy zdecydowałam się na życie bez odpadów, pierwszym krokiem, który zrobiłam, była zupełna rezygnacja z plastikowych torebek. Zazwyczaj miałam ich tyle, że mogłabym w każdej chwili wypełnić nimi całą niebieską torbę z Ikei. Czyli sporo.

Nie jestem jednak osamotniona. Wcześniej wspomniałam, że Polacy zużywają 466 torebek foliowych rocznie na osobę. W przybliżeniu 1,3 torebki dziennie! Oznacza to, że przy każdych codziennych zakupach zabieramy ze sklepu średnio co najmniej jedną foliówkę. Wydaje się, że to mało, ale gdy pomnożymy liczbę torebek zużytych w ciągu roku przez jedną osobę przez liczbę Polaków, wyjdzie nam niebotyczne 17 708 miliardów torebek, które będą krążyć w środowisku jeszcze przez wiele setek lat.

Nie tak dawno torebka foliowa była oznaką statusu społecznego, a w zasadzie ekonomicznego i politycznego. W latach osiemdziesiątych, gdy panował ogólny niedobór produktów na sklepowych półkach, osobom uczestniczącym w ruchu międzygranicznym – jeżdżącym do sąsiedniego RFN – udawało się przywozić kolorowe produkty w estetycznych foliowych torbach. Nazwa sklepu na reklamówce była dowodem odbytych wojaży i zanurzenia się w kapitalistycznym luksusie zachodnich sklepów spożywczych. Takiej torby używało się wielokrotnie, myjąc, gdy się ubrudziła, i wyjątkowo o nią dbając.

Dziś torebka foliowa to dla nas codzienność. Nie ma nic niezwykłego w siatce z jednego czy drugiego dyskontu. Jednorazówki otrzymujemy za darmo, za bardziej trwałe płacimy kilkadziesiąt groszy. To nic (w przypadku tych pierwszych) lub niewiele (w przypadku drugich) w porównaniu do kosztów, jakie poniesie środowisko, gdy foliówka się podrze i wyląduje na wysypisku.

Foliówka a środowisko

„Polimery syntetyczne i chemicznie modyfikowane polimery naturalne, nazywane tworzywami sztucznymi, zaczęto wytwarzać w połowie XIX wieku. Od tego czasu ich globalna produkcja stale wzrasta. W 2010 osiągnęła ona 265 mln ton. W Polsce roczna produkcja tworzyw sztucznych w 2010 roku wyniosła prawie 2,5 mln ton. [...] Większość z nich po wykorzystaniu trafia na składowiska odpadów, gdzie jako materiał prawie niedegradowalny może zalegać przez setki lat. Szacuje się, że z masy rocznie powstałych zużytych opakowań z tworzyw sztucznych, która wynosi dla Polski około 276 tys. ton, tylko 15% jest przetwarzane ponownie lub spalane z odzyskiem energii, a ponad 80% trafia na składowiska. W samej Warszawie, dziennie, jej mieszkańcy zużywają około 1,8 mln torebek foliowych. Większość z nich trafia na składowiska.

[...] Foliowe torby handlowe, używane do pakowania zakupów, produkowane są głównie z cienkiej folii PE-HD (polietylen dużej gęstości) lub z grubszych folii PE-LD (polietylen niskiej gęstości). Torby takie są przeważnie używane jednokrotnie, lub co najwyżej kilkukrotnie, w przypadku toreb z PE-LD, i wyrzucane. [...]

Kolejną grupę foliowych toreb handlowych stanowią, reklamowane jako „torby przyjazne środowisku", foliówki oksybiodegradowalne i biodegradowalne. [...] Rozkład toreb biodegradowalnych następuje w warunkach kompostowni. Warunkiem prawidłowego zagospodarowania odpadów z toreb biodegradowalnych jest więc ich segregacja i przekazanie do odpowiedniego zakładu utylizacji. **Brak rozpowszechnionych systemów segregacji odpadów organicznych oraz brak zainteresowania ze strony kompostowni przyjmowaniem odpadów innych niż organiczne powoduje włączenie siatek kompostowalnych do strumienia odpadów trafiających na składowiska** [podkr. K.W.]. Dodatkowo biodegradacja posiada ukryte koszty: biologiczny rozkład polimeru biodegradowalnego powoduje emisję dwutlenku węgla i metanu (gazów cieplarnianych). [...] Po drugie, do wytworzenia polimerów z roślin potrzebna jest energia pozyskiwana z paliw kopalnych, a niezbędny nakład energetyczny jest większy niż przypuszczano"[3].

W ogólnym rozrachunku dla środowiska korzystniejsza jest całkowita rezygnacja z jednorazowych toreb foliowych, nieważne, czy są one biodegradowalne, czy przeznaczone do ponownego przetwarzania wraz z odpadami z tworzyw sztucznych.

Jeśli nie plastikowy woreczek, to co?

Plastikowa siateczka z założenia jest jednorazowa: ma służyć do zapakowania towarów w sklepie i przeniesienia ich do domu. Oczywiście w większości polskich domów używa się jej wielokrotnie, ale jej żywot i tak jest bardzo krótki, bo uszkodzenia mechaniczne szybko wyznaczają jego kres.

---

3 Agata Bartosiewicz, Marta Tarabuła-Fiertak, *Degradacja tworzyw sztucznych – czy foliowa torebka biodegradowalna to wybór przyjazny środowisku?*, AkademiaOdpadowa.pl, www.akademiaodpadowa.pl/228,a,4-degradacja--tworzyw-sztucznych-czy-foliowa-torebka-biodegradowal.htm (dostęp: 24 maja 2017).

Alternatywą dla foliówki jest **torba papierowa** lub **karton**. Co prawda papier nie jest idealnym surowcem, jeśli wziąć pod uwagę sposób jego produkcji, który wymaga zużycia wody i surowców naturalnych, ale na pewno jest bardziej przyjazny dla środowiska niż plastik, choćby ze względu na możliwość kompostowania. Jeśli nie mogę skorzystać z własnej wielorazowej torby, wybieram opakowanie z makulatury lub karton. Te ostatnie często wyłożone są w sklepach jako alternatywne i darmowe opakowania na zakupy. Podoba mi się ten zwyczaj – przyszedł do nas z krajów zachodnich, w których torby foliowe są rzadkie lub wręcz nieobecne. Przy braku własnych siatek wydaje się to najrozsądniejszą formą pakowania w sklepie.

Znacznie trwalsze od papierowych opakowań są **torby wielorazowe uszyte z wytrzymałej tkaniny**, takiej jak bawełna czy len (bardziej eko od bawełny). Co do ich ekologiczności można mieć wątpliwości, zwłaszcza jeśli przeanalizuje się proces produkcji włókna, ilość zużywanej przy tym wody oraz wyzysk pracowników przez bawełnianych potentatów. Niemniej jednak za wyborem torby z tkaniny przemawiają przede wszystkim jej:

- trwałość,
- wielorazowość,
- estetyka.

W każdym momencie życia kierującego nas w stronę *zero waste* warto zwracać uwagę na te kryteria. Zawsze gdy mam do wyboru jedno- lub wielorazowe opakowanie, wybieram to ostatnie. A torba z tkaniny to pierwszy punkt zaczepienia.

Z ŻYCIA WZIĘTE

Historia jednych zakupów

Wracam z pracy. Jest wpół do piątej, czyli mam pół godziny, by odebrać J. z przedszkola i zrobić z nim szybkie zakupy. Po drodze przypominam sobie, że nie mamy mleka, a ja nie wzięłam butelek do mlekomatu. Miałam kupić ser i wędlinę, więc spakowałam dwa szklane pojemniki, ale zapomniałam, że nie mamy też mięsa na obiad. Moja frustracja narasta. Czuję, że jestem słabo zorganizowana, że ktoś chyba powinien mnie wysłać na kurs Perfekcyjnej Pani Domu. Albo przynajmniej Pani Swojego Czasu. Jak to jest, że inni pamiętają, a ja nie? I dlaczego, do cholery, wzięłam tylko jedną płócienną torbę? Poziom emocjonalnego rozdarcia sięga zenitu.

Nie możemy pozwolić sobie jednak na pustki w lodówce przy czteroosobowej rodzinie. W obliczu dylematu: wziąć produkt w opakowaniu jednorazowym albo głodować, moim priorytetem zawsze będzie zapewnienie rodzinie pożywienia. Już nieważne, że w plastikowym pudełku. Choć będę usilnie szukać opakowań jak najmniej naruszających moje zeroodpadowe postanowienia. Szklany słoik, kartonik, papier – wybiorę je prędzej niż plastikowe kubeczki.

– Trzydzieści deko szynki szlacheckiej poproszę... – Urywam, otwierając przyniesione szklane opakowanie. – Proszę zapakować do mojego pojemnika. Będzie mi miło, jeśli uniknie pani folii przy krojeniu wędliny.

Twarz ekspedientki wyraża kilka emocji. Zdumienie niecodzienną sytuacją przeradza się w niekomfortowe poczucie przymusu podjęcia jakiejś decyzji. „Pozwolić czy nie – oto jest pytanie". Po krótkiej chwili, bo kolejka rośnie, ekspedientka milcząco się zgadza. Sięga po wędlinę i automatycznie po folijkę, na którą chce ją pokroić.

– Czy mogę prosić o nieużywanie folii? Może pani kroić bezpośrednio do pojemnika. Wystarczy go najpierw wytarować.

Musi działać szybko, bo sześć osób za mną też chce dostać swój kawałek szlacheckiej bez konserwantów. Zgadza się, choć widać, że musi ze sobą walczyć. I gdyby osoba za mną miała podobną prośbę, zapewne zauważyłaby dym wydostający się z uszu pani na stoisku mięsnym. Jeden klient wyciągający ją ze strefy komfortu to dość problemów na jeden dzień pracy.

– Dziękuję – mówię i uśmiecham się. – Dziękuję za uniknięcie plastiku. To dla mnie bardzo waż... – Nie mogę skończyć, bo ekspedientka już zwraca się do kolejnego klienta.

Dziękuję.

Mięsa nie kupiłam. W ferworze walki zupełnie o nim zapomniałam. A może nie chciałam się przyznawać, że brak mi pojemnika na kolejny zakup? Że moja świadoma decyzja mnie ogranicza? „Te dwie rzeczy do pudełka, a tamta... no cóż, w papier poproszę. Przemoknie, mówi pani? Dobrze, to wyjątkowo ten jeden raz w folię" – wymyślam, co mogłabym powiedzieć. I słyszę, jak źle to brzmi. Poległabym, gdybym uległa. Na obiad zjemy jajka.

W supermarkecie jest niewiele możliwości, by zrobić zakupy bez opakowań. Szczególnie jeśli nie ma się własnych pojemników. Moją ulubioną sekcją jest warzywniak. Wrzucam wszystko, jak leci, do koszyka, bez pakowania do foliowych torebek. Z ziemniakami jest problem, bo są trochę brudne i zakurzą resztę warzyw. Zagryzam wargę i pakuję dalej. Marchew, pietruszka, sałata... Wróć! Sałata skrzętnie zapakowana w foliową otoczkę wędruje z powrotem do skrzynki. A tak miałam na nią ochotę. Na przednówku brakuje mi świeżych owoców i warzyw innych niż okopowe buraki, ziemniaki i seler. Tęsknię za wiosną i latem, za chrupiącymi rzodkiewkami i naturalnie czerwonymi pomidorami. Wzdycham na myśl o potrawach, w których mogłabym je wykorzystać. Tęsknię za kanapkami, w których chrupie coś zdrowego i aromatycznego. Pocieszam się, zagryzając chleb z serem i ogórkiem kiszonym. Całe szczęście kultura gotowania obdarzyła nas, Polaków, uwielbieniem do kwaśnego smaku. Ogórek kiszony godnie zastępuje ten świeży, bezwstydnie owinięty w folię niczym – nie przymierzając – kondom. Kto wpadł na pomysł, by tak prześmiewczo traktować warzywa z i tak grubą skórką?

Mój koszyk jest już prawie pełny. Mieszają się w nim warzywa z owocami wrzuconymi luzem.

– Mamo, a soczek? Możesz mi kupić soczek? – Stoimy z J. przy kasie. – Mamo, mamusiu... Taki duży sok dla całej rodziny. Proszę. Z tym misiem na butelce.

– Nie, kochanie. Mamy soki w domu, w słoikach. Zrobię ci z wodą, jak tylko wrócimy – racjonalizuję moją odmowę.

– Mamo, ale dla całej rodziny. Tylko dzisiaj. Marchewkowy – napiera J. Kolorowe butelki stoją niedaleko kasy, idealnie na poziomie oczu czterolatka, który czuje pragnienie na sam ich widok.

Przestępując z nogi na nogę w nieposuwającej się do przodu kolejce, staram się opanować zniecierpliwienie i ogarniam powoli wzrokiem produkty znajdujące się w moim – i jego – polu widzenia. Batoniki, gumy do żucia, soczki, ciasteczka pakowane po dwie sztuki w kartonik i folijkę, cukierki, dropsy, nieco wyżej leki przeciwbólowe, na gardło i na ogólne złe samopoczucie. Dla każdego coś. Oferta kolorowych opakowań jest naprawdę bogata. I nawet jeśli ich zawartość nie jest wiele warta, hasła na papierkach usilnie zachęcają, by szybko dołożyć to i tamto do koszyka. Tak dla zabawy. Tak bez zastanowienia. Tak dla smaku.

Nareszcie moja kolej.

Wykładam po kolei kilogram ziemniaków, pół kilo jabłek, sześć marchewek, pietruszkę, seler, cztery banany i dwie cytryny. Staram się unikać kontaktu wzrokowego z kasjerką. Czuję się jak mała dziewczynka, która coś przeskrobała, ale ma nadzieję, że nikt tej psoty nie zauważy. Może nic się nie stało. Może to normalne. Może nikomu nic nie będzie.

Ziemniaki lądują na kasowej wadze, potem turlają się do bocznej przestrzeni na zakupy. Szybko łapię je i wrzucam do mojej jedynej szmacianej torby. Potem marchew i jabłka, już zważone i lekko zawstydzone, że nikt nie załadował ich wcześniej do foliówki. Bach! Lądują na ziemniakach. „Przed zjedzeniem i tak trzeba je opłukać, nie wiadomo, czym je wcześniej pryskano" – myślę, jednocześnie żałując, że ominęłam w tym tygodniu zakupy w kooperatywie. Potem banany i cytryny już przyjaźniej staczają się z wagi. Pudełka z wędlinami i serem oglądane są trochę dłużej.

– Ciekawy pomysł, nie wpadłabym na to – wymyka się kasjerce.

– Własne pudełka? Staram się je ze sobą nosić. Nie lubię zabierać do domu jednorazowych opakowań. Potem tyle tych śmieci trzeba wynosić – mówię, kontynuując wątek.

– To prawda! Na co komu to potrzebne. – Wymieniamy porozumiewawcze uśmiechy. Mój pomysł na zakupy został zauważony, a nawet pochwalony. Może kiedyś i pani Marta – imię widnieje na plakietce kasjerki – wybierze się do swojego sklepu z własnymi pudełkami?

Jako ostatni w mojej wypakowanej po brzegi szmacianej torbie ląduje soczek. Nie zauważyłam, kiedy pojawił się na kasowej taśmie. J. wykorzystał chwilę mojej nieuwagi podczas rozmowy o własnych pojemnikach i zadumę, jak wielki wpływ na społeczeństwo mają takie małe wybory. Pik! Trzy pięćdziesiąt za plastikowy odpad pełen pomarańczowego nektaru. Niestety, tak na to patrzę i zżymam się, że weźmiemy ten odpad do domu. Znaczy soczek. Dla całej rodziny.

Co jeszcze możesz zrobić na początku?

Początki życia bez odpadów to świetny czas, by przyjrzeć się swoim nawykom i wyrobić sobie zupełnie nowe. Zabieranie własnej torby (lub kilku toreb) na zakupy jest pierwszym z nich. Warto się zastanowić, co jeszcze możesz zrobić na samym początku, co będzie dla ciebie łatwe i zarazem wprowadzi sporą zmianę do śmieciowej codzienności. Na kolejnych stronach podpowiadam, z czego warto zrezygnować lub co warto zamienić na wielorazowe.

Plastikowe butelki

Plastikowe butelki to jeden z odpadów najczęściej pojawiających się w naszych domach. W mojej diagnozie (zob. s. 44) butelki znalazły się na pierwszym miejscu listy wyrzucanych śmieci, wśród odpadów z tworzyw sztucznych. Zwykłam kupować butelkowaną wodę, mleko w plastiku, soki i wiele innych produktów.

W Stanach Zjednoczonych w każdej sekundzie zużywa się 1500 plastikowych butelek. To 90 tysięcy butelek na minutę, a mówimy tylko o USA! Powodów, dla których sięgamy po butelkowaną wodę, jest kilka:

1. Wydaje nam się, że wybieramy zdrowszą wodę mineralną. Nauczeni doświadczeniem z przeszłości, że kranówka jest brudna, wpadliśmy w plastikową pułapkę, gdyż woda z butelki często ani nie jest lepsza jakościowo, ani nie wpływa korzystniej na nasze zdrowie. Są to mity, z którymi od kilku lat z powodzeniem walczy inicjatywa społeczna „Piję wodę z kranu". Szymon Boniecki i Michał Kożurno postanowili promować picie kranówki, udowadniając, że jakość polskiej wody nie pozostawia nic do życzenia. Woda z kranu jest czysta, filtrowana przez nowoczesne wodociągi, odpowiednio zmineralizowana – jednym słowem: zdrowa. Kosztuje nas tyle, ile płacimy za zużycie wody w ramach czynszu. Kwota ta może się nieco różnić w zależności od miejsca zamieszkania, na przykład w Poznaniu zapłacę 4 złote i 78 groszy za metr sześcienny wody, czyli za 1000 litrów. Porównując koszt wody butelkowanej (około 2,50 złotego za 1,5 litra) do kosztu kranówki, nawet bez dokładnych obliczeń można zobaczyć, jak nierozsądnym finansowo pomysłem jest kupowanie wody w butelkach.

2. Uważa się, że plastikowe butelki są wygodne. Naturalne jest dla nas, że szybko kupujemy butelkowaną wodę w sklepie na rogu, gdy się spieszymy, idziemy do szkoły, pracy czy na siłownię. Wypijamy wodę, o której myślimy „mineralna, czyli zdrowa", zgniatamy butelkę, wyrzucamy ją do kosza i po kłopocie. Nie zastanawiamy się nad tym, że butelki PET roz-

kładają się przez kilkaset lat, a ich produkcja także nie jest obojętna dla środowiska. I że korzystanie z nich w ogólnym rozrachunku przysparza nam znacznie większych kłopotów niż picie wody z kranu. Argument o wygodzie korzystania z plastikowych butelek łatwo można obalić stwierdzeniem, że jeszcze wygodniej napełnić butelkę wodą z kranu: powszechnie dostępną i znacznie tańszą. Idąc na siłownię czy wybierając się w podróż, zabieram ze sobą stalowy termos z wodą. Może to również być szklana butelka, wielorazowa z definicji. Jeśli boisz się, że się stłucze, zrób jej prosty otulacz, choćby taki ze skarpetki. Woda z kranu pita z termosu lub wielorazowej butelki jest zdrowa, tania i... bardzo trendy!

3. Plastik jest lekki i się nie tłucze, czyli nie ma z nim problemów w trakcie użytkowania – to prawda, która ma zastosowanie... tylko przy dzieciach. Rzeczywiście, jadąc w podróż z maluchami, wolę mieć pod ręką wodę w nietłukącej się butelce. Nietłukąca nie musi jednak oznaczać „jednorazowa" i „plastikowa". Wspomniane termosy można dostać też w wersji dla najmłodszych. Szklana butelka w otulaczu również powinna się sprawdzić. Jedynie przy naprawdę małych dzieciach wolę się zabezpieczyć i mieć przy sobie plastikowy kubek z dzióbkiem. Zbyt wiele razy zbierałam szkło z podłogi i zbyt często wycierałam mokre plamy spowodowane rozlaniem się wody ze zbyt szerokiego ustnika termosu. O ile kubek jest wielorazowy, wykonany w sprawdzonym miejscu z tworzywa przeznaczonego do użycia przez najmłodszych, z powodzeniem można z niego korzystać.

Jeśli jeszcze nie jesteś przekonany, że woda z kranu jest lepsza od butelkowanej, sprawdź na stronie lokalnych wodociągów, jaką jakość wody gwarantują one w twoim rejonie. Każde większe przedsiębiorstwo wodociągowe publikuje takie dane, co więcej, udostępnia też raporty ze stacji uzdatniania wody.

Odkąd zrezygnowałam z wody w plastikowych butelkach i przełamałam się, by pić kranówkę, jestem spokojniejsza, ponieważ tę
ostatnią mam (niemal) zawsze i nie muszę się martwić jej kupowaniem.

Dzieciom daję wodę przegotowaną lub z dzbanka z filtrem.
Jest bardziej miękka, łagodniejsza dla delikatnych żołądków. Choć
przyznam, że nie zatrzymuję maluchów, gdy spragnione biegną
z kubkiem do kranu.

Plastikowe kubki jednorazowe

Trafiły do nas wraz z modą na szybką kawę wypitą w biegu między kawiarnią a przystankiem autobusowym, stacją metra czy
pracą. Jednorazowe kubki na kawę stały się w pewnym momencie cenniejsze niż sam czarny napój w nie wlewany. Nazwa marki
produkującej ziarna kawy lub sieci kawiarń jest wyznacznikiem
miejskości, statusu społecznego, a może też nie do końca świadomego podążania za trendami.

Pracuję w jednym z poznańskich biur, gdzie mam do dyspozycji kubki porcelanowe, do których co dzień rano nalewam sobie kawę z ekspresu dostępnego w kuchni na piętrze. Na parterze
budynku znajduje się restauracja, w której za kilkanaście złotych
można dostać kawę z lepszych ziaren. Zauważyłam, że część osób
świadomie rezygnuje z kawy robionej samodzielnie na rzecz napoju
sprzedawanego w jednorazowym kubku i zabieranego do swojego biurka. Dlaczego? Usłyszałam różne odpowiedzi. Jedni mówią,
że kawa z restauracji jest lepsza w smaku. Inni, że i tak jedli na
dole posiłek, więc przy okazji kupili też kawę na wynos. Jeszcze
inni nie lubią stać w kolejce do ekspresu w kuchni. Czy ktokolwiek
z nich wziął do restauracji swój kubek na kawę?

Niedawno jedna z najpopularniejszych sieci kawiarń wprowadziła zniżki dla osób, które przyjdą po kawę z własnym kubkiem.

W Polsce jest to krok rewolucyjny i nadal przez niewielu zauważany. W Stanach wprowadzono takie zniżki kilkanaście lat temu, dzięki czemu zużycie jednorazowych kubków na kawę zmalało o dwa procent. To z jednej strony mało, ale z drugiej pokazuje, jak wiele zmian można jeszcze wprowadzić.

Jednorazowy kubek na kawę stał się symbolem kosmopolitycznego stylu życia pełnego ważnych biznesowych spotkań. Czy korzystanie z dobrej jakości wielorazowego kubka termicznego nie jest bardziej na czasie? Wielość wzorów, kolorów i rozmiarów termosów na kawę może doprowadzić do oczopląsu. Dlaczego więc tak mało osób bierze kawę do własnego kubka?

Okazuje się, że to nie takie proste. O własnym kubku trzeba pamiętać. Kubek powinien być czysty, a nie wszędzie można go umyć. Poza tym wielorazowe kubki mają różne rozmiary, co sprawia kłopot bariście przyzwyczajonemu do nalewania określonej ilości kawy.

Z jednej strony mamy więc małą trudność dla sprzedawcy, z drugiej znaczący problem dla środowiska. Jednorazowe kubki na kawę złożone są z papieru wyściełanego polietylenowym tworzywem. Dzięki temu możemy wlewać do nich zarówno ciepłe, jak i zimne napoje, a kubek nie przecieknie ani się nie zmarszczy. Myślimy: papier, a dostajemy mieszankę tworzyw niezwykle kłopotliwą do przetworzenia. Łączone materiały powinno się najpierw rozdzielić, a potem odpowiednio posegregować. W przypadku kubków jest to praktycznie niemożliwe. W efekcie statystycznie dwa i pół kubka tygodniowo na osobę trafia do kosza na śmieci, a stamtąd na składowisko, zwiększając tym samym hałdy odpadów nieulegających biodegradacji[4].

---

4 Margaret Morales, *Why You're Still Not Bringing a Reusable Mug for Your Daily Coffee*, Sightline.org, 8 marca 2016, www.sightline.org/2016/03/08/why--youre-still-not-bringing-a-reusable-mug-for-your-daily-coffee (dostęp: 24 maja 2017).

W Niemczech większość osób kupujących kawę na wynos, zapytana, czy zdecydowałaby się na użycie kubka wielorazowego, gdyby miała taki do wyboru, odpowiedziała: „Z chęcią". Ankietowani stwierdzali, że w trakcie kupowania kawy nie dokonywali żadnego wyboru, nie myśleli o wpływie jednorazowego „papierowego" kubka na środowisko.

Jeśli czytasz tę książkę, być może chętniej pomyślisz o zmianie własnych nawyków: bądź pionierem dobrych zmian i zabieraj swój termos do kawiarni, jeśli wiesz, że musisz kawę wypić w biegu. Pokaż, że kubki termiczne mogą być nie tylko praktyczne, ale i ładne. A inwestycja we własny kubek zwróci się w dłuższej perspektywie – pomyśl o rosnących kosztach odbierania, sortowania i przetwarzania odpadów, które są pokrywane z naszych podatków. Pamiętaj, od teraz wyznacznik nowego miejskiego stylu to picie kawy z własnego termokubka!

Jedzenie w plastikowych opakowaniach

Zajrzyj do swojego kosza na śmieci i sprawdź, ilu rzeczy mógłbyś do niego nie wrzucać, zmieniając swoje nawyki żywieniowe. Co może być dobrego w mrożonym daniu w plastikowej folii? Albo w zupce chińskiej? Standard studenckiego życia nie musi być twoją kulinarną codziennością.

Z ŻYCIA WZIĘTE

Moja kuchenna rewolucja

Pamiętam dzień, gdy odkryłam gotowe dania z paczki. Przygotowanie obiadu zajęło mi pięć minut, spożycie dziesięć, a posprzątanie kolejne pięć. Wyrzucenie opakowania do śmietnika: mniej niż dziesięć sekund. Tylko smak był trochę dziwny. Dania z paczki to nie są domowe obiady, nie oszukujmy się. W trakcie studiów korzystałam z nich sporadycznie, bo co dwa tygodnie przywoziłam z domu zapas słoików i pudełek pełnych kotletów i przetworów. Nie miałam ochoty na naukę gotowania, więc gdy się kończyły, uciekałam do szybkich dań zapakowanych w folię. Makaron z serem dało się zjeść, chociaż był przesolony. Ryba z warzywami ledwo smakowała rybą. Danie chińskie na patelnię miało dziwnie zdrewniałe części warzyw. Nic nie przekonało mnie swoją jakością do regularnego spożywania. Jedynym wytłumaczeniem dla kulinarnych upadków był brak czasu na gotowanie.

Brak czasu na gotowanie – myślę teraz – to najgorsza wymówka, jaką mogłam sobie znaleźć. Tak naprawdę było to odreagowanie od zdrowego, domowego jedzenia, które wydawało mi się wtedy nudne, standardowe, oklepane. Jak długo można jeść kotlety mielone z buraczkami? Jak odczarować schabowego, gdy jadło się go na obiad co niedzielę przez co najmniej dwie dekady? Domowe jedzenie stało się dla mnie zbyt zwykłe. A kolorowe plastikowe opakowania obiecywały egzotykę. Inne smaki i szybkość przygotowania wystarczyły, żeby złapać mnie na wędkę marketingowców.

Przełom nadszedł, gdy pewnego dnia znajomy zaprosił mnie na obiad. Poprosił, bym pomogła mu w przygotowaniu spaghetti z sosem bolońskim. „Banał – pomyślałam – gotujemy makaron i zalewamy sosem ze słoika". On jednak wręczył mi nóż, łyżkę, warzywa, mięso i przyprawy i instruował krok po kroku, jak przyrządzić dobry sos. Przerażona kroiłam cebulę, wyciągałam pomidory z puszki, doprawiałam mięso i mieszałam wszystko na patelni. Zrobiliśmy ten obiad razem i razem go zjedliśmy. Efekt przerósł moje najśmielsze oczekiwania. Zrozumiałam, że domowe jedzenie nie musi być kotletem kojarzonym z barem mlecznym. Nie musi być odgrzewane w mikrofali ani ciapowate. Może być dobrze doprawione, nierozgotowane i wywoływać uśmiech. Historia jakich wiele, ale tamten obiad rozpoczął moją kulinarną rewolucję. Zaczęłam gotować sama w domu. Nawet jeśli miał być to posiłek tylko dla mnie, nawet jeśli nie znałam technik i metod. Uczyłam się, czytałam książki kucharskie, szukałam ciekawych składników i – co ważne – nauczyłam się planować zakupy.

Gdy porównuję, jak gotowałam dziesięć lat temu i jak gotuję teraz, widzę ogromną różnicę. Dziś uwielbiam spędzać czas w kuchni, mieszając sos drewnianą łyżką. Kocham zapachy przypraw. Co więcej, nie boję się eksperymentować, gdy coś nie idzie po mojej myśli. I wiem, jak wykorzystać składniki, które akurat mam w domu, by nie biec do sklepu, gdy czegoś mi zabraknie. Takie gotowanie wymaga kompromisów i zgody na odbieganie od przepisu, ale nauczyłam się tym nie przejmować i bardziej tworzyć, niż odtwarzać.

Jeśli tylko możesz, zastanów się, w jaki sposób przygotowujesz codzienny obiad. Czasem wystarczy chwila planowania raz w tygodniu, by zrobić zakupy na każdy dzień w zdrowej i bezodpadowej formie. Warto zrezygnować z żywności w plastikowych opakowaniach, tej przetworzonej przede wszystkim, ale też każdej innej.

Czego potrzebujesz, by zrezygnować z plastiku w kuchni? Po pierwsze, zacznij robić zakupy do własnych opakowań. Szukaj produktów, które lubisz, dostępnych na wagę. Z doświadczenia wiem, że nie wszystko znajdziesz w takiej formie, ale nie załamuj się. Warto otworzyć się na nowości i alternatywy. Brak ulubionego serka w lodówce nie musi być życiową tragedią: serek zapakowany do własnego słoiczka na stoisku z produktami na wagę może smakować równie dobrze. Potrzebujesz przypraw? Rób własne mieszanki podobne do tych, które lubisz, a które są pakowane tylko do plastikowych opakowań. Nie chcesz wiecznie chodzić na kompromisy? Zasugeruj producentowi, by stworzył serię produktów w szklanych słoiczkach, albo zapytaj, czy mógłby je dostarczać do sklepów w dużych pojemnikach. Pytaj w sklepach o bezodpadową alternatywę, nie bój się rozmawiać z kierownikiem czy wysyłać próśb mailowych do działu zakupów.

Kuchnia

Zakupy bez odpadów

Analiza zawartości własnego kosza pomaga w kilku rzeczach. Po pierwsze, uświadamia, jak dużo wyrzucamy. Po drugie, wskazuje, jakich śmieci mamy najwięcej. A po trzecie, motywuje nas – a przynajmniej powinna zmotywować – do wprowadzenia takich zmian w codziennym życiu, by ograniczyć ilość tych odpadów, których generujemy najwięcej. A potem oczywiście zająć się kolejnymi kategoriami.

Pamiętam, że moim największym problemem okazały się plastiki. Do podobnych wniosków dochodzą czytelnicy mojego bloga.

„Wczoraj widziałam w supermarkecie kobietę, która zapakowała jedną cebulę w plastikowy worek. Następnie zapakowała jedną paprykę w kolejny worek. Chciało mi się krzyczeć! Wkurza mnie też pakowanie przez sklepy warzyw/owoców »z góry« w plastik, często robią tak na przykład z bakłażanami. A na targowiskach to jest już kompletne nieporozumienie, do wszystkiego osobna siatka, a jak proszę o niedawanie siatki i włożenie wszystkiego do jednej, mojej torby to wielkie zdziwienie..." – pisze Antonina.

Alicja Z. dodaje: „Plastik to jest moja zmora. Foliowe siatki wykorzystujemy kilkadziesiąt lub nawet kilkaset razy, ale czasem jest ich po prostu za dużo. Na zakupy chodzimy z płóciennymi torbami, ale oczywiście owoce, warzywa wszyscy chcą pakować w siatki".

Podobnie było u mnie. W pobliżu kosza na odpady zmieszane stoi plastikowy stojak na foliowe torebki. W pewnym momencie już ciężko było mi znaleźć miejsce dla nowych, tak ciasno się w nim zrobiło. Używałam ich ponownie – do pakowania innych śmieci, zabierałam je na zakupy czy wkładałam do nich buty, gdy szykowałam walizkę do wyjazdu. Foliówki się przydawały. Jednak ich liczba mnie przytłoczyła, nie nadążałam z ich wykorzystywaniem, nie wiedziałam, gdzie i komu jeszcze mogę je upchnąć, byle tylko nie wylądowały od razu w śmieciach.

Idąc po rozum do głowy, postanowiłam zawsze, ale to zawsze nosić ze sobą **wielorazową szmacianą torbę**. Miałam ich w domu kilka, ale nie zawsze pamiętałam, by przed wyjściem spakować je do torebki. Doświadczenie nauczyło mnie, że zakupy nie zawsze są planowane i że nie zawsze mam czas, by podjechać do domu po zestaw własnych toreb. Dlatego postanowiłam, że w mojej torebce podręcznej, z którą wychodzę co dzień z domu, będę zawsze trzymać płócienną siatkę, a dwie kolejne będą leżały w bagażniku auta. Mam ich tyle, czas więc je wykorzystać. Jedna torba wystarcza mniej więcej na dwudniowe zakupy. Gdy wybieram się na targ w weekend, zabieram ze sobą zupełnie inne akcesoria, o czym za chwilę. Pilnuję, by torby, które zaniosę do domu, wróciły na swoje stałe miejsce po rozpakowaniu. Dzięki temu mam pewność, że z lekkim sercem mogę się wybrać nawet na nieplanowane zakupy i uniknąć foliowych siatek.

Oprócz torby z tkaniny świetnym rozwiązaniem jest **wiklinowy koszyk**. Jest trwalszy niż bawełniana torba, a materiał, z którego powstał, pochodzi z naszego, obfitującego w wiklinę kraju, czyli ślad węglowy tego produktu jest niewielki. Koszyk jest ustawny i pakowny – można w nim wygodnie umiejscowić słoiki, jajka i warzywa, bez ryzyka rozbicia szkła czy skorupek przy nieostrożnym odstawieniu na podłogę. Jedyną wadą koszyka jest to, że zajmuje sporo miejsca. Idąc do pracy, musiałabym zabierać torbę z laptopem, torebkę i pękaty koszyk. Koszykowi mówię tak, ale w weekendy.

Są też **kosze złożone z aluminiowej rączki i mocnej tkaniny**, składane na pół, czyli bardziej poręczne od tych wiklinowych. Być może stanowią formę pośrednią między bawełnianą torbą a wiklinowym koszem. Nie korzystałam, ale wyglądają na wygodne w użytkowaniu. Takie kosze można dostać w wielu sklepach z artykułami gospodarstwa domowego.

Dla osób kupujących dużo, a rzadko godnym polecenia rozwiązaniem jest **wózek na zakupy**. Ma zazwyczaj aluminiowy stelaż, torbowór z wodoodpornej tkaniny i kółka łatwe do wciągania po schodach. Jest pakowny i zwrotny, dlatego – o ile nie prowadzisz jeszcze wózka z dzieckiem – możesz z powodzeniem zabrać do sklepu taką torbę na kółkach. Warto z niej korzystać, jeśli obawiasz się przeciążeń kręgosłupa przy większych zakupach, szczególnie jeśli zabiera się ze sobą własne słoiki.

Plecak to świetna opcja dla rowerzystów lub osób preferujących dźwiganie na plecach zamiast w rękach. Jego zaletą jest też to, że masz wolne dłonie. Jeśli planujesz duże zakupy lub robisz je razem z dziećmi, plecak powinien się sprawdzić.

Ważne, by każdy znalazł taki sposób pakowania zakupów, jaki mu najbardziej odpowiada. Dla mnie bawełniane torby są najwygodniejsze, bo łatwo je złożyć i wcisnąć nawet do kieszeni kurtki. Jeśli jeździsz rowerem, prawdopodobnie wybierzesz plecak. Gdy robisz zakupy z dziećmi, być może wybierzesz torbę na kółkach. Możliwości jest wiele, warto wybrać tę, która jest najlepiej dopasowana do naszego stylu życia.

Bezodpadowe pakowanie zakupów wymaga również przygotowania odpowiednich opakowań na produkty. Jeszcze rok temu nie myślałam, że do sklepu będę chodzić z własnymi słoikami czy workami na warzywa. Dziś nie wyobrażam sobie, że mogłoby być inaczej. Gdy raz sprawdziłam, ile folii i plastików nie przynoszę dzięki temu do domu, nie potrafię wybierać produktów w jednorazowych opakowaniach. Mam głośny „plastikowy alert", gdy zbliżam się do sklepowych półek. Wybieram to, co mogę kupić luzem lub w szklanych opakowaniach.

Co biorę ze sobą na bezśmieciowe zakupy?

1. **Woreczki bawełniane** – wielorazowe woreczki zawiązywane na sznureczek są dobrym opakowaniem na produkty sypkie (nasiona, kasze, ryże, mąki, płatki, makarony), ale też na warzywa i owoce. Mam kilka woreczków z nadrukowanymi nazwami produktów, choć przyznam, że korzystam z tych, które są wolne i pod ręką. Ich zaletą jest lekkość – przy ważeniu produktów nawet nie trzeba tarować wagi. Jeszcze lżejsze są woreczki z siatki lub uszyte z firany. Do nich warto pakować produkty bardzo lekkie, przy których każdy dodatkowy gram będzie znacząco wpływał na ostateczną cenę, jeśli w sklepie nie ma możliwości tarowania wagi. Dobrym przykładem mogą być kosztowne przyprawy, takie jak szafran, czy choćby herbata. Zabrudzone woreczki można łatwo wyprać i przygotować do kolejnego użycia. Sama mam kilka worków, do których regularnie pakuję zabrudzone warzywa, takie jak ziemniaki, marchew czy seler, i nie piorę ich zbyt często, bo nie miałoby to większego sensu. Wystarczy wytrzepać ze środka ziemię i można ponownie włożyć do nich warzywa. Woreczki na kasze, mąki, płatki i strączki muszą być natomiast zawsze czyste i nie używam ich do żadnych innych produktów.

2. **Słoiki** – szklane słoiki po przetworach są świetne na produkty sypkie, nasiona, płatki, kiszonki, a nawet ryby, mięso czy sery. W zasadzie można do nich włożyć wszystko, co się zmieści i co da się łatwo wyjąć. Wadą słoików jest gorsza pakowność i większy ciężar. Wybierając się do sklepów, w których jest problem z tarowaniem wagi, lepiej wybrać jednak bawełniane woreczki. Słoików zazwyczaj używam, kupując produkty płynne, nabiał, herbaty, zioła, przyprawy. W słoikach dostaję też kiełki i wegańskie pasty do smarowania chleba z kooperatywy spożywczej. Po wyczyszczeniu odnoszę je do wytwórcy, który używa ich ponownie. Często słyszę opinie, że słoiki są uciążliwe przy robieniu zakupów. Boimy się, że się potłuką, przeszkadza nam ich ciężar. Pamiętajmy jednak, że szkło jest najzdrowszym opakowaniem dla produktów żywnościowych, szczególnie tych mokrych i tłustych. Nie wchodzi z nimi w reakcje, nie wyciekają z niego szkodliwe substancje, jak w przypadku opakowań plastikowych, nawet pod wpływem wysokiej temperatury. Żeby słoiki się nie tłukły, często owijam je szmatką lub zakładam na nie pokrowiec ze... skarpety. Jest to bezkosztowy, a jakże skuteczny sposób na zachowanie szklanego opakowania w całości.

3. **Pudełka szklane, stalowe lub plastikowe** – zaopatrzyłam się w pięć szklanych pudełek na żywność, do których pakuję drugie śniadania do pracy i zakupy w sklepie. Z pudełkami chodzę do sklepu spożywczego po wędliny, mięso i sery. Łatwo pakuje się do nich produkty pokrojone w plasterki. Potem wystarczy włożyć je do lodówki i mamy zdrowy sposób na przechowywanie szybko psującego się jedzenia. Pudełka plastikowe są lżejsze i się nie tłuką, ale szklane są zdrowsze i – o ile są odpowiednio zahartowane – można używać ich również do podgrzewania potraw. Świetne są też pojemniki ze stali nierdzewnej, których część osób

używa podczas zakupów „na wagę" lub do noszenia obiadu do pracy. Tak zwane lunch boxy złożone z kilku menażek układanych jedna na drugiej to od dawna znany, biwakowy sposób transportowania jedzenia. Dziś korzystamy z niego nie tylko na polu namiotowym, ale przede wszystkim na co dzień, zabierając obiad do pracy.

4. **Torebki papierowe lub woreczki foliowe** – zdarza się, że w moim domu „nie wiadomo skąd" znajdą się nieproszone opakowania. Bywa, że produkt zapakowany w kartonik w środku kryje jeszcze folijkę. Czasem zakupy przez internet dostarczają mi niechcianych i niepotrzebnych woreczków czy papierów. Nie ubolewam nad tym, ponieważ wykorzystuję je ponownie. Woreczki foliowe zabieram ze sobą na zakupy zamiast bawełnianych. Woreczki strunowe są świetne do pakowania produktów sypkich lub kanapek. Torebki papierowe przydają się na ciastka, chleb i – znów – kanapki. Często przynoszę śniadanie do pracy w papierkach, w które były zapakowane kupione przez internet surowce kosmetyczne. Z pozoru niepotrzebne folie i papiery przy odrobinie zdrowej kreatywności mogą się znów przydać.

5. **Butelki** – umyte i wyparzone butelki po mleku czy sokach zabieram do mlekomatu. Do butelek po oleju można znów wlać olej, jeśli znajdziesz miejsce, w którym da się go kupić bez opakowania, na litry. Wszelkie inne produkty płynne też oczywiście pakuję do butelek. W jednym z poznańskich pubów można kupować piwo rzemieślnicze do własnych pojemników (warto wziąć szkło na zakrętkę, bo brak u nich kapslownicy) – jest to ciekawa opcja dla piwoszy chcących ograniczyć liczbę bezzwrotnych butelek w domu.

6. **Tekturowe wytłoczki** – jeśli o nie dbasz, długo posłużą jako opakowanie na jajka. Nie zapominaj o nich, gdy idziesz na zakupy na targ.

A co, jeśli nie mam ze sobą toreb ani pojemników? Osoby zdeterminowane, by żyć bezodpadowo, radzą sobie na różne sposoby. Można zakupy wynieść ze sklepu, trzymając wszystko w rękach (oczywiście to wchodzi w grę tylko przy małych sprawunkach, nie tych całotygodniowych). Zamiast do foliówki można włożyć różne rzeczy do kieszeni. A jeśli masz pod ręką kawałek materiału, na przykład roboczą bluzę w bagażniku, możesz z niej zrobić tobołek, w który zapakujesz towary. Dobrze też korzystać z tego, co jest dostępne w sklepie za darmo. Często pakowałam zakupy na przykład do pustych kartonów. Cieszy sam fakt, że sklepy bez problemu udostępniają niepotrzebne pudła, zostawiając je za kasami, tak by „beztorbowi" klienci mogli z nich swobodnie skorzystać.

Z ŻYCIA WZIĘTE

Historia pewnych zakupów

Wracając z pracy, musiałam wstąpić na szybkie zakupy w dużym sklepie. W dziale z produktami na wagę stoją niefunkcjonalne wagi, które nie mają opcji tarowania opakowania przed zważeniem produktu. Gdy to odkryłam, nie mogłam ukryć buzujących we mnie negatywnych emocji. Kolekcja pustych słoików pobrzękiwała mi w kilku szmacianych siatkach, a mój czterolatek ochoczo skakał po sklepie, skutecznie przeszkadzając mi w wymyśleniu rozwiązania tego problemu.

Jedynym akceptowalnym dla mnie wyjściem było wkładanie produktów do oferowanych na stoisku foliowych woreczków, ważenie ich, drukowanie naklejek z ceną, przesypywanie towaru do własnych słoików i przyklejanie naklejek. Koszmar! Zastanawiałam się, dlaczego nikt wcześniej nie wspomniał mi, że zakupy w tym sklepie będą tak kłopotliwe. Tyle osób tu przychodzi i tyle z nich korzysta z alejki z produktami sprzedawanymi luzem.

Po pewnym czasie, na konferencji *zero waste* w Warszawie z udziałem Bei Johnson, usłyszałam od pani dyrektor działu promocji i marketingu tej sieci sklepów, że nie miała pojęcia o braku opcji tarowania wag. Czy to skutek braku reakcji klientów na wspomniane niedogodności? Czy może nikt wcześniej nie próbował ważyć produktów we własnych pojemnikach? A może to kwestia tego, że „biurowi" pracownicy tej korporacji nie znają sklepowych realiów?

Każda z opcji jest równie prawdopodobna i podobnież smutna. Jeśli klienci nie zwracają uwagi obsłudze sklepu na podobne sytuacje, utrudniające im dokonywanie wyborów lepszych dla środowiska, wówczas sklep traci szansę na ustosunkowanie się do problemu. Nie można zmienić rzeczywistości na lepsze, jeśli nie zauważy się wad i nie zacznie o nich głośno mówić.

Czy jednak zwracamy uwagę na to, jakie możliwości oferuje sklep osobom chcącym zredukować ilość śmieci przynoszonych do domu? Czy zastanawiamy się nad tym, że przy kasie płacimy nie tylko za pożywienie, ale i za jego opakowanie, z którym również trzeba będzie coś zrobić? Śmiem twierdzić, że bardzo rzadko (lub wcale) zastanawiamy się, w co zapakowane jest nasze jedzenie. I chociaż lubimy myśleć, że żyjemy zdrowo i dokonujemy właściwych wyborów konsumenckich, to musimy przyznać, że nasze zakupowe decyzje nie najlepiej wpływają na stan środowiska.

Brak czasu i brak planowania źle wpływają na zostawiany przez nas odpadowy ślad. Na pierwsze miejsce wśród powodów, dla których zaśmiecamy świat, wysuwają się kiepska oferta sklepów i wysokie ceny dobrej jakości produktów bez opakowań. Konsument zawsze zwraca uwagę na cenę. Porównuje ze sobą różne produkty przede wszystkim pod jej kątem, równolegle przeprowadzając analizę jakości. Tak samo chcemy żyć zdrowo, jak mieć za co żyć w ogóle. Czy zatem produkty bez opakowań mogą być i tanie, i zdrowe, i ogólnodostępne? Co musiałaby się stać, by takie były?

Na polskim gruncie nieśmiało pojawiają się pojedyncze sklepy z ofertą „bez opakowań". Ceny w nich są zazwyczaj o połowę wyższe od cen w „zwykłych" sklepach, mimo że przecież nie musimy dopłacać za opakowanie. Klasyczny konsument się zdziwi, bo logika prostego rachunku nie pozwala na takie kompromisy. Uparty ekofreak (taki jak ja) będzie tam regularnie robił zakupy, wierząc w ich realny wpływ na własne zdrowie i stan środowiska.

Wielkopowierzchniowe markety przyciągają ludzi ceną, więc wydawałoby się, że nie muszą dbać o nic więcej. Jawne stawianie zysku na pierwszym miejscu skutecznie zniechęca natomiast świadomego klienta. Coraz częściej spotykam się z osobami, które bojkotują wielkopowierzchniowe świątynie konsumpcji, zaopatrując się w małych, rodzinnych sklepikach, w których kontakt ze sprzedawcą oznacza kontakt z samym szefem. Szczera rozmowa o tym, co wkładamy do koszyka i co zaraz wyląduje u nas na talerzu, jest na tyle cenna, że wyszukujemy lokalnych dostawców, którzy są w stanie zrozumieć nasze potrzeby. Dodatkowo łatwiej wytłumaczyć lokalnemu sklepikarzowi, jak ważne jest oferowanie produktów luzem i jak bezpieczne i bezproblemowe może być pakowanie ich do pojemników przyniesionych przez klienta. Każde zakupy zrobione w miejscu wspierającym konsumenta i środowisko to nasze głosowanie portfelem, najskuteczniejsze w gospodarce wolnorynkowej.

Wracając do moich pierwszych marketowych zakupów na wagę, polegałam przy drugim słoiku napełnianym przez przesypywanie towaru zważonego wcześniej w woreczku. Poziom skomplikowania całego przedsięwzięcia skutecznie mnie do niego zniechęcił. Do domu wróciłam z dwoma pojemnikami płatków i kilkoma foliowymi woreczkami pozostałych produktów.

To, co wówczas uznałam za porażkę, dziś pokazuje mi, jak wiele mam możliwości na co dzień.

1. Mogę wziąć do sklepu własne lekkie wielorazowe woreczki, na przykład z cienkiej bawełny, które nieznacznie wpływają na ogólną wagę produktu, nawet jeśli waga nie ma opcji tarowania.
2. Mogę tak zaplanować zakupy, by wybrać się na nie sama i móc skupić się na wyzwaniach, które niesie przesypywanie produktu z folii do własnego pojemnika.
3. Mogę wybrać sklep, w którym opcja tarowania opakowania jest dostępna, a sprzedawca przychylnie patrzy na indywidualne potrzeby klienta.

Co i gdzie kupować bezodpadowo?

Wielu czytelników mojego bloga narzeka, że w ich mieście nie ma sklepu oferującego produkty na wagę. Zmuszeni są kupować wszystko już poporcjowane, najczęściej w plastikowych opakowaniach. Znam ten ból, ponieważ jeszcze do niedawna wydawało mi się, że i w moim mieście nie można uniknąć plastików. Z zapartym tchem słuchałam, że w Warszawie powstał sklep, gdzie wszystko jest na wagę, a w czeskiej Pradze jest takich kilka. Byłam rozżalona, że mieszkam w miejscu, w którym nikt nie zainwestował w tego typu biznes. Na tyle jednak chciałam ograniczyć przynoszenie do domu śmieci – bo tym są dla mnie jednorazowe opakowania – że w wielu zwykłych sklepach zaczęłam zauważać stoiska z produktami na wagę. Miejsca, na które wcześniej nie zwracałam większej uwagi, stały się teraz tymi najchętniej odwiedzanymi. Dzięki rozmowom z innymi osobami, które żyją bezśmieciowo, wiem, że korzystamy z podobnych sposobów na zakupy spożywcze, niezależnie od wielkości miasta czy poziomu zamożności.

Gdzie więc robimy bezśmieciowe zakupy?

Targowiska i bazarki

Ryneczki funkcjonują w każdym mieście, niezależnie od jego wielkości. Warto zlokalizować najbliższy, żeby nie jeździć na drugi koniec miasta po podstawowe produkty. Tam, gdzie mieszkam, jest ich wiele, każda dzielnica ma swój własny. Na targu, który jest niedaleko mojego domu, kupuję warzywa, owoce i jaja bezpośrednio od rolników. Dużą zaletą jest świeżość produktów – są one zazwyczaj zebrane poprzedniego dnia i dzięki temu nie były narażone na dodatkowe opryski, jakie stosuje się przy przewożeniu warzyw na długie dystanse. Produkty na bazarku są wyhodowane lokalnie, co oznacza, że ich mikroflora bakteryjna jest nam znana, dzięki czemu jedzenie zostanie łatwiej przyswojone. Lokalność ma też wpływ na niski ślad węglowy zostawiany w atmosferze w wyniku transportu z gospodarstwa na targowisko.

Oprócz warzyw, owoców i jaj na targu można też znaleźć wiele innych produktów na wagę: nasiona, warzywa strączkowe, kasze, orzechy i tym podobne. Warto się rozejrzeć i mieć oczy szeroko otwarte, bo może się okazać, że jesteśmy w stanie zrobić tu większość zakupów.

Na targu warto odwiedzać te stragany, gdzie sprzedawane są rzeczywiście lokalne produkty prosto od rolnika. Coraz więcej jest stoisk, na których obok polskiej sałaty czy buraków leżą cytryny, banany i pomarańcze. Jak zaufać sprzedawcy, że jego produkty nie pochodzą z giełdy warzyw? Jak sprawdzić, w jaki sposób były hodowane? Moim sposobem jest pytanie wprost, kiedy warzywa zostały zebrane, czy stosowano nawozy sztuczne i czy sprzedawca jest również gospodarzem, który wszystkiego doglądał. To są dla mnie ważne informacje ze względu na zdrowie moje i mojej rodziny.

Targowiska mają jedną dużą wadę: są zamykane, zanim wrócę z pracy. Jedynym rozwiązaniem jest robienie zakupów w soboty, wówczas jest też największa szansa, że sprzedawcy to rzeczywiście rolnicy, którzy przywożą własne plony do miasta.

Obok zwykłych targów są też miejsca oferujące tylko produkty ekologiczne. Warto je odwiedzać, choć czasem położone są nieco dalej od domu. Dla mnie dużym plusem jest wysoka jakość produktów, które tam dostanę: od ekologicznych warzyw i owoców przez sery zagrodowe, wyroby z koziego mleka, przetwory w słoikach aż po domowe wyroby wędliniarskie.

Warzywniak

Poza targowiskiem kupuję też w lokalnym warzywniaku. Podoba mi się, że właściciel dba o zawsze świeżą dostawę produktów, które sam selekcjonuje, umawiając się z konkretnymi rolnikami. Mój warzywniak oferuje nie tylko warzywa. Znajdę w nim kilkanaście rodzajów suchych ziaren na wagę, które lubię pakować do własnych bawełnianych woreczków. Zdziwienie osób z kolejki w niczym mi nie przeszkadza, a sprzedawca na głos chwali mój wybór i mówi, że chciałby już nigdy nie wydawać foliówek. W woreczkach lądują więc: ciecierzyca, soczewica, fasole jaś i drobna biała. Mogę tam kupić ekologiczne mąki, naturalne syropy, jaja od wiejskich kur czy świeżo wędzone ryby. O wysokiej klasie warzywniaka świadczy też fakt, że mam do wyboru chyba sześć odmian ziemniaków. Nie jest to sklep ekologiczny, których teraz coraz więcej. To zwykły osiedlowy sklepik z właścicielem świadomie oferującym najlepszą jakość.

Kooperatywa spożywcza

Najlepszym źródłem produktów spożywczych jest dla mnie kooperatywa spożywcza. Zgodnie z zasadami funkcjonowania poznańskiej kooperatywy raz w tygodniu robię w niej większe zamówienie, a we wtorek jadę do centrum je odebrać. Mogę też wybrać kuriera albo dowóz rowerowy.

Czym jest kooperatywa spożywcza? To nieformalna grupa producentów żywności i jej odbiorców, w ramach której organizuje się zakupy bez pośredników i bez narzucania dodatkowej marży. Ceny mają być sprawiedliwe, zadowalające dla obu stron transakcji, a jakość produktów możliwie najwyższa.

Kupując w kooperatywie, mam pewność, że warzywa nie były pryskane żadnymi chemikaliami, a krowy i kozy wypuszczano na świeże powietrze, by poskubały trawę. Kooperatywa to dla mnie źródło świeżych warzyw i owoców, zawsze sezonowych, a także przetworów zamkniętych w słoikach, takich jak dżemy, tarte buraczki czy kompoty. Kupuję też mąki, rozsypywane z większego worka do małych papierowych torebek. W kooperatywie dostępne są jajka od kur zielononóżek, żyjących szczęśliwym życiem niemalże na wolności. Jest mleko kozie i krowie oraz sery twarogowe. Gospodarze, z którymi współpracujemy, cenią sobie bliskość natury, a ja podzielam te ich – dziś oryginalne – przekonania.

W Polsce w największych miastach funkcjonuje kilkanaście kooperatyw spożywczych. Sama Warszawa ma ich kilka. Niektóre działają jako kluby zakupowe, inne jako sklepy otwarte każdego dnia tygodnia. Gdy odwiedziłam warszawski sklep kooperatywy „Dobrze", dowiedziałam się, że członkostwo w klubie zapewnia zniżki na zakupy, ale ten sam asortyment jest dostępny dla wszystkich klientów.

Bezśmieciową zaletą kooperatyw jest dowolność formy pakowania produktów. Jeśli chcesz, możesz przyjść z własnymi pojemnikami i woreczkami i ładować do nich to wszystko, co jest dostępne na wagę. Gdy zamawiasz z dowozem do domu, siłą rzeczy produkty muszą być w coś zapakowane. W poznańskiej kooperatywie staramy się unikać opakowań foliowych i plastikowych, a wybierać papierowe i szklane. Słoiki po przetworach i butelki po mleku zwracamy przy okazji kolejnych zakupów, co jest dużym ułatwieniem dla wytwórców. Dla nich każdy słoiczek i każda butelka są ważne.

Kooperatywy spożywcze w Polsce

Ruch kooperatywny znany jest nie od dziś. Już w połowie XVIII wieku w Anglii oddolnie powstawały demokratyczne spółdzielnie producentów, dające im gwarancję zbytu i umożliwiające reinwestowanie zysków, a przede wszystkim sprzeciwiające się wyzyskowi ze strony wielkich przedsiębiorców. W Polsce powstawały one już w XIX wieku, w okresie zaborów. Jednym z prekursorów polskiej spółdzielczości był Stanisław Staszic, który w 1816 roku założył Towarzystwo Rolnicze Hrubieszowskie. Propagatorem idei kooperatywizmu na przełomie wieków XIX i XX był Edward Abramowski, współzałożyciel Towarzystwa Kooperatystów. W swoim dziele *Kooperatywa* definiuje on spółdzielnię tymi słowami:

„Kooperatywa spożywcza jest to stowarzyszenie dla wspólnego zakupu zarówno przedmiotów codziennego użytku, jak i wszelkich innych towarów. Zamiast ażeby każdy oddzielnie kupował w sklepikach i magazynach chleb, mleko, masło, naftę, węgiel, obuwie, odzież, bieliznę i inne rzeczy, ludzie łączą się w stowarzyszenie, które, za pośrednictwem swej administracji kupuje te wszystkie przedmioty hurtem, dla własnego sklepu. Kupując hurtem, stowarzyszenie kupuje taniej, członkom zaś swoim sprzedaje po zwyczajnej cenie handlowej; i stąd pochodzi zysk stowarzyszenia"[5].

Abramowski twierdził, że oddolne formy samoorganizowania się obywateli są najwartościowszym sposobem na sprawiedliwy handel i obronę praw konsumenta przed wyzyskiem wielkich przedsiębior-

---

5 Edward Abramowski, *Kooperatywa*, Łódź 2010.

ców. Uznawał je za ważny i odpowiedzialny sposób tworzenia społeczeństwa opartego na zasadach współpracy, czyli silnego, solidarnego
i działającego we wspólnej sprawie. To dzięki spółdzielniom powsta-
łym podczas zaborów i ich świadomości grupowej byliśmy w stanie
w tak szybki i sprawny sposób zjednoczyć się ponownie po pierwszej
wojnie światowej.

Kooperatywy znane przed stu laty były tworzone przede wszystkim ze względów finansowych, tak by robotnicy z miast mieli zapew-
nione produkty spożywcze w przystępnych cenach, a mali wytwórcy
miejscy i wiejscy znaleźli miejsce zbytu.

Po drugiej wojnie światowej pierwotna idea kooperatyzmu została
przejęta przez centralnie sterowaną gospodarkę socjalistyczną, w ramach której narzucano producentom żywności spółdzielcze formy zrze-
szania się. Powstawały spółdzielnie rolne i sklepy odbierające od nich
produkty. To między innymi z zakładanymi wówczas sklepami „Społem"
kojarzymy dziś kooperatyzm.

W trakcie transformacji ustrojowej po 1989 roku spółdzielnie uzna-
no za socjalistyczny relikt (mimo iż kooperatywy istniały dużo wcześniej), który miała zastąpić gospodarka wolnorynkowa z prawem wol-
nej konkurencji przedsiębiorców.

Dziś kooperatywy wracają w nieco zmienionej, dostosowanej do
współczesnych potrzeb formie, z podobnym celem na sztandarach.
Funkcjonują na zasadzie samoorganizujących się grup nieformalnych,
zapewniających swoim członkom dostęp do zdrowej żywności w spra-
wiedliwej cenie osiągalnej również dla mniej zamożnych osób, bo przede wszystkim o to w tej działalności chodzi.

„Poznańska Kooperatywa Spożywcza jest grupą osób, których łączy
idea współtworzenia oddolnej, demokratycznej, ekologicznej inicjatywy, nienastawionej na zysk. W ramach wyborów konsumenckich chcemy unikać pośredników i docierać do producentów żywności, posiadać

kontrolę nad nabywanymi produktami oraz wiedzę o nich, opartą o bezpośrednie relacje ze sprzedającymi. [...] Naszym celem jest tworzenie alternatywy dla dominującego systemu konsumpcji i produkcji, a także rozwijanie świadomego podejścia do własnego zdrowia"[6] – takie informacje znajdziemy na facebookowym profilu grupy.

Wawelska Kooperatywa pisze o swojej misji krótko: „Dostęp do świeżej, nieprzetworzonej żywności prosto od lokalnych rolników. Wspólna praca na rzecz wspólnych idei!"[7].

Warszawska Kooperatywa „Na Zdrowie" deklaruje z kolei, że „ma na celu propagowanie idei zrównoważonego rozwoju poprzez dążenie do równowagi pomiędzy społecznym i gospodarczym dobrobytem, propagowanie holistycznego podejścia do zdrowia oraz ochronę zasobów naturalnych ziemi. [...] wyraża się to głównie grupowymi zakupami produktów spożywczych, kosmetycznych i innych codziennego użytku"[8].

Przykłady można mnożyć, to, co jest jednak najważniejsze, to fakt, że każdy może założyć swoją małą spółdzielnię. Grupa sąsiedzka czy grupa znajomych może być świetną podstawą do utworzenia kooperatywy, która chce razem zamawiać zdrową żywność w większych opakowaniach, by potem rozdzielać mniejsze porcje pomiędzy swoich członków. Od tego zaczyna się ruch samopomocowy skupiony na świadomym podejściu do odżywiania i do własnego portfela, oparty na zasadach współdziałania. W ostatecznym rozrachunku wspólne zaopatrywanie się w większe ilości produktów spożywczych jest tańsze niż korzystanie z oferty zwykłych sklepów.

---

6 Więcej zob. www.facebook.com/PoznanskaKooperatywaSpozywcza (dostęp: 24 maja 2017).

7 Więcej zob. www.facebook.com/pg/wawelskakooperatywaspozywcza (dostęp: 24 maja 2017).

8 Więcej zob. www.facebook.com/KooperatywaNaZdrowie (dostęp: 24 maja 2017).

Rolnictwo Wspierane przez Społeczność

Rolnictwo Wspierane przez Społeczność (RWS; ang. Community Supported Agriculture, CSA) to model prowadzenia gospodarstwa oparty na zasadzie współdzielenia odpowiedzialności między rolnikiem a grupą odbiorców.

„Chodzi w nim o solidarne inwestowanie w działalność i rozwój lokalnych rodzinnych gospodarstw rolnych, a zarazem umożliwienie odbiorcom dostępu do świeżej, zdrowej żywności po przystępnej cenie"[9] – pisze Julia Olszewska z Instytutu Globalnej Odpowiedzialności.

RWS bazuje na grupie odbiorców, którzy deklarują, że będą kupować płody rolne z określonego gospodarstwa przez dłuższy okres. Zazwyczaj przyjmuje się zapisy kwartalne; grupa przy pomocy rolnika dookreśla, jaką żywność chce kupować, a rolnik planuje na tej podstawie nasadzenia i uzgadnia ceny.

Odbiory następują raz w tygodniu w dogodnym dla grupy miejscu. Każdemu przysługuje określona przez rolnika ilość warzyw i owoców dostarczana sezonowo, czyli zmienna z miesiąca na miesiąc. Dzięki tej formie prowadzenia gospodarstwa rolnik ma zagwarantowany zysk przez cały rok, może lepiej planować rozkład plonów, amortyzować koszty nieurodzaju czy klęsk ekologicznych. Odbiorcy z kolei wiedzą, kto produkuje ich żywność, mogą odwiedzać gospodarstwo, uczestniczyć w pracach polowych i sprawdzać, czy warunki panujące w gospodarstwie odpowiadają ich oczekiwaniom.

Sklepy z produktami na wagę

Świetnym miejscem na zrobienie bezśmieciowych zakupów są sklepy z produktami sprzedawanymi na wagę i na litry. Powstają

---

9 *Żywność, ludzie, środowisko, czyli Rolnictwo Wspierane przez Społeczność w działaniu*, Warszawa 2016 [online], www.dochub.com/juliaolszewskac048dd64/NY59w5/rws_makieta_10-16?pg=4 (dostęp: 24 maja 2017).

one także w Polsce, choć nadal jest ich tak mało, że można je policzyć na palcach jednej ręki. (Mimo iż jest to opcja dla nielicznych, postanowiłam ją opisać, bo być może ktoś z czytelników zainspiruje się i założy własny sklep z produktami na wagę).

Główną zasadą funkcjonowania takiego sklepu jest oferowanie wszystkich produktów bez opakowania, z możliwością odważenia dowolnej ilości do własnego pojemnika klienta. Wagi mają funkcję tarowania, dlatego przychodząc do takiego sklepu z własnym słoikiem, najpierw zeruję wagę do ciężaru słoika, a potem wkładam do niego wybrany produkt.

W poznańskim sklepie mam do wyboru produkty sypkie: kasze, mąki, makarony, płatki, bakalie, nasiona roślin strączkowych, herbaty, superfoods (chlorella, spirulina i tym podobne), oraz produkty płynne: olej słonecznikowy i oliwę z oliwek. Mogę pakować wszystko do własnych pudełek i worków albo kupić słoiki i butelki na miejscu.

Wybór jest szeroki, ale na pewno nie jest to sklep typu supermarket, z żywnością każdego rodzaju. Co cieszy, to fakt, że sklepy tego typu są bardzo popularne, mają swoją stałą klientelę i chcą się dalej rozwijać. Mam nadzieję, że za kilka lat każda dzielnica będzie miała swój bezśmieciowy sklep z produktami w przystępnych cenach.

Stoiska z herbatą, kawą, przyprawami

Są sklepy, które odwiedzam, by kupić na wagę produkty, które w innych miejscach dostępne są zazwyczaj w już odmierzonych ilościach i niezbyt przyjaznych środowisku opakowaniach. Stoiska z kawą i herbatą znajdują się w prawie każdym centrum handlowym i owszem, czasem je odwiedzam i w nich kupuję. Znacznie bardziej jednak odpowiadają mi małe, lokalne sklepiki, gdzie za ladą stoi najczęściej właściciel odpowiedzialny za jakość i cenę produktów. Mam swój ulubiony punkt w mojej dzielnicy, który oferuje szeroki wybór przypraw z całego świata, bez opakowań. Sprzedawca z chęcią taruje wagę i napełnia przyniesione przeze mnie słoiczki kurkumą, ostrą i słodką papryką, kuminem i ziołami prowansalskimi. Oprócz przypraw kupuję tu też czarną i zieloną herbatę, również do własnego pojemniczka.

Mlekomaty

Mlekomat to automat ze świeżym, niepasteryzowanym mlekiem, którym można napełnić własną butelkę. Klient kupuje tu bezpośrednio od mleczarza, unikając marży pośredników. Mleczarze traktują to jako dodatkową formę zarobku i to oni są odpowiedzialni za właściwy stan mlecznej budki i jakość produktu.

Mlekomat posiada automat do sprzedaży wielorazowych butelek – szklanych i plastikowych, ale ja i tak zawsze biorę swoją. Jest też wyposażony w nadajnik GSM, który służy do komunikacji z osobą nadzorującą urządzenie, przekazując informacje o stanie i ilości mleka oraz o wzroście temperatury. Nalewak mleka wyposażony jest w funkcję parowego samoczyszczenia[10].

Jest to kolejne udogodnienie, które warto mieć blisko domu, by codziennie móc z niego korzystać.

Zwykły sklep

Czasem nie trzeba długo szukać, by znaleźć odpowiednie dla siebie produkty na wagę. Wystarczy stoisko z wędlinami i serami i trochę determinacji, by kupić wybrane wyroby do własnych pudełek.

---

10 Remigiusz Kryszewski, *Mlekomat – świeże mleko prosto od krowy*, Agropolska.pl, 20 marca 2016, www.agropolska.pl/produkcja-zwierzeca/bydlo/mlekomat--swieze-mleko-prosto-od-krowy,410.html (dostęp: 24 maja 2017).

Plasterki pakuję do własnych szklanych pojemników. Dział z warzywami też daje pole do popisu dla wprawionego w bojach zeroodpadowca.

Ważne, by pamiętać o kilku zasadach. **Warzywa i owoce** pakujemy do własnych woreczków materiałowych zamiast do oferowanych w sklepie foliówek. Nie ma większego sensu, by jedno jabłko leżało samotnie w folii. Nawet gdy mam ich kilka, biorę luzem do koszyka i bez problemu kładę na wadze. Podobnie z pojedynczymi sztukami ziemniaków czy cebuli. Gdy idę po więcej, muszę już mieć worek, by nie utrudniać zbytnio życia kasjerce. Nie mam żadnego problemu, żeby warzywa wpakować do jednej większej torby razem z owocami, o ile nie są to owoce miękkie, takie jak maliny czy truskawki. Tu lepiej pokusić się o własne pudełeczko.

Bakalie często sprzedawane są na wagę z dużych worków. Nawet duże sieci spożywcze oferują już taką możliwość.

W „zwykłym sklepie" najgorzej wypadają **kasze**, **mąki**, **makarony**, **jogurty** i **mleko**. Bardzo rzadko można trafić na te produkty bez opakowania. Artykuły sypkie zdarza mi się wypatrzyć w większych sklepach, ale płynny bądź półpłynny nabiał nie występuje luzem. Podobnie jest z **olejami** i **octem**. Tu wybieram mniejsze zło, czyli opakowania szklane i papierowe. W szkle kupuję jogurt, mleko, olej i ocet, w papierze kasze i ryże. Makaron mogę zrobić sama.

Zakupy zeroodpadowca

„Na codzienne, najpilniejsze zakupy wybieram osiedlowy sklep, gdzie bez opakowania kupię pieczywo, warzywa, owoce [...] jest również skromny (ale zawsze) wybór bakalii czy nasion na wagę. Panie przestały się też dziwić, kiedy proszę o pokrojenie żółtego sera do mojego pudełka. Dotąd, gdy potrzebne mi były większe zapasy suchych produktów, wybierałam się do hipermarketu, który posiada naprawdę ogromny wybór produktów na wagę – kasze, różne rodzaje ryżu i makaronu czy, uwielbiane przeze mnie i nieodzowne w naszej wegetariańskiej kuchni, strączki (ciecierzyca, soczewica). Piszę »dotąd«, bo od paru tygodni w mojej okolicy działa sklep w duchu *zero waste* z produktami na wagę. Moimi ostatnimi odkryciami są nasz osiedlowy sklep z herbatami, gdzie bez trudu mogę zaopatrzyć się w znakomite, aromatyczne zielone czy czarne herbaty — oczywiście do własnego pojemnika, oraz pobliski mlekomat, dzięki któremu mam szansę ograniczyć liczbę kartonów/butelek po mleku. Przy odrobinie determinacji mleko może posłużyć jako baza do wykonania twarogu czy jogurtu".

Agnieszka Sadowska-Konczal, EkoLogika.edu.pl

Ile miejsc, tyle możliwości. Warto mieć oczy szeroko otwarte, by dostrzec możliwość zrobienia bezodpadowych, mądrych zakupów, nawet nie mając sklepu *zero waste* po sąsiedzku.

Bez odpadów w Pradze

Myślę, że zero waste to bardzo pojemna kategoria, to także odpowiedzialne i wyważone zakupy.

KASIA WĄGROWSKA: Jak to się stało, że zaczęłaś żyć bezodpadowo?
ANNA ČERNÁ: Moja droga do życia bezodpadowego zaczęła się od rezygnacji z jedzenia mięsa. Muszę to zdecydowanie podkreślić, bo tamta decyzja okazała się determinująca, wpłynęła na większość moich konsumenckich wyborów, na całościową zmianę światopoglądu.

Wcześniej, jakbym żyła w skorupce stereotypu, w wyborach żywieniowych kierowałam się schematami, mimo że – zafascynowana subkulturą punków i skinheadów – nie wyglądałam stereotypowo. Rezygnując z mięsa, nadkruszyłam tę skorupkę. Zaczęłam interesować się tym, co jem, czego używam na co dzień, w jaki sposób jest to produkowane. Wegetarianizm pociągnął za sobą minimalizm, większą świadomość swojego ciała, większą samoświadomość w ogóle. Próba bezodpadowego życia jest kolejnym etapem.

Obserwuję w internecie zdjęcia twoich zakupów i mam wrażenie, że prawie nie generujesz odpadów. Jestem ciekawa, jak się zapatrujesz na ideę jednego słoika Bei Johnson, co myślisz o ludziach, którzy z życia *zero waste* czynią swój życiowy projekt.
Myślę, że jakbym się spięła, to mogłabym zmieścić wszystkie swoje odpady w jednym słoiku, ale to byłoby bardzo restrykcyjne i mało dla mnie naturalne. Nie jestem zainteresowana tym, by za wszelką cenę dążyć do zera i by móc się tym chwalić. Daję sobie prawo do potknięć i wpadek.

Zimą byłam w górach, zmarzłam i chciałam się ogrzać, kupując sobie w przydrożnym schronisku herbatę, bo moja w termosie się skończyła. Herbata została mi przyniesiona w plastikowym kubku, z papierkiem na sznureczku, plastikową łyżeczką, opakowaniem na miód i cukier. Czyli jedna herbata i ogrom śmieci. No trudno, stało się, nie zadręczam się tym, tylko wyciągam wnioski i myślę, jak na przyszłość zabezpieczyć się przed takimi sytuacjami.

W *zero waste* najbardziej pociągająca jest dla mnie świadomość, z ilu rzeczy jestem w stanie zrezygnować. Zwracam uwagę na proces produkcji i stopniowo dokonuję zmiany swoich przyzwyczajeń. Zamiast bananów jem lokalne owoce. Sięgam po jabłka, gruszki, bo wiem, że nie są sprowadzane i jak się je produkuje. Nieustannie sprawdzam, co mogę ograniczyć, i szczerze powiedziawszy, nie ma takiej rzeczy, z której nie zrezygnuję. Bardzo lubię tofu, choć wiem, z czym się wiąże jego produkcja, ale sprzedawane jest w plastikach, więc go nie kupuję, jem więcej fasoli i ciecierzycy, żeby uzupełnić białko.

Rozumiem, że rezygnujesz z produktów, których nie możesz dostać bez plastikowych opakowań. Czy czegoś poza tofu szczególnie ci brakuje?
W sumie jedyna rzecz, której mi brak, to właśnie tofu. Bardzo lubiłam je jeść smażone, z ziemniakami i sałatką. Nie kupowałam go już od ponad pół roku, czekam, aż znajdę bez opakowania.

Zrezygnowałam z parówek sojowych. Nieustannie prowadzę ze sobą dialog. Mówię sobie: zastanów się, Aniu, czy naprawdę te parówki są ci niezbędne? Są tak bardzo przetworzone, tyle w nich składników, proces ich produkcji na pewno nie przebiega w duchu *zero waste*. Jest tyle lepszych rzeczy do jedzenia. W ten sposób sama z sobą rozważam wszystkie za i przeciw, zwykle rezygnując z rzeczy, co do których mam wątpliwości.

Abstrahując od diety, zastanawiam się, czy fakt, że mieszkasz w Czechach, wpływa jakoś na twoje życie bez odpadów? Jak jest w Pradze w porównaniu z polskimi miastami, w których żyłaś?

Jeśli chodzi o dietę wegetariańską, myślę, że to kwestia wyrobienia sobie nowych nawyków żywieniowych i logistyki.

Natomiast życie w Czechach sprzyja idei *zero waste*. W moim przypadku wszystko rozpoczęło się od kupowania na wagę. Miałam dość faktu, że zakupy powodują taki przyrost śmieci. Zapytałam o to na Facebooku i ktoś mi zasugerował sklep Bezobalu. Zrobiłam tam zakupy i w ten sposób dowiedziałam się o *zero waste*, o którym wcześniej nie miałam pojęcia. Dalej już szłam za ciosem, wciągnęłam się, czytałam kolejne artykuły. Dużo się o tym mówi w czeskich mediach. Zainteresowałam się tą kwestią w odpowiednim miejscu, mogłam skorzystać z bezodpadowych sklepów i zgłębić całą ideę. Możliwe, że gdybym żyła w Wałbrzychu, byłoby mi znacznie trudniej się tym zarazić.

Na co dzień w Pradze teoretycznie nie mamy problemu z życiem bezodpadowym. Mój partner zawsze chodzi po pieczywo z woreczkiem. Ludzie są przychylni, idea *zero waste* jest popularna. Właściwie nie spotykamy się z kategoryczną odmową sprzedawców, gdy przychodzimy z własnymi pojemnikami. Pamiętam tylko jedną taką sytuację. Kupiliśmy masło na wagę w sieci sklepów z serami, ekspedientka odkroiła bez problemu, a miesiąc później już nie chciała sprzedać w ten sposób, powołując się na przepisy dotyczące czystości. To naprawdę był wyjątek. Zazwyczaj kupuję do wielorazowych opakowań w sklepach, często biorę też jedzenie na wynos. Mój partner stara się i w ten sam sposób kupuje na targu mięso.

Poruszasz bardzo ciekawe kwestie. Okazuje się, że przestrzeń miejska, w której jesteśmy osadzeni, bardzo na nas wpływa,

podsuwa nam pewne możliwości, możemy z nich skorzystać lub nie.

Tak, to prawda. Gdy mieszkałam w Polsce, nie interesowałam się życiem bezodpadowym i choć teoretycznie zwracałam uwagę na jakość jedzenia, kupowałam je w plastikowych opakowaniach. Nie szukałam alternatyw, nawet mi to do głowy nie przyszło. A teraz, gdy jadę do Wałbrzycha, widzę tyle możliwości, tyle rzeczy można kupić w szkle lub na wagę... Nikt mi nie powie, że w Polsce się nie da, skoro nawet w Wałbrzychu, który – umówmy się – jest prowincjonalnym miastem, można z powodzeniem robić zakupy w ten sposób. Ważne jest tylko to, co kupujesz. Jeśli ktoś jest weganinem i jada jedynie przetworzone sznycle czy parówki sojowe, to faktycznie, może mu się nie udać. Trzeba sobie zadać pytanie, czy nie najlepsze jakościowo jedzenie jest nam niezbędne do życia.

Rzeczywiście tak może być, że czasem brak nam wyobraźni, by ocenić, co jest naprawdę ekologiczne, a co nie do końca. Zdarza się nam myśleć, że jeśli coś jest bez opakowania, automatycznie jest lepsze. Czasem, gdy idę do dużych supermarketów i patrzę na skład rzeczy dostępnych na wagę, to łapię się za głowę.

No tak. Opakowanie to jedna rzecz, ale przede wszystkim trzeba sprawdzać skład. W Czechach są dostępne szampony w kostkach, bez opakowania, ale zdecydowanie nie mają dobrego składu. Są dostępne też takie, które możesz kupić do własnej butelki, i te mają już skład bardzo przyjazny.

Druga kwestia to wielkie supermarkety. Myślę, że oni nie zmienią swojej polityki, konsumenci *zero waste* są dla nich marginesem, a celem jest masowy klient. Tu jest pole do popisu dla małych sklepów, które mogą nabywać produkty dobrej jakości i sprzedawać je w konkurencyjnych cenach. Tak się już dzieje w Czechach.

Obserwuję Poznań, po tym jak powstał pierwszy sklep bezodpadowy, czyli BIOrę. Zainteresowanie nim jest naprawdę duże. To nisza, która aż prosi się o zagospodarowanie, brakuje takich miejsc w Polsce. Myślę, że można na tym zrobić naprawdę świetny biznes. Ile sklepów wyspecjalizowanych w *zero waste* jest w Pradze?

Istnieje kilka miejsc, gdzie udaje mi się robić zakupy w sposób bezodpadowy. Przede wszystkim Nebaleno, czyli drogeria, i Bezobalu, czyli sklep spożywczy z produktami na wagę, działają w duchu *zero waste*. W Nebaleno kupisz: proszek do prania na bazie sody i innych naturalnych składników, samą sodę, szampon i odżywkę do włosów, mydła, płyn do mycia naczyń, płyn do płukania, proszek do zmywarki, balsam do ciała, antyperspirant i tym podobne. W Bezobalu: mąki, grysik, ziarna, kasze, nasiona, pestki, orzechy, suszone owoce i warzywa, słodziki, przyprawy, kawę, herbatę, oleje, w tym kokosowy, masło kakaowe i tak dalej.

W internecie krąży informacja, że będzie się otwierał kolejny sklep Bezobalu z rozszerzoną ofertą, w którym będzie można kupić jogurt, mleko czy ser. Ale Bezobalu to dużo więcej niż sklep. To instytucja i organizacja non profit, która przygotowuje konferencje naukowe, współpracuje z Ministerstwem Środowiska. Jestem pod wielkim wrażeniem ich działań. Są bardzo zaangażowani w szerzenie idei *zero waste*, działają naprawdę prężnie. W Bezobalu kierują się misją, by zakupy bezodpadowe przestały być niszą, by były normalne, niekoniecznie tożsame z modą na eko czy hipsterstwem. Sprzedają tam więc mało przetworzone produkty dobrej jakości, które są cenowo dostępne dla przeciętnego człowieka. Grupą docelową nie jest garstka ekofanatyków, tylko zwykli ludzie, niezależnie od zarobków.

Wspominałaś jeszcze o innych miejscach?

Tak, blisko Bezobalu jest Cardamom z dużą ofertą win, octów i rozmaitych olejów – między innymi arganowym, z oregano, z awokado i tak dalej. Sprzedaje się tam prosto z beczek i słoików, a zakupy można zrobić do własnych lub zakupionych na miejscu butelek.

Na tej samej ulicy jest ekologiczny sklep sieciowy Sklizeno, w którym są dostępne produkty na wagę. Chodzę tam po parmezan, zaopatruję się też czasem w oliwy czy pasty na chleb. Mam ze sobą własne pojemniki i woreczki, nigdy nie miałam problemów z obsługą.

To jest faktycznie imponujące, że właściciele sklepów, o których opowiadasz, dbają o konkurencyjność. W Polsce często jeszcze jakość oznacza wysoką cenę.

Masz rację. Ale warto tu zwrócić uwagę na jeszcze jedną rzecz. Czasem narzekamy, że coś jest drogie, zanim zweryfikujemy nasze priorytety i ustalimy, co nam naprawdę jest potrzebne. Opowiem na swoim przykładzie: rezygnuję z wielu rzeczy, nie palę, piję alkohol sporadycznie, rzadko kupuję kosmetyki *zero waste*. Owszem, mam swoją ulubioną markę ubraniową, która do najtańszych nie należy, ale nieczęsto decyduję się na zakup nowych ciuchów.

Myślę, że *zero waste* to bardzo pojemna kategoria, to także odpowiedzialne i wyważone zakupy. Ograniczyłam swoje potrzeby do minimum, więc mogę sobie pozwolić na droższe zakupy żywieniowe. Niemało jest jednak takich osób, które kupują wszystko w dużych ilościach i potem narzekają, że nie mają pieniędzy.

Wydaje mi się, że to kwestia ustawienia sobie priorytetów. Dla mnie idealnym przykładem są dzieci. Kupuję im droższe suszone owoce, płatki na wagę, ale rezygnuję ze słodyczy. Robię zakupy rozsądnie, z umiarem. Nie objadamy się słodkościami, nie gromadzę ich w dużych ilościach. Myślę, że mamy ich wystarczająco.

Właśnie, tu jest pies pogrzebany. I bilans finansowy się zgadza, prawda?

Tak, zdecydowanie. Choć sprawa jest trochę bardziej złożona, bo wymaga przyzwyczajenia całej rodziny do takiego stylu życia. A ja nie chcę być matką terrorystką. Tłumaczę dzieciom, że gumy na wysokości ich wzroku to nie najlepsza przekąska, a w domu mamy coś lepszego i żeby się tym nie martwiły, bo to nie jest koniec świata. Prowadzę te negocjacje dosyć często. Dorosłemu człowiekowi można wytłumaczyć, z dziećmi bywa dużo trudniej...

No tak, jesteś już na innym etapie. Ja jestem bezdzietna. Chcę tylko dodać, że również nikogo nie terroryzuję, nie zmuszam do wyrzeczeń. Wiele rzeczy dzieje się stopniowo, zaczęliśmy robić zakupy z własnymi pojemnikami i któregoś razu przy okazji, będąc na targu, sprawdziliśmy, czy można w taki sposób kupić mięso. Okazało się, że tak, więc następnym razem kupiliśmy je już do pojemników.

Oczywiście, że zdarzają się nam zakupy serów czy wędlin w plastikowych opakowaniach. Segregujemy śmieci i wyrzucamy, nie robię z tego afery. Cieszę się z małych kroków, ze zmiany myślenia.

Zastanawiam się, jak twój styl życia wpływa na twoje otoczenie. Czy fakt, że starasz się żyć bezodpadowo, jest inspirujący dla twoich koleżanek z pracy czy partnera?

Oczywiście, dostrzegam wiele zmian. Któregoś razu zaprowadziłam jedną z moich koleżanek, Słowaczkę, do Bezobalu. Była zachwycona sklepem, jego estetyką, a także przyjaznym kontaktem ze sprzedawcą. Zdecydowała się na suszone pomidory. Bardzo była zadowolona, dziękowała mi wielokrotnie. Została też stałym klientem, w mniejszym stopniu jest zainteresowana ograniczaniem śmieci, ale są takie produkty, po które chodzi tylko tam, między innymi płatki owsiane, gryczane czy soczewica.

Mój partner również bardzo się zmienił pod wpływem idei *zero waste*. Zakupy robi już tylko z workiem, odruchowo po niego sięga, gdy wybiera się do sklepu. Gdy zdarza się, że ktoś krzywo na mnie popatrzy, broni moich przekonań. Jest tak zaangażowany, że czasem z trudem powstrzymuje się od komentarza, gdy widzi, jak inni kupują mnóstwo plastiku. Stopniowo zmienia się jego podejście do tej kwestii, wzrasta samoświadomość i rozsądniej zarządza zakupami.

W pracy koleżanki także szanują moje przekonania. Blisko miejsca, w którym pracuję, jest piekarnia. Odwiedzamy ją w kryzysowych sytuacjach, gdy chce nam się trochę słodkości. Kiedy dziewczyny idą zrobić zakupy, sięgają do szafki po pojemnik, który kiedyś stamtąd przyniosły. I w tym opakowaniu wielokrotnego użytku biorą dla mnie ciastka. Same nie żyją w duchu *zero waste*, ale ich postawa bardzo mnie cieszy.

Dzięki za te wszystkie opowieści. To bardzo inspirujące. Okazuje się, że można kogoś zarazić własnym stylem życia. Niekoniecznie nawet od razu skłonić do funkcjonowania bez odpadów, ale do zwracania uwagi na wiele rzeczy, które się z tym wiążą.
Niezręcznie przypisywać sobie zasługi, ale wiem, że dzięki rozmowom w pracy moje koleżanki wiedzą o idei *zero waste* naprawdę sporo.

Super, bardzo fajnie. Na koniec chciałabym cię zapytać, jakie masz marzenia i jakie widzisz wyzwania w duchu *zero waste*.
Na swoim instagramowym profilu dzieliłam się niedawno informacją, że w sklepie drogeryjnym z ekokosmetykami pojawi się niebawem możliwość zakupów do własnych pojemników. W każdy wtorek będzie można przyjść z własnym pojemnikiem i kupić do niego półprodukty. Tego mi dotąd brakowało.

Surowce kosmetyczne na wagę to również moje marzenie.
Czasem warto wziąć sprawy w swoje ręce. Z drogerią, o której wspominałam, współpracuje znajoma bardzo zaangażowana

w ruch *zero waste* i po prostu im to zasugerowała. Być może warto szukać ekologicznych sklepów, nawiązywać z nimi kontakt i przekonywać. Kto wie, może to zadziała.

Wracając do twojego pytania, nie chcę być źle zrozumiana, ale jednym z wyzwań, które jeszcze przede mną, jest macierzyństwo. Chciałabym się sprawdzić jako ekomama, sięgać po ekologiczne produkty, używać pieluszek wielorazowych. Marzę, by wychować swoje dziecko na świadomego konsumenta. Żeby wiedziało, co ma na talerzu. Nauczyło się nie generować tylu śmieci. Potrafiło zrezygnować z niektórych zachcianek.

A marzenie? Chyba to tofu, bo wszystko inne mam. Jestem w takim miejscu, które sprzyja moim pasjom i pozwala mi prowadzić bezodpadowe życie.

Ech, nic tylko przeprowadzić się do Pragi. Dziękuję za rozmowę.

Anna Černá – współautorka bloga „Zero Heroes" (www.zeroheroes.pl) i autorka profilu „anna_zeroheroes" na Instagramie (www.instagram.com/anna_ zeroheroes.pl), na którym prezentuje swoją drogę ku *zero waste*. Pochodzi z Wałbrzycha, ale mieszka w Pradze. Jest wegetarianką. Konsekwentnie redukuje śmieci, rezygnuje z nadmiaru i pogłębia swoją ekologiczną wrażliwość.

Planowanie

Jedna trzecia Polaków deklaruje, że zdarza im się wyrzucać jedzenie. Z badania przeprowadzonego przez Millward Brown na zlecenie Federacji Polskich Banków Żywności wynika, że najwięcej marnujemy wędlin (43%), na kolejnych miejscach plasują się: warzywa (32%), owoce (27%), jogurty (23%), ziemniaki (20%), mięso (17%), ser (12%), ryby (8%), dania gotowe (8%) i jaja (4%)[11]. Kupujemy często za dużo, na zapas, jakby w strachu, że jedzenia nam zabraknie i będziemy cierpieć głód. Wolimy zapobiegać, niż dokupować na bieżąco, co w sumie nie dziwi, bo doświadczeni czasami, w których nie wszystko było dostępne na półkach, staramy się korzystać ze sklepowej obfitości i robić zapasy. Głód i niedostatek przeszkadzają w normalnym funkcjonowaniu człowieka. Czy jednak musimy kupować za dużo? Co dzieje się z jedzeniem, którego nie zdążymy zjeść przed zepsuciem? Dlaczego w naszych domach zostaje tyle resztek po posiłku i co możemy z nimi zrobić?

Jednym z najskuteczniejszych sposobów na niemarnowanie jedzenia jest odpowiednie **zaplanowanie zakupów połączone z planowaniem posiłków**.

Jak planować posiłki?

Wstępem do dobrego planowania zakupów jest zaplanowanie jadłospisu na cały tydzień. Przyczyna jest prosta: gdy wiesz, co zjesz, wiesz również, co kupić.

---

11 Federacja Polskich Banków Żywności, *Raport „Nie marnuj jedzenia 2016"*, www.bankizywnosci.pl/_Resources/Persistent/f468cf8e758d7ff5233 d2c408f0638c7476df410/Raport%20Nie%20marnuj%20jedzenia%20 2016%20_%20cze%CC%A8s%CC%81c%CC%81%201%20.pdf (dostęp: 9 czerwca 2017).

Przykładowy jadłospis

Posiłek	Potrawa	Zakupy	Cena (w zł)	Opakowania
Śniadanie	Płatki jaglane na wodzie z suszonymi morelami	500 g płatków jaglanych	4	woreczek bawełniany
		200 g suszonych moreli niesiarkowanych	5	słoiczek 300 ml
	Kawa	500 g kawy (starcza na ok. miesiąc)	25	puszka
	Kanapki	1 chleb	6	worek na chleb
Obiad	Pulpety w sosie pomidorowym	500 g mięsa mielonego	8	szklany pojemnik
		1 cebula	0,3	torba bawełniana
		passata pomidorowa	4	dostępna w szklanej butelce, do ponownego wykorzystania
	Kasza owsiana	150 g kaszy owsianej	3	woreczek bawełniany
	Sałata z sosem vinaigrette	sałata masłowa	2	torba bawełniana
		cytryna do sosu	0,5	torba bawełniana
Kolacja	Naleśniki z syropem klonowym	1 kg mąki orkiszowej	6	słoik / worek bawełniany
		mleko	3,5	szklana butelka
		jajka (10 szt. – na cały tydzień)	10	wytłoczka na jajka
		syrop klonowy (starcza na ok. miesiąc)	20	szklana butelka

Warto zaplanować dzień lub dwa jako **czas czyszczenia lodówki**; bazować wówczas na resztkach z poprzednich dni i nie dokupować dodatkowych produktów. Stosując taką metodę, motywuję się, by gotować z tego, co już mam, czyli by nie marnować jedzenia, które – nie oszukujmy się – po dłuższym czasie będzie dla nas nieatrakcyjne, niesmaczne i nieświeże. Robię to zazwyczaj we wtorek, przed większą dostawą z kooperatywy spożywczej. Mam wtedy czas na przegląd spiżarni, wykorzystanie resztek warzyw i nasion, z których robię coś prostego i smacznego, na przykład warzywne curry z ciecierzycą albo zapiekankę. Resztki warzyw są wdzięcznym materiałem na zupy kremy, mogą posłużyć też do zrobienia warzywnego wywaru, będącego bazą wielu zup i sosów.

Jak planować zakupy?

Odkąd kupuję jedzenie w kooperatywie spożywczej, o wiele łatwiej mi wszystko odpowiednio rozplanować. Z racji tego, że tabelka zakupowa (czyli lista dostępnych produktów z opcją ich zamawiania) jest dystrybuowana do członków kooperatywy w każdy czwartek, mam czas do niedzieli, by sporządzić listę artykułów potrzebnych mi na kolejny tydzień. Wybieram spośród sezonowych warzyw i owoców, zamawiam chleb lub dwa, litr lub dwa mleka, muesli i odpowiednio dobieram pozostałe produkty, które kupuję rzadziej, gdy skończy mi się zapas: kasze, mąki, herbaty, kawę, wegańskie przetwory (na przykład pyszny paprykarz jaglany albo pastę z soczewicy). Zamówienie należy wysłać do końca dnia w niedzielę, a odebrać we wtorek. Robienie zakupów głównie w jednym miejscu, w moim przypadku w kooperatywie spożywczej, pozwala mi uporządkować zwyczaje żywieniowe i sprawdzić, czy na pewno o niczym nie zapomniałam. Tabelka zakupowa służy mi jako lista zakupów i pokazuje, co mam do wyboru. Gdy w kooperatywie pojawiają się nowe produkty, odpowiednio dostosowuję do nich mój jadłospis na nadchodzący tydzień.

Zakupy z listą to spore ułatwienie życia. Nawet jeśli nie należysz do kooperatywy spożywczej (a jest na to spora szansa, bo kooperatyw w Polsce jest kilkanaście), **spróbuj spisać najczęściej używane przez siebie produkty w formie tabeli** w Excelu lub na zwykłej kartce papieru i co tydzień przed większymi zakupami sprawdzać stan półek i spiżarni, by odnotować, co się kończy, czego już brakuje, a czego jeszcze wystarczy na kolejny tydzień.

Gdy widzę, że słoik przeznaczony na kaszę jaglaną świeci pustkami, zaznaczam na kartce, że jest to produkt do uzupełnienia. Podobnie robię z makaronami, mąką czy suszonymi owocami. Warzywa i owoce kupuję w trybie cotygodniowym, ale i tak sprawdzam, czy w szafce lub lodówce nie zalegają jakieś zapasy.

Przygotowywanie listy zakupów zapewnia również **oszczędność czasu**. Zamiast chodzić po sklepie i przyglądać się wszystkim półkom w nadziei na znalezienie odpowiednich składników do wymyślanych w locie posiłków, można kupować to, co ma się na liście, która – co bardzo ważne – powstała nie na podstawie chwilowych zachcianek, obejrzanych reklam czy promocji, ale analizy własnej lodówki, półek i spiżarni. Gdy ominą mnie zakupy w kooperatywie, sporządzam listę zakupów na kartce lub w aplikacji mobilnej, grupując potrzebne produkty według kategorii, a najlepiej według stoisk w sklepie, który znam i do którego najczęściej zachodzę. Wizualizuję sobie wówczas odpowiednie działy, weryfikuję stan moich zapasów i tworzę listę. Przy zakupach w osiedlowych sklepach i na targu robię podobnie – mam w myślach mapę z rozmieszczeniem zwykle odwiedzanych miejsc, czyli piekarni, warzywniaka, sklepu mięsnego i mlekomatu. Zapisuję, ile jakich produktów muszę kupić, a potem realizuję plan, starając się przy tym nie pozwalać sobie na zbytnie odstępstwa, najczęściej w postaci chwilowych zachcianek.

Zasady kupowania z listą

- **Przygotuj opakowanie na każdy produkt.** Zaznacz na liście najczęściej kupowanych produktów, w czym przyniesiesz je do domu lub w czym będziesz je przechowywać, i weź ze sobą tyle opakowań, ile potrzebujesz.

- **Nie rób zakupów na głodniaka.** Z doświadczenia wiem, że zakupy z pustym żołądkiem to dwa razy więcej jedzenia w koszyku plus jedna, dwie rzeczy otwierane do spożycia jeszcze w sklepie. W efekcie wracamy do domu ze zbyt dużą torbą i uszczuplonym portfelem. Zjedz coś, zanim wybierzesz się do sklepu.
- **Zwracaj uwagę na promocje, ale tylko te dotyczące produktów, które już masz na liście.** Jeśli okaże się, że jest akurat zniżka na krewetki, a ty nie planujesz ich jeść w tym tygodniu, daruj sobie ich zakup. Pamiętaj, że listę tworzysz pod kątem ustalonego wcześniej jadłospisu, a promocje mają na celu przyciągnąć nas do czegoś, czego najprawdopodobniej nie potrzebujemy.
- **Nie ulegaj chwilowym pokusom.** Jest to również związane z promocjami i zakupami na głodniaka. Jeśli myślisz, że teraz masz ochotę na mango, sos barbecue i marynowane śledzie, to – o ile nie jesteś w ciąży, co wszystko wytłumaczy i usprawiedliwi – pomyśl, jak wykorzystasz te produkty w zaplanowanych posiłkach. Najprawdopodobniej po zakupie sos barbecue stanie w lodówce, by zaczekać na sezon grillowy, a ty niepotrzebnie wydasz na niego pieniądze w momencie, kiedy wcale go nie potrzebujesz – bo nie znalazł się na liście nie bez powodu, prawda?

Jak unikać resztek w kuchni

Planowanie posiłków i zakupów na cały tydzień to sposób na unikanie resztek w kuchni, ale nie jedyny. Żeby jeszcze lepiej zagospodarować kupione produkty, stosuję kilka dodatkowych metod, które pozwalają mi spać błogim snem bezodpadowca i być spokojną, że nie przyczyniłam się do marnowania jedzenia.

Głód i marnowanie żywności

Jedna trzecia produkowanej na świecie żywności ląduje w śmietniku. W samej Europie rocznie marnujemy około 280 kilogramów jedzenia na osobę, z czego około 100 kilogramów wyrzucamy – my, konsumenci – po zakupie. Pozostała część to straty okołoprodukcyjne lub wynikające z nadmiaru żywności psującej się w trakcie dystrybucji i sprzedaży[12]. Europa i kraje Ameryki Północnej wiodą tu niechlubny prym, marnując tyle żywności, ile wynosi jej całkowita produkcja w rejonie Afryki Subsaharyjskiej, czyli około 230 milionów ton rocznie.

Kraje mniej rozwinięte mają o wiele niższy współczynnik utraty żywności na etapie konsumenckim. Podczas gdy w Europie wyrzucamy 95 kilogramów rocznie na osobę, w Afryce i Azji Południowo--Wschodniej jest to 6–11 kilogramów.

Nadprodukcja żywności w rejonie, w którym żyjemy, ma sprawić, żebyśmy nie odczuwali zagrożenia głodem. Rosnąca podaż to szersza oferta w sklepach, wcale jednak nieprzekładająca się na lepsze, bardziej rozsądne wykorzystanie produktów spożywczych. Źle przechowywana żywność szybko się psuje, a kupiona w nadmiarze prawie nigdy nie jest przekazywana dalej, do osób rzeczywiście cierpiących głód. Jest to problem, którego nie udało się rozwiązać przez ostatnich trzydzieści lat, odkąd FAO – agenda ONZ do spraw żywności – stwierdziła, że głód jest jednym z największych zagrożeń w krajach najsłabiej rozwiniętych. Bez zapewnienia noworodkom i dzieciom dostępu do jedzenia ich umieralność w tych regionach pozostanie na niespotykanym gdziekolwiek indziej poziomie: ponad dziewięćdziesiąt na tysiąc urodzeń. Większość tych przypadków wynika z chronicznego niedożywienia.

---

12 Jenny Gustavsson, Christel Cederberg, Ulf Sonesson, *Global food losses and food waste – Extent, causes and prevention*, Rome 2011, www.fao.org/docrep/014/mb060e/mb060e00.pdf (dostęp: 24 maja 2017).

Palący problem głodu wymaga szeroko zakrojonych rozwiązań systemowych. Wydaje się, że my jako zwykli konsumenci z kraju dobrobytu nie możemy zrobić wiele ponad to, co się dzieje w naszych domach. Podczas zakupów spożywczych warto mieć jednak na względzie fakt, że nasze zachowania konsumenckie mają przełożenie na współczynnik marnowania żywności na świecie. Tam, gdzie jest mniej jedzenia, nie można pozwolić sobie na marnotrawstwo. Może i my powinniśmy czasem się powstrzymać i zamiast wyrzucać resztki, zrobić z nich coś pysznego?

Właściwe przechowywanie

Jedną z głównych przyczyn powstawania odpadów organicznych w kuchni jest nieodpowiednie przechowywanie żywności. Warzywa więdną w lodówce, psują się pozostawione na blacie, w końcu pleśnieją i nie nadają się już do niczego. Warto zainwestować w kilka próżniowych pojemników na żywność, dzięki którym to, co przechowujemy w lodówce, pozostanie dłużej świeże i zdatne do użycia.

Wędliny i ser zapakowane w sam papier mają tendencję do wysychania, ale włożone do własnego pojemnika mogą leżeć w lodówce dłużej.

Jeśli do kanapek zużywam pół papryki, drugie pół zamykam w szklanym pudełku i chowam do lodówki. Wykorzystam ten kawałek później, na przykład podczas gotowania obiadu.

Świeże mięso i ryby również przechowuję w szklanych opakowaniach. Dzięki temu unikam plastikowych torebek, których po zabrudzeniu takimi produktami nie mogę już wrzucić do pojemnika na tworzywa sztuczne, tylko do kosza na odpady zmieszane.

Gdy wykorzystam wszystkie pojemniki, wspomagam się zwykłymi słoikami odpowiedniej wielkości.

Gotowanie mniejszych porcji

Od dzieciństwa wmawiano mi, że lepiej ugotować czegoś więcej, niż żebyśmy mieli chodzić głodni. Dlatego przez lata, nawet jeśli wydawało mi się, że jedzenia będzie dość, robiłam go trochę więcej, żeby nikt nie narzekał, że dla niego nie starczyło. Ostatnio dotarło do mnie, że to przyzwyczajenie jest zgubne i nikogo nie uszczęśliwia. Zamiast się po prostu najeść, obżeramy się, żeby nic się nie zmarnowało. A i tak zostaje cały gar resztek i często nie mamy pomysłu, co z nimi zrobić. Takie sytuacje były u nas częste – szczególnie na większych imprezach, ale zdarzały się też na co dzień. Duża część jedzenia marnowała się, ponieważ źle zaplanowaliśmy wielkość posiłku, a dokładniej: ponieważ przesadziliśmy z wielkością porcji. Po ugotowaniu połowa kaszy zostawała w garnku, bo okazywało się, że któreś z domowników najadło się już wcześniej. Ziemniaków zawsze było o jeden, dwa za dużo, a kto chce wieczorem dojadać zimne pyry? Nikt. Stwierdziłam, że zamiast gotowania na zapas, z marginesem na niezwykle głodnego domownika, lepiej dobrze zaplanować wielkość posiłku, poznając wcześniej możliwości stołujących się z nami osób.

Przed gotowaniem pytam wprost, na jaką ilość kto jest gotowy. Przy dzieciach sama staram się oszacować, ile zjadły w przedszkolu i żłobku, i ustalić, czy dojadały po powrocie do domu. Mąż musi określić, o której zjadł ostatnią kanapkę w pracy i czy przypadkiem nie wybrał się tam również na obiad. Dzięki temu wiem, na jaki głód się szykować, zanim jeszcze zacznę przygotowywać posiłek.

Wolę też ugotować mniej niż normalnie, by nie mieć problemu z niedojedzonymi resztkami. Nie myśl, że chodzi mi o głodzenie rodziny, po prostu wiem, że często jemy oczami, a żołądek ma ograniczoną pojemność.

Mrożenie większych porcji

Czasem zamiast małych, jednorazowych porcji gotuję większy obiad – na kilka dni. Chyba nie jestem w tym odosobniona, prawda? Moim ulubionym sposobem jest przygotowywanie jak największej ilości potraw w weekend, a potem mrożenie odmierzonych porcji. Niemal każde danie nadaje się do zamrożenia: **gulasze mięsne i warzywne**, **curry**, **porcje mięsa**, większość **ugotowanych warzyw**. Wyjątek stanowią kasze, ziemniaki i makarony – po rozmrożeniu robi się z nich nieapetyczna papka. Nie mrożę też świeżych pomidorów, ale już sos pomidorowy jak najbardziej. Lepiej nie zamrażać także żółtego sera, ponieważ po rozmrożeniu może zmienić teksturę i stać się grudkowaty. Za to jego skrawki można zbierać do słoika i przechowywać w lodówce, a potem zużyć do przygotowania tarty lub quiche'a albo do posypania domowej pizzy.

Mrożę nie tylko gotowe potrawy. Nadmiar **warzyw** czy **owoców** spokojnie można przechowywać w temperaturach poniżej zera. Wystarczy odpowiednio je oczyścić – umyć, czasem obrać – i pokroić na mniejsze kawałki, by mieć półprodukt, który można wykorzystać do zrobienia szybkiego obiadu. W ciągu tygodnia mam mało czasu na przesiadywanie w kuchni, a mrożone porcje pokrojonej marchewki czy selera ułatwiają mi sprawne przygotowanie zupy czy dodatku do mięs. Oszczędzam czas i nie marnuję jedzenia!

Mrożę też nać selera i inne niewykorzystane części roślin, które później wrzucam do zupy lub gulaszu.

Regularnie mrozimy w domu **chleb**. Kupujemy większe ilości raz lub dwa razy w tygodniu, po czym jeden bochenek zostawiamy do bieżącego spożycia, a resztę mrozimy w całości. Dobrą praktyką jest też mrożenie mniejszych porcji chleba: jeśli pokroi się chleb na kromki i zapakuje je w wielorazowe woreczki strunowe, można wyciągać z zamrażalnika tylko tyle pieczywa, ile jest nam w danym momencie potrzebne. Bochenek zamrożony w całości wyciągamy wieczorem i rano czeka już na nas świeży i chrupiący. Jeśli brak nam czasu lub zapomnieliśmy o wyciągnięciu pieczywa, rano wkładamy do piekarnika kilka kromek i po trzech minutach mamy pachnący chleb, idealny na kanapki do pracy.

Mrozić można też **białka jaj**, by wykorzystać je później do pieczenia lub jajecznicy.

Zamiast wyrzucać **resztki mięsa** z obiadu, warto pokroić je na mniejsze kawałki i w pojemniku włożyć do zamrażarki. Przydadzą się jako dodatek do pizzy, zapiekanek czy jako farsz do naleśników.

Niedawno dowiedziałam się, że można mrozić także **mleko** i **jogurty**. Dla mnie to idealny sposób, by uniknąć psucia się nabiału. Niepasteryzowane kupuję w mlekomacie i albo muszę zagotować od razu cały litr, żeby nie skwaśniało, albo połowę przelewam do słoika i mrożę, a drugą połowę zużywamy na bieżąco – dzieci do płatków i mąż do kawy.

Gotowanie małej ilości bulionu nie ma sensu. Dlatego często mrożę **rosół**, **bulion warzywny** czy **bulion z resztek**. Mniejsze porcje przelewam do słoików lub foremek na lód. Jako że nie kupuję kostek rosołowych, mrożony bulion służy mi jako baza do zup i sosów. Lubię wiedzieć, z czego dokładnie składa się moja potrawa, i mieć pewność, że jest bezpieczna dla zdrowia mojego i mojej rodziny, nie zawiera wzmacniaczy smaku ani konserwantów. Domowe gotowanie to dla mnie najbezpieczniejsza opcja.

Suszenie

Nadmiar jedzenia można nie tylko mrozić, ale i suszyć. Jest to najstarszy znany sposób konserwacji żywności, który z powodzeniem stosujemy także współcześnie. Suszę głównie w sezonie letnio-

-jesiennym, kiedy obfitość plonów ziemi jest tak duża, że nie jesteśmy w stanie zjeść ich przed zepsuciem.

Najczęściej suszone przeze mnie rzeczy to:

- **Zioła**: tymianek, majeranek, pokrzywa – używam ich do doprawiania potraw albo do przygotowywania naparów wzmacniających odporność (idealne jesienią i zimą). Zioła należy suszyć w ciepłym, przewiewnym i zacienionym miejscu, by promienie słoneczne nie zaszkodziły zawartym w nich olejkom eterycznym. Związujemy je sznurkiem za łodygi i zawieszamy liśćmi do dołu.
- **Nacie warzyw korzennych** – pietruszki, selera, marchwi – dodaję je do różnych potraw, także do rosołu. Nacie suszy się podobnie jak zioła, czyli z dala od promieni słonecznych, albo w niskiej temperaturze (60–80 stopni Celsjusza) w lekko uchylonym piekarniku z termoobiegiem.
- **Grzyby** – idealnie nadają się do wzmocnienia smaku gulaszu, duszonej wołowiny czy wieprzowiny, sprawdzają się także w wegetariańskim bulionie albo jako składnik zupy grzybowej. Suszę je w lekko uchylonym piekarniku z włączonym termoobiegiem (60–80 stopni Celsjusza) przez kilka godzin lub na kaloryferze, co jakiś czas przewracając je łopatką.
- **Papryczka chilli** – na bieżąco zjadamy jej niewielkie ilości, dlatego w sezonie wolę ją ususzyć i mieć pod ręką przez cały rok jako dodatek do zup, mięs czy potrawek warzywnych. Papryczkę suszę – podobnie jak grzyby – w piekarniku lub na kaloryferze.
- **Owoce** – gdy chcemy ochronić przed zepsuciem kawałki niezjedzonych owoców lub gdy w sezonie jest ich naprawdę dużo, możemy przeprowadzić akcję suszenia: jabłek, truskawek, porzeczek, gruszek, śliwek, moreli czy (całorocznie) bananów. Suszone owoce są idealną zdrową przekąską dla dzieci i dorosłych.

Kiszenie

Kiszenie jest procesem konserwowania żywności, w którym cukry rozkładane są do kwasów dzięki działaniu bakterii mlekowych, co zapobiega pleśnieniu i psuciu się jedzenia. Następuje to w warunkach beztlenowych, co w praktyce oznacza tyle, że warzywa poddane kiszeniu muszą być dobrze ubite (na przykład kapusta) lub zalane solanką, w której giną bakterie rozkładu tlenowego.

Kiszenie warzyw pozwala cieszyć się ich smakiem i wyjątkowymi wartościami przez cały rok, a szczególnie jesienią, zimą i na przednówku, gdy brak nam witamin pochodzących ze świeżych warzyw i owoców.

Staram się jeść sezonowo, dlatego zimą rzadko uświadczy się u mnie pomidora czy sałatę. Boję się dotykać tych warzyw gołymi rękami, a co dopiero spożywać je i podawać dzieciom. O wiele korzystniej jest zjeść kanapkę z kiszonym ogórkiem czy burakiem, a do obiadu podać kiszoną kapustę.

Kisić można praktycznie wszystko. Najlepsze w smaku są dla mnie tradycyjne polskie kiszone ogórki, które przygotowuję jesienią, dodając do nich czosnku, kopru, chrzanu i kilka liści z drzewa wiśni. Tak przygotowane zalewa się wodą z solą (proporcja: łyżka soli kamiennej niejodowanej na litr wody) i odstawia do ciepłego i ciemnego miejsca. Proces fermentacji najlepiej przebiega w temperaturze 15–20 stopni Celsjusza.

W podobny sposób można kisić buraki, pomidory, cebulę, ale także owoce, na przykład cytryny czy jabłka. Warto próbować kiszenia z różnymi dodatkami, nie poprzestając na czosnku. Z doświadczenia wiem też, że koper i chrzan najbardziej pasują do ogórków, pozostałe warzywa warto potraktować nieco inaczej.

Najlepsze dodatki do kiszenia

- **Marchew** – można ukisić tylko z czosnkiem albo doprawić przyprawami korzennymi i uzyskać ciekawy, orientalny smak probiotyku pełnego witamin[13].
- **Buraki** – warto pokroić w mniejsze kawałki, najlepiej w plastry, i ukisić z dodatkiem czosnku, ziela angielskiego i liści laurowych. Sok z takich buraków zbawiennie wpływa na układ trawienny i odporność. Można go wykorzystać do zrobienia barszczu.
- **Cytryny** – lekko ponacinane cytryny warto kisić z liściem laurowym, odrobiną cynamonu i pieprzem kolorowym. Zalewa się je sokiem z kilku cytryn i wodą z solą, jak pozostałe kiszonki. Można wykorzystać je w przygotowywaniu orientalnych potraw, szczególnie marokańskiego tażinu.
- **Pomidory** – do kiszenia wybiera się mniejsze sztuki, dodaje do nich pokrojoną cebulę, czosnek, gorczycę, koper i chrzan, a następnie zalewa solanką.

W bezodpadowej kuchni chodzi jednak o to, by nic się nie zmarnowało, dlatego najlepsze są kiszonki z mieszanki warzyw, które akurat masz w nadmiarze. Możesz je ukisić w dowolnym momencie w roku. Ważne tylko, by trzymać się podstawowych zasad dotyczących kiszenia, reszta zależy jedynie od ciebie i składu twoich warzywno-owocowych resztek.

Kiedyś na targu dostałam przepięknie wyglądający słoik z kiszonymi warzywami. W środku były buraki, kapusta, pomidory i cebula. Wszystko było cudownie kolorowe, nawet woda zrobiła się buraczkoworóżowa. Smak tej kiszonki był dla mnie nieco zbyt

---

13 Więcej zob. Ewa Kozioł, *5 przepisów na ciekawe kiszenie*, ZielonyZagonek.pl, www.zielonyzagonek.pl/kiszenie-warzyw (dostęp: 24 maja 2017).

intensywny i długo musiałam się do niego przekonywać. Natomiast jej wartości zdrowotne i odżywcze były nieocenione.

We własnej kuchni możesz mieć dyżurny słoik, do którego będziesz dorzucać niewykorzystane kawałki surowych warzyw, gdy zabraknie ci kulinarnej weny twórczej. Po kilku dniach w temperaturze pokojowej kiszonka jest gotowa do spożycia. Nic się nie psuje i nic się nie marnuje, a witaminy C, B_{12} i B_6 dostajesz w pakiecie gratis.

Przetwory

Pasteryzacja w słoikach to kolejny sposób na zagospodarowanie dużych ilości warzyw i owoców, których nie jesteśmy w stanie przejeść na bieżąco.

Zazwyczaj pasteryzujemy z użyciem cukru, który konserwuje i zapobiega powstawaniu pleśni. Staram się jednak używać go jak najmniej, dlatego zainteresowało mnie przygotowywanie przetworów bez słodzenia. Przyjaciółka poleciła mi metodę konserwowania owoców przy użyciu odrobiny soli: **janginizację**. Ten sposób pozwala na zachowanie oryginalnego smaku owoców, bez potrzeby dosładzania czy dodawania żelfiksów. Wystarczy podgotować owoce w rondelku, dodać szczyptę soli i w razie potrzeby kilka łyżek wody, następnie przełożyć do słoików i zagotować jak przy pasteryzacji. Janginizowane przetwory są mniej kaloryczne i pozwalają cieszyć się prawdziwym smakiem lata. Są też zdrowsze dla dzieci!

Przetwory to nie tylko dżemy. To również soki, kompoty, a także przeróżne sosy, keczupy, chutneye i potrawki. Zapasteryzować w słoiku można niemal wszystko i naprawdę warto to robić, bo dzięki temu możemy wykorzystać również te części warzyw i owoców, które w zakładzie przetwórstwa zostałyby odrzucone jako odpady.

Jak wykorzystywać resztki?

Resztki jedzenia to... też jedzenie, które należy szanować i gdy to tylko możliwe, ponownie wykorzystywać. Marnowanie pożywienia to trwonienie nie tylko pieniędzy, ale również zasobów naturalnych. Wyrzucając kilogram ziemniaków, marnujemy 300 litrów wody, wyrzucając kilogram wołowiny – już 5–10 tysięcy litrów wody. Nie wspominając nawet o pracy ludzi, dzięki którym powstało to, co powinno się znaleźć na naszym talerzu. Gdy dzieci marudzą przy posiłku i zostawiają nadgryziony chleb, zawsze im opowiadam, ile czasu i wysiłku zajmuje upieczenie jednego bochenka. Czasem zastanowią się nad tym i zjedzą kromkę do końca, ale niestety często te tłumaczenia nie trafiają do już pełnego dziecięcego brzucha. To my jako dorośli musimy zadbać, by jedzenie, które przygotowujemy i podajemy, nie trafiło do śmieci.

Bywa więc, że nie ma wyjścia i musimy się zmierzyć z pozostałościami po posiłkach czy nadmiarem jedzenia w domu. Nawet najlepsze planowanie zakupów na nic się zda, jeśli nie wiemy, jak wykorzystać resztki z dnia poprzedniego. Patrząc na nie, włączam swoją kulinarną kreatywność i staram się przygotować coś z niczego, przy czym to „nic" to nadal pełnowartościowy składnik. Przepisy na potrawy z resztek otwierają oczy na nowe smakowe doznania. Każdą zbyteczną ilość jakiegoś produktu można zmienić w coś pysznego lub zastosować jako smaczny dodatek do innego dania.

Czytelniczka mojego bloga, **Magda**, z wykształcenia **doradczyni żywieniowa**, twierdzi, że podstawą dobrego posiłku z resztek jest posiadanie w kuchni uniwersalnej bazy w postaci kilku ulubionych produktów:

Staram się mieć zawsze w zapasach żelazną bazę: kasze, ryże, makarony, płatki owsiane czy żytnie oraz suche produkty (fasolę, soczewicę itp.). Nie za dużo – przechowuję to w półtoralitrowych słoikach i jak się kończy, uzupełniam. Nie gromadzę na zapas 5 kilogramów mąki czy makaronu, bo nie przejemy. Do bazy zaliczam też zioła i przyprawy. Przy takiej bazie wystarczy jakieś warzywo i odrobina kreatywności i obiad gotowy. Czasem stawiam sobie takie wyzwania i nie kupuję jedzenia tylko po to, aby wykorzystać resztki.

Co zrobić z resztek?

Ugotowane ziemniaki

Jak na rodzinę z Pyrlandii przystało – często występują u nas w nadmiarze. Z ugotowanych ziemniaków, po dodaniu do nich mąki, można przygotować **kopytka** lub kluski typu **gnocchi**.

Można je dodać do tradycyjnej **sałatki** jarzynowej z majonezem albo zrobić sałatkę ziemniaczaną z ogórkiem kiszonym i cebulką.

Najprostszym sposobem na ugotowanie ziemniaki jest **podsmażenie** ich na drugi dzień i podanie do obiadu.

Zapiekanka ziemniaczana

SKŁADNIKI

- 4 *ugotowane ziemniaki*
- 1 *pomidor*
- 3 *jajka*
- 2 *łyżki oleju*
- *przyprawy (sól, pieprz, zioła prowansalskie)*
- *ok. 100 g sera żółtego lub mozzarelli*
- 2 *łyżki śmietany*

Ugotowane ziemniaki kroję w plasterki grubości 5 milimetrów, układam w naczyniu żaroodpornym, przekładając plastrami pomidorów, skrapiam olejem, oprószam solą i pieprzem oraz ziołami. Na wierzch kładę kawałki sera – mozzarelli lub skrawków innych gatunków zbieranych w specjalnym pojemniku w lodówce, o którym pisałam wcześniej. Całość zalewam jajkami rozbełtanymi ze śmietaną i ziołami. Piekę około pół godziny w temperaturze 180–200 stopni Celsjusza.

Warzywa z zupy lub rosołu

To był kiedyś mój największy problem: co zrobić z jarzynami z rosołu, które są mocno wygotowane i większość smaku oddały do wywaru? I czy można z nich przygotować cokolwiek, co smakowałoby domownikom, którzy kręcą nosem na myśl o zjedzeniu gotowanego selera czy pietruszki? Osobiście nie mam nic przeciwko tymże. Od dzieciństwa jadłam rosół wraz z miękkimi warzywami i ugotowanym kawałkiem wołowiny czy indyka. Był to dla mnie zupełnie zwyczajny obiad i nie przeszkadzał mi lekko mdły smak rosołowych jarzyn. Potem zderzyłam się z innymi gustami kulinarnymi moich domowników. Nie chcieli dojadać pływającego w rosole wkładu, no może poza marchewką. Wzięłam się na sposób i postanowiłam przygotowywać z tych warzyw potrawy zupełnie nieprzypominające w smaku mdłej ciapki. Wystarczy kilka przypraw i dobry pomysł, by zrobić kotleciki z jarzyn, farsz do nadziewanej papryki czy lubianą przez wszystkich sałatkę.

SKŁADNIKI

- 2 szklanki soczewicy
- 2 szklanki płatków owsianych błyskawicznych
- 0,5 ugotowanego selera (ja wzięłam ten z bulionu)
- 1 szklanka bułki tartej (na przykład startego suchego chleba)
- 1 marchew (może być ugotowana marchew z bulionu)
- 1 cebula
- 2 ząbki czosnku
- przyprawy orientalne (kumin, kurkuma, papryka ostra i słodka)
- majeranek
- sól do smaku
- olej rzepakowy zimnotłoczony

Soczewicę gotuję do miękkości w lekko osolonej wodzie, a następnie odsączam. Płatki owsiane zalewam wrzątkiem i odstawiam do zmięknięcia na około 10 minut.

Seler wyjęty z rosołu lub bulionu rozgniatam widelcem w miseczce i dodaję do soczewicy. Cebulę drobno siekam i dorzucam do garnka z pozostałymi składnikami. Wszystko razem blenduję, ale zostawiam trochę całych ziaren soczewicy, aby kotleciki miały ciekawszą fakturę.

Do masy dodaję startą na drobnych oczkach marchew, przeciśnięty przez praskę czosnek i płatki owsiane. Dosypuję bułkę tartą (najlepiej ze zmielonego suchego chleba), przyprawy i wlewam łyżkę (lub dwie) oleju. Dokładnie mieszam. Jeśli masa jest zbyt rzadka, dodaję więcej bułki tartej.

Z tak przygotowanej masy formuję kotlety. Smażę po około 3 minuty z każdej strony.

Takie kotleciki można podawać z purée ziemniaczanym z dodatkiem pozostałych warzyw z rosołu. Wystarczy do ugotowanych ziemniaków dodać pietruszkę lub seler i dokładnie je razem rozgnieść. Można dodać odrobinę masła, oleju kokosowego lub rzepakowego, żeby masa zyskała kremową konsystencję.

Kotleciki i purée smakują jeszcze lepiej, gdy serwowane są do nich gotowane lub pieczone buraczki. Taki obiad dla trzech osób to koszt około 12 złotych.

Także kaszotto czy pęczotto to świetny sposób na wykorzystanie wszelkich warzyw, na które nie mamy pomysłu. Dobrze smakują połączenia selera naciowego z dynią czy marchewki z cukinią. Cebula, czosnek i zioła nadadzą daniu ciekawszego smaku.

Kaszotto lub pęczotto

SKŁADNIKI

- *1 cebula (biała)*
- *1 seler naciowy*
- *1 szklanka kaszy jaglanej lub pęczaku*
- *kilka warzyw z bulionu (marchew, pietruszka, seler)*
- *2 szklanki wody*
- *przyprawy*

Do podsmażonych w rondlu cebuli i selera naciowego dodaję kaszę, wodę i gotuję około 15 minut, regularnie mieszając. Na koniec wrzucam pokrojone warzywa z zupy i przyprawy, mieszam i czekam, aby się podgrzały. Wystarczą 3 minuty, by całość dobrze się ze sobą połączyła. Dłuższa „obróbka" może sprawić, że ugotowane warzywa się rozpadną.

Faszerowane warzywa

SKŁADNIKI

- *bakłażan, papryka lub cukinia*
- *1 szklanka ugotowanej kaszy (dowolnego gatunku)*
- *warzywa z bulionu (marchew, seler, pietruszka)*
- *przyprawy*

Warzywa z bulionu kroję z kostkę, mieszam z ugotowaną kaszą, lekko podsmażam na patelni z dodatkiem czosnku i przypraw. Taką masą nadziewam bakłażana lub cukinię (z częściowo wydrążonym środkiem) lub paprykę (z odciętą częścią z ogonkiem). Całość piekę w piekarniku 15–20 minut w temperaturze 180 stopni Celsjusza.

Pieczywo

Chleb jest tym produktem, który jemy codziennie, a jednocześnie tym, który bardzo często marnujemy. Zapominamy, w jaki sposób najlepiej go **przechowywać**, żeby uniknąć zepsucia. Trzymanie pieczywa w foliowych workach sprzyja gromadzeniu się wilgoci i tworzeniu pleśni. Warto zamienić je na worki z tkaniny, najlepiej z grubej bawełny czy lnu, które chronią zawartość przed wyschnięciem, nie przepuszczając zbyt wiele powietrza, a jednocześnie pozwalają jej oddychać. Sama kupuję chleb bezpośrednio do takiego woreczka. Idąc do piekarni, od razu pokazuję moje worki i proszę o zapakowanie pokrojonego bochenka właśnie do nich.

Na początku ekspedientki pakowały go najpierw w folię, a potem wypakowywały i przekładały do moich woreczków albo myślały, że do worków chcę zapakować chleb już zafoliowany. Przełamanie ich przyzwyczajeń zajęło mi chwilę, ale wystarczyło wyjaśnienie, że unikam plastików, a pieczywo w materiałowym worku lepiej się przechowuje, by osiągnąć to, czego chciałam.

Warto dodać, że len ma działanie antyseptyczne i lepiej odprowadza wilgoć zebraną w chlebie. Jeśli tylko możesz, wybieraj go zamiast bawełny. Koszt uszycia takiego woreczka zamknie się w kilku złotych, a korzyści są bezcenne!

Jeśli masz problem z pieczywem wysychającym nawet w grubszym lnianym worku, warto zastanowić się nad inną formą przechowywania. Ostatnio nieźle sprawdza się u mnie *bee's wrap* – kawałek bawełnianej tkaniny pokrytej mieszanką wosku pszczelego z naturalnymi olejami. Jest ona plastyczna po kontakcie z ciepłymi dłońmi. Zawinięty w nią chleb bardzo długo zachowuje świeżość. Taką szmatkę można zrobić samemu w domu, zaprasowując przez pergamin pokruszony pszczeli wosk na tkaninie, lub kupić gotową w sklepie.

Jednak nawet najlepsze przechowywanie nie uchroni nas przed zmarnowaniem niezjedzonego pieczywa. Co robię z resztkami chleba?

O tym, że mrożę nadmiar pieczywa i wyciągam z zamrażarki tylko tyle, ile potrzebuję na bieżąco, już pisałam. Gdy zostanie mi kilka czerstwych kromek, przechowuję je w drugim worku na później. Warto jednak najpierw dobrze wysuszyć pieczywo, by przypadkiem nie rozwinęła się w nim pleśń. Suche kromki lub bułki mogą leżeć nawet kilka tygodni! Można z nich zrobić:

· **Bułkę tartą.** Wysuszony chleb rozdrabniam na tarce i przechowuję w suchym, szczelnie zamkniętym słoiku. Wykorzystuję go do panierowania kotletów lub jako dodatek do nich.

- **Wypełniacz do kotletów.** Namoczone w wodzie suche pieczywo także wykorzystuję jako dodatek do kotletów – mięsnych bądź warzywnych. Wystarczy włożyć bułkę do zimnej wody, zostawić do rozmięknięcia na kilkanaście minut, następnie dobrze odsączyć, rozdrobnić i dodać do masy na kotlety. Oczywiście nie musi to być bułka pszenna. W tej roli świetnie sprawdzi się każdy rodzaj chleba.
- **Grzanki.** Czerstwe, ale niezupełnie wysuszone pieczywo świetnie się sprawdza u mnie w postaci grzanek lub tostów. Gdy chleb jest już twardy z wierzchu, lekko skrapiam go wodą, następnie wkładam do rozgrzanego piekarnika i po kilku minutach mam pachnące i chrupiące tosty. Lekko potarte świeżym czosnkiem i pomidorem stanowią smakowitą przekąskę w ciągu dnia. Włosi mają bruschettę, Hiszpanie tostadas, a my grzanki z czerstwego chleba.
- **Dodatek do zup.** Niektóre zupy kremy można zagęścić, dodając do nich czerstwy chleb lub bułki. Mój patent na idealny krem dyniowy to dodanie jednej suchej bułki na garnek zupy pod koniec gotowania. Gdy pieczywo dobrze namoknie, blenduję całość na gładki krem. Taki patent można stosować też przy zupach, które wydają nam się za rzadkie. Wrzucenie kilku mniejszych grzanek lub suchych kawałków pieczywa zmieni ich konsystencję.
- **Posypkę pangritata.** Ten patent podpatrzyłam u znanego angielskiego kucharza Jamiego Olivera. W swoich programach o niemarnowaniu jedzenia podpowiadał, w jaki sposób zrobić smaczną posypkę do makaronów, sałatek, zup czy pieczonych warzyw. Czerstwy chleb wkładamy do pojemnika, w którym będziemy go rozdrabniać blenderem. Dodajemy ząbek lub dwa czosnku, kilka łyżek oliwy, kilka szczypt ziół prowansalskich, szczyptę soli i opcjonalnie kawałek twardego sera (może być ze skrawków prze-

chowywanych w lodówce). Całość miksujemy na wysokich obrotach, tak by powstała aromatyczna posypka o nazwie pangritata. Jeśli chleb nie jest wystarczająco suchy, można go wcześniej podsmażyć na patelni lub opiec w piekarniku. Pangritata nazywana jest też parmezanem biedaków, bo stanowi tanią, ale bardzo smaczną i aromatyczną posypkę do ulubionych potraw.

Ugotowana kasza

Gdy ugotuję za dużo kaszy, nie muszę się martwić, że się zmarnuje. Kasza ma to do siebie, że świetnie smakuje także podgrzana na drugi dzień lub jako dodatek do różnych dań. Można ją też wykorzystać jako **wypełniacz do kotlecików** z ciecierzycy lub kotletów z mięsa mielonego. Wystarczy dodać kaszę do masy, z której potem formowane są kotletowe kulki, dobrze wymieszać i usmażyć kotlety na patelni.

Kotlety warzywne z kaszą

SKŁADNIKI

- 1 szklanka ugotowanej cieciorki
- 0,5 szklanki ugotowanej kaszy
- 2 ząbki czosnku
- po 1 łyżeczce wędzonej papryki ostrej i słodkiej
- 0,5 łyżeczki tymianku
- skórka otarta z połówki cytryny
- 2 łyżki oleju rzepakowego
- 2 łyżki sosu sojowego

Wszystkie składniki łączę ze sobą w blenderze, następnie formuję kotleciki i piekę je w piekarniku rozgrzanym do 180 stopni Celsjusza przez 15–20 minut.

Tortille z kaszą jaglaną

SKŁADNIKI

- *1 szklanka ugotowanej kaszy jaglanej*
- *2 łyżki mąki kukurydzianej*
- *szczypta soli*
- *przyprawy (tymianek, papryka wędzona)*

Ugotowaną niezjedzoną kaszę jaglaną mieszam z odrobiną mąki, najlepiej kukurydzianej, oraz szczyptą soli, ziołami i przyprawami (najlepiej będą się komponować papryka wędzona i tymianek), a następnie ugniatam na stolnicy do konsystencji ciasta na pierogi. Uzyskane ciasto dzielę na kulki wielkości małej moreli i rozwałkowuję na grubość 3–4 milimetrów. Smażę na suchej, bardzo gorącej patelni po 1 minucie z każdej strony. Takie tortille wykorzystuję jako placki do chili sin carne albo do dipu z fasoli i sałatek. Kasza im bardziej napęczniała i sucha, tym lepsza. Jeśli jest zbyt wilgotna, do ciasta na tortille trzeba dodać więcej mąki.

Ciasteczka z jaglanki

SKŁADNIKI

- *200 g ugotowanej kaszy jaglanej (lub płatków owsianych)*

- garść rodzynek lub żurawiny
- 1 łyżka masła orzechowego (zamiennie: rozgnieciony, dojrzały banan)

Pozostałą z rana jaglankę (może być też owsianka lub inne płatki) mieszam z bakaliami (żurawina lub rodzynki), czasem z masłem orzechowym lub rozgniecionym, najlepiej przejrzałym, bananem. Następnie dzielę na kulki wielkości orzecha włoskiego, kładę na blachę do pieczenia i rozgniatam widelcem na placki o grubości około 5–6 milimetrów. Piekę w temperaturze 180 stopni Celsjusza przez mniej więcej 15 minut. Po wyjęciu z piekarnika ciasteczka są miękkie, trzeba chwilę odczekać, aby lekko stwardniały i się nie rozrywały. Do zrobienia tych ciasteczek najlepsze są jaglanka lub owsianka, które całkowicie wchłonęły płyn.

Woda z gotowania

Woda z gotowania jajek czy ziemniaków, o ile nie jest posolona, może służyć do podlewania domowych roślin. Zawiera sporo wartościowych składników, którymi warto nakarmić nasze kwiaty.

Woda z gotowania fasoli może być wykorzystana jako podstawa zaczynu do domowego pieczywa.

Woda z gotowania ciecierzycy, czyli **aquafaba**, to zupełna rewelacja i składnik nie do wyrzucenia. Ma ona właściwości podobne do białka kurzego jajka: można ją ubijać na puszystą pianę i wykorzystywać do wegańskich deserów. Z aquafaby można zrobić bezę, jeśli ubije się ją z cukrem i upiecze w piekarniku. Może posłużyć też jako podstawa do przygotowania delikatnego musu czekoladowego, który tak zachwala Marta Dymek, autorka bloga i książek „Jadłonomia"[14]. Zastosowań aquafaby jest o wiele więcej, wystarczy trochę kreatywności i apetytu na niebanalne przysmaki.

Kuchenne DIY

Kiedyś zadawałam sobie pytanie: Po co robić, skoro można kupić? Teraz zaś pytam siebie najczęściej: Po co kupować, skoro można zrobić?

Julita Bator, *Zamień chemię na jedzenie*

„Robić jedzenie" nie znaczy tylko „przygotowywać posiłki". Można też przygotować o wiele smaczniejsze i zdrowsze zamienniki ogólnie dostępnych – samodzielnie, w domu, bez szkodliwych dodatków i, przy okazji, bez zbędnych opakowań. Sama zaczęłam robić w domu produkty, których kupowanie było moją największą bolączką, ponieważ zazwyczaj fabrycznie pakuje się je w plastik i w tej formie sprzedaje w sklepach. Dodatkowo zyskuję świetny smak i satysfakcję z własnoręcznego wykonania różnych produktów. Przedstawiam te, które przyrządzam najczęściej.

Jogurt

Zdarza mi się kupować jogurt naturalny w szklanym opakowaniu. Cieszy mnie, że jest on dostępny w niektórych sklepach, a zastanawia, dlaczego tylko kilku, w dodatku zagranicznych producentów, sprzedaje go w tej formie.

---

14 Marta Dymek, *Wegański mus czekoladowy idealny*, Jadłonomia.com, 16 sierpnia 2016, www.jadlonomia.com/przepisy/weganski-mus-czekoladowy-
-idealny (dostęp: 24 maja 2017).

Do zrobienia domowego jogurtu najlepiej użyć mleka niepasteryzowanego. Moje pochodzi z mlekomatu albo bezpośrednio od rolnika dostarczającego nabiał do kooperatywy spożywczej. Jest to mleko krowie lub kozie, to drugie odpowiada mi nawet bardziej, a wartości odżywcze są nie do przecenienia. Ma większą od mleka krowiego zawartość witaminy B_{13} i kwasu foliowego i jest łatwiej przyswajalne. Jest też lepsze dla osób, u których stwierdzono alergię na mleko krowie, oraz dla diabetyków, gdyż zawiera mniej laktozy.

Jak zrobić domowy jogurt?

SKŁADNIKI

· *1 litr niepasteryzowanego mleka*
· *3 łyżki gotowego jogurtu*

Mleko podgrzewam do temperatury 80 stopni Celsjusza, następnie pozwalam mu ostygnąć do 40 stopni.

Do już schłodzonego, ale nadal ciepłego mleka dodaję trzy spore łyżki gotowego jogurtu. Robiąc jogurt po raz pierwszy, warto zaopatrzyć się w bakterie kwasu mlekowego lub dobry jogurt naturalny, najlepiej bez dodatku mleka w proszku. Bakterie mieszamy najpierw z około 150 mililitrami ciepłego mleka, a tak powstały roztwór wlewamy do garnka z pozostałym płynem. Przy dodawaniu gotowego jogurtu można postąpić podobnie. Całość należy dokładnie wymieszać, tak by nie pozostały grudki.

Mleko zaprawione bakteriami przelewam do większego słoika lub rozlewam do kilku mniejszych. Słoiki szczelnie zakręcam.

Wszystkie słoiki zawijam dokładnie w gruby koc i zostawiam na około 8 godzin – do utworzenia się gęstego jogurtu. Zazwyczaj robię jogurt wieczorem i zostawiam na noc, by rano przełożyć go do lodówki.

Domowy jogurt jest gęsty i o wiele smaczniejszy od sklepowego, kupowanego w plastikowych kubeczkach. Jogurt z koziego mleka dodatkowo wyróżnia się bardziej kremową konsystencją.

W podobny sposób można zrobić jogurt z mleka roślinnego, oczywiście wówczas używamy samych bakterii, nie jogurtu z mleka zwierzęcego.

Mąka

Zazwyczaj kupuję mąkę rozsypywaną z większych worków w ramach kooperatywy spożywczej. Dzięki temu mam zdrową, ekologiczną mąkę, tańszą niż ta ze sklepu, i unikam kłopotliwych dla środowiska opakowań. Jeśli jednak zabraknie mi jakiegoś konkretnego rodzaju, małe ilości mogę zrobić sama. Wystarczy czysty młynek do kawy i... kasza, płatki zbożowe lub ziarna.

Najczęściej robię mąkę z **kaszy jaglanej**. Wsypuję odmierzoną ilość kaszy do młynka i mielę tak długo, aż uzyskam odpowiedniej grubości mąkę. Po zmieleniu przesiewam ją przez sitko, przesypuję do czystego, suchego słoika i zabieram się do przygotowywania kolejnej partii. Zrobienie kilograma mąki zajmuje mi dość dużo czasu, dlatego mielę tylko tyle, ile potrzebuję do danego wypieku lub potrawy.

Do mielenia świetnie nadaje się też **kasza owsiana** lub **płatki owsiane** – z nich robię mąkę owsianą. Z **kaszy gryczanej** powstanie mąka gryczana, świetna do naleśników i tortilli. Na mąkę można przerobić każdą inną kaszę lub płatki, wszystko zależy od naszej fantazji i potrzeb.

Ciekawe mąki uzyskamy też z niektórych ziaren, na przykład z **ciecierzycy** powstanie **besan**[15]. To produkt bezglutenowy, składający się aż w 20 procentach z białka. Wystarczy 100 gramów takiej mąki, aby pokryć 120 procent zapotrzebowania na kwas foliowy – warto więc ją jeść w czasie ciąży.

Jak zrobić mąkę z ciecierzycy?

Podgrzewam ziarna ciecierzycy na patelni, uważając, by się nie spaliły. Ziarna należy dobrze wysuszyć, by mąka nie zrobiła się wilgotna. Przestudzoną ciecierzycę partiami przekładam do młynka i mielę. Mąkę przesiewam przez sito, by uniknąć grubszych cząsteczek. To, co zostanie na sitku, mogę jeszcze raz przemielić.

Gotową mąkę przechowuję w suchym i czystym słoiczku w ciemnym miejscu.

Makaron

Domowa mąka może mieć wiele zastosowań. Można ją wykorzystać choćby do przygotowania domowego makaronu. Nasze babcie nie wyobrażały sobie, że można kupować gotowy. Umiejętność robienia makaronu, podobnie jak pierogów, była jedną w pierwszych i podstawowych, którą nabywała przyszła pani domu. Dziś makarony różnych kształtów i kolorów można dostać w każdym sklepie, najczęściej w foliowych woreczkach, które po rozerwaniu

---

15 Więcej zob. *Domowa mąka z ciecierzycy*, FoodPornVeganStyle.blogspot.com, 23 sierpnia 2014, www.foodpornveganstyle.blogspot.com/2014/08/vegan- -diy-domowa-maka-z-ciecierzycy.html (dostęp: 24 maja 2017).

do niczego się nie nadają. Chwała tym, którzy znajdują dla nich ponowne zastosowanie.

Coraz częściej znajduję nieporcjowane makarony w sklepach ze zdrową żywnością promujących zeroodpadowy styl życia oraz w dużych marketach na stoisku z produktami na wagę. Często tam właśnie je kupuję. Gdy mam ochotę na własny wyrób, zakasuję rękawy, wyciągam mąkę, jajka i wodę i zabieram się do ugniatania.

Nie robię makaronu zbyt często, ale uwielbiam zagniatać ciasto, kroić je na cienkie paseczki, gotować w wodzie z dodatkiem soli, a potem jeść. Domowy makaron nawet z samym masłem jest tak pyszny, że warto go przygotować dwa razy więcej, bo na pewno będziesz podjadać świeżo ugotowane partie.

Jak zrobić makaron?

SKŁADNIKI

- *200 g mąki*
- *2 jajka (lub 1 całe i 2 żółtka)*
- *3 łyżki wody*
- *1 łyżka oliwy*
- *łyżeczka soli*

Do miski wsypuję mąkę i robię w niej wgłębienie na środku. Do niego wbijam jajka, dodaję odrobinę wody i zaczynam wyrabiać ciasto. Po chwili dodaję oliwę i sól i wyrabiam dalej. Gdy całość będzie miała postać dość zbitej kuli, przykrywam je ściereczką i zostawiam na około 15 minut.

Następnie przekładam ciasto na oprószoną mąką stolnicę lub – częściej – na blat stołu (stolnica zajmowałaby w mojej kuchni zbyt dużo miejsca). Ciasto obsypuję mąką i wałkuję, aż będzie bardzo cienkie.

Najłatwiej zrobić domowe tagliatelle, czyli długie makaronowe wstążki. Cienkie ciasto oprószam mąką z dwóch stron i składam je w harmonijkę. Następnie kroję je na cienkie nitki – w gotowaniu makaron zwiększa swoją objętość, zatem z pokrojonego na szerokie paski zrobią się grube kluski. Wrzucam makaron na gotującą się osoloną wodę i gotuję około 8 minut.

Jeśli nie chcesz zjadać od razu całości, uformuj z makaronu gniazdka i zostaw do wysuszenia. Możesz przyspieszyć ten proces, wkładając gniazdka do lekko rozgrzanego piekarnika (do około 60 stopni Celsjusza z termoobiegiem). Wysuszony makaron przełóż do suchego i czystego pojemnika. Może w nim leżeć do kilku tygodni.

Domowa granola

Cukier, syrop glukozowo-fruktozowy, środki spulchniające, maltodekstryna, olej palmowy, sól, witaminy – oto całe stadko dodatków do gotowych mieszanek muesli, płatków fit i crunchy. W dodatku każde z nich pakowane są w plastik, nawet te, które wydają się eko i zerkają na nas z kartonowych opakowań, kryją w środku foliową powłokę. Tak jakby producentowi było wstyd wyłożyć wszystkie karty na stół i wyjawić swój plastikowy sekret. Nie pochwalam podwójnych opakowań i nigdy nie zrozumiem praktyki oszukiwania konsumenta przez ekomarketing niepoparty realnymi działaniami.

Gdy przyjrzałam się dokładniej kilku rodzajom płatków śniadaniowych, które znajdujemy na półkach najpopularniejszych polskich sklepów spożywczych, i doszłam do wniosku, że żadne nie są dostępne w przyjaznym dla środowiska opakowaniu, dostałam

mocnego kopa motywacyjnego, by zacząć robić własne mieszanki. Nie może to być takie trudne, na jakie wygląda – myślałam.
Wystarczy zmieszać ze sobą kilka rodzajów ziaren zbóż, dodać
ulubione suszone owoce, orzechy i gotowe. I tak jest rzeczywiście!
Wspomniana mieszanka w zupełności zaspokaja moje potrzeby, jest
pożywna i bezpieczna, bo dokładnie wiem, co włożyłam do środka.

Żeby dodać śniadaniu wyjątkowości, raz na jakiś czas piekę granolę. Granola to płatki z moimi ulubionymi zdrowymi dodatkami, zlepione w podpiekane, chrupiące grudki, aromatyczne dzięki
przyprawom i słodkie dzięki dodatkowi ulubionej substancji sło-
dzącej. Pierwsza granola nie wyszła mi tak dobra, jak się spodziewałam. Była lekko spalona, a dodane do pieczenia rodzynki okop-
ciły się całkowicie i straciły na słodyczy, zyskując za to goryczkę.
Teraz wiem, że nie warto dodawać ich na etapie pieczenia, lecz
później, po wyjęciu płatków z piekarnika.

Moja idealna granola powstała z inspiracji przepisem Sophie
Dahl. Jest miodowo-korzenna, aromatyczna, idealna na jesienne
i zimowe poranki. Wystarczy przygotować ją wieczór wcześniej,
by rankiem następnego dnia mieć smaczne i pożywne chrupki,
które można zajadać z jogurtem lub mlekiem. Świetnie smakują też latem ze świeżymi owocami sezonowymi lub jako zdrowa
przekąska w ciągu dnia.

Jak zrobić granolę?

SKŁADNIKI

- *2 szklanki ulubionych płatków zbożowych*
- *garść pestek dyni*
- *garść pestek słonecznika*
- *2 łyżki wiórków kokosowych*
- *kilka suszonych niesiarkowanych moreli*

- kilka orzechów włoskich bez łupin
- 3 łyżki miodu (lub innego słodzidła, na przykład syropu z agawy)
- 2 łyżki soku jabłkowego
- szczypta cynamonu
- szczypta gałki muszkatołowej
- szczypta mielonego ziela angielskiego

Suche składniki wsypuję do miski i mieszam. Całość zalewam płynem zrobionym z miodu (lub jego zastępnika), soku jabłkowego i przypraw. Zawartość miski mieszam dokładnie drewnianą łyżką albo ręcznie, tak by słodki płyn obtoczył wszystkie płatki. Następnie rozkładam płatki płasko na blaszce do pieczenia. Najlepiej natłuścić ją lekko olejem rzepakowym, by granola do niej nie przywierała. Wkładam płatki do piekarnika rozgrzanego do 160 stopni Celsjusza (z termoobiegiem) lub 180 stopni (bez termoobiegu) i prażę przez 40 minut, co jakiś czas mieszając drewnianą łopatką, by równo się zarumieniły. W trakcie pieczenia kuchnię (i nie tylko) wypełnia magiczny aromat, który zostaje w domu przez dłuższy czas. Po wystygnięciu przesypuję granolę do suchego i czystego słoika.

Czego już nie kupuję, bo przysparza mi za dużo śmieci?

Butelkowana woda mineralna – zamiast wody mineralnej piję wodę z kranu. W podróży używam wielorazowej butelki lub nietłukącego się termosu, których zawartość mogę uzupełnić wszędzie tam, gdzie dostępna jest woda zdatna do picia. A woda zdatna do picia płynie w niemal każdym polskim kranie. Raz tylko zdarzyło mi się usłyszeć w jednej z warszawskich restauracji, że nie mogą mi zaoferować wody z kranu ze względu na złą jakość rur – jestem w stanie zaakceptować takie wytłumaczenie, choć zastanawia mnie, z jakiej wody korzystają, robiąc klientom kawę czy herbatę.

Herbata w torebkach – wśród produktów, które kupuję na wagę, jest również herbata. Z łatwością można ją dostać na stoiskach z kawą i herbatą w większych sklepach i centrach handlowych. Jest ona zazwyczaj lepszej jakości niż pakowany do torebek proszek tylko przypominający dobrą herbatę. Herbata w torebkach bywa zmielona tak drobno, że czasem w postaci czarnego pyłu przesypuje się przez gęste włókna torebek, a na dodatek bywa wzbogacana aromatami dalekimi od naturalnych. Dlatego wolę herbatę na wagę, kupowaną do własnego słoiczka.

Poza czarną i zieloną herbatą z herbaciarni kupuję też zioła i mieszanki ziołowe w kooperatywie spożywczej. Zioła, świeże lub suszone, dostaję w gałązkach. Smakują i pachną o niebo lepiej od tych pakowanych fabrycznie. Mieszanki ziołowe otrzymuję w cienkiej papierowej torebce, którą po przesypaniu zawartości mogę wykorzystać ponownie: do pakowania kanapek do pracy lub innego typu jedzenia na wynos, gdy szykuję się do podróży.

Gotowe mrożonki – mrożonki były jednym z pierwszych produktów, z których zrezygnowałam. W większości dostępne są tylko w plastikowych opakowaniach, z którymi trudno później cokolwiek zrobić. Gdy już jednak znajdą się w domu, warto użyć ich ponownie, choćby do zapakowania własnych mrożonek – choć ja wolę korzystać z pojemników na żywność lub szklanych słoików.

Zamiast kupować gotowce, mrożę nadmiar warzyw w sezonie, gdy jest ich dużo. Nawet zimą niewykorzystane części pora czy selera wkładam do zamrażarki i wykorzystuję do niedzielnego rosołu.

Ser w plastikowym opakowaniu – unikam sera w plasterkach sprzedawanego na plastikowej tacce, a dodatkowo często przekładanego kolejnymi kawałkami plastiku lub papieru, by plasterki się nie posklejały. Użyte tu opakowania ciężko wykorzystać ponownie, chyba że mamy umysł wysoce kreatywny i potrafimy zrobić coś z niczego. W moim wypadku takie opakowania lądowały w koszu na śmieci, gdy tylko zjedliśmy ser.

Nie kupuję też serów w kawałkach porcjowanych w sklepie i zawijanych w folię. Na ser najlepsze są moje własne szklane pojemniki. Jeszcze nigdy nie spotkałam się z odmową, gdy prosiłam, by zapakować w nie pokrojoną w sklepie goudę czy maasdam.

Paczkowane wędliny – paczkowanym wędlinom mówię stanowcze NIE. Bezużyteczność opakowań to jeden powód, dla którego nie warto iść w tej kwestii na łatwiznę. Drugim jest wątpliwa jakość tego, co znajduje się w tych opakowaniach, czyli mięsa, którym obkładamy chleb. W pakiecie dostajemy konserwanty, nadmiar wody, fosforany, glutaminian sodu, w dodatku plasterki są tak cienkie, że można przez nie spojrzeć jak przez firankę. Jakość tych produktów jest marna, a cena za kilogram zazwyczaj o wiele wyższa niż na stoisku z wędlinami na wagę. Zwykle noszę ze sobą szklany pojemnik i proszę o włożenie do niego kawałka szynki czy kiełbasy.

Załamujące jest to, że obecnie większość wędlin i mięsa dostarczanych do sklepów jest pakowana w folię już u producenta! Niegdyś mięso mogło być przewożone w większych pojemnikach i wykładało się je na bieżąco na ladę. Dziś ekspedientki wynoszą z chłodni na zapleczu zafoliowane porcje, rozpakowują je i dopiero wtedy kroją i wykładają na wagę. Plastik w styczności z jedzeniem, a w szczególności z mięsem, może wydzielać szkodliwe dioksyny w ilościach, które po dłuższym czasie mogą nam zaszkodzić. Często myślę, że najlepiej by było mieć zaufanego rzeźnika, który sam porcjuje mięso pochodzące z dobrego, sprawdzonego źródła i nie pakuje go w żadną folię. Jeszcze nie trafiłam na takiego w moim mieście. Dlatego ograniczam spożycie mięsa i wędlin do minimum, a z powodów związanych z *zero waste* najchętniej zrezygnowałabym z mięsa w ogóle. Na razie praktykuję fleksitarianizm[16] i zakupy z własnymi wielorazowymi opakowaniami.

Jogurty w plastikowych kubeczkach – trudno dostać w Polsce jogurt w szklanym słoiczku, ale gdy już taki znajdę, kupuję dla moich dzieci. Częściej jednak sama robię jogurt ze świeżego mleka według przepisu podanego wcześniej. W kooperatywie spożywczej mam też dostęp do jogurtów i kefirów sojowych pakowanych w szkło.

Szklane słoiczki po jogurtach służą mi do przechowywania jedzenia kupionego na wagę lub na warzywno-owocowe przetwory. Świetnie nadają się na sos pomidorowy, marynowaną paprykę czy mus jabłkowy.

Słodycze – nie kupuję ich wcale! Nie chcę zabrzmieć jak osoba, która rezygnuje z kulinarnych przyjemności, bo jestem łasuchem i słodkie lubię. Zamiast słodyczy wolę jednak kupować dobrej jakości suszone owoce: niesiarkowane morele, morwa biała, daktyle i suszona żurawina to moje ulubione przegryzki między posiłkami. Serwuję je również moim dzieciom, które pałaszują je z apetytem. Jeśli już najdzie mnie ochota na ciastka, idę do cukierni i kupuję na wagę wafelki lub ciastka obsypane ziarnami. Jeśli mam tyć, to z godnością *zero waste* i eko.

---

16 Fleksitarianizm – dieta polegająca na ograniczeniu spożywania mięsa do kilku razy w tygodniu (lub rzadziej) i wdrażaniu wegetariańskich nawyków żywieniowych na co dzień. Dla niektórych bycie fleksi oznacza jedzenie tylko mięsa ryb. Dla innych to jeden lub dwa mięsne posiłki w tygodniu.

Kompostowanie

Diagnoza postawiona na podstawie analizy moich śmieci pokazała jasno: najwięcej – zaraz po plastikowych opakowaniach – gro-
madzi się u mnie kuchennych odpadów resztkowych. Podczas gdy
segregacja pozwala nam na oddzielenie tworzyw sztucznych od
makulatury i szkła i umożliwia ich ponowne przetworzenie, odpady zmieszane są źdźbłem w oku nawet najdokładniej segregującej
śmieci osoby. Moim celem jest osiągnąć taki stan, żeby kosz na
ten rodzaj odpadów zupełnie stracił zastosowanie. Nie mogę do
tego dojść inaczej niż przez odpowiednie podejście do warzywnych
obierków i owocowych resztek, tak by zamiast mieszać się z nie-
dającymi się przetworzyć kłopotliwymi śmieciami, stały się częścią czegoś wartościowego.

Kiedyś myślałam, że kompostowanie ma sens, gdy ma się własne pole uprawne lub przynajmniej ogród. Nie sądziłam, że „czarne
złoto", jak bywa nazywany kompost, można wytwarzać, mieszkając w mieście, w bloku, nawet niekoniecznie na balkonie – choć
ten ostatni znacznie to ułatwia. Gdy jeździłam na wakacje na wieś,
brzydziłam się nieznanymi do tej pory zapachami uwalniającymi
się z przydomowych pryzm kompostowych. Wracałam do miasta
i nie zastanawiałam się nawet, że na co dzień wdycham coś o wiele gorszego i bardziej śmierdzącego od przetwarzanych resztek:
smog, spaliny i unoszący się w powietrzu suchy kurz. Czy to może
być dobre dla zdrowia?

Kompost

Kompost to nawóz wytwarzany z biodegradowalnych odpadów w trakcie procesu kompostowania, czyli rozkładania się materii organicznej, uruchamianego przez mikroorganizmy. W wyniku kompostowania
tworzy się czarna substancja podobna do ziemi, bogata w składniki

mineralne niezbędne roślinom do zdrowego wzrostu. Kompostowanie jest podstawą mądrego podejścia do gospodarowania odpadami organicznymi.

Aż 40 procent odpadów domowych to odpadki kuchenne, a kompostowanie to najbardziej sensowny sposób na ich redukcję. Dzięki temu nie odsyłamy materii organicznej do spalarni i nie przyczyniamy się do zanieczyszczenia atmosfery, a w zamian zyskujemy najcenniejszy nawóz dla roślin.

10 rzeczy, które powinieneś wiedzieć o kompostowaniu

1. **Kompostowanie** to proces, w trakcie którego resztki organiczne rozkładają się do mniejszych cząsteczek, tworząc wartościowy dodatek do gleby i odżywczą pożywkę dla roślin. Dzięki kompostowaniu odzyskujemy azot, fosfor i potas – główne i najbardziej wartościowe składniki mineralne urodzajnej ziemi.

   Domowy kompost najczęściej wytwarza się z resztek roślinnych, są jednak kompostowniki, które z powodzeniem przetwarzają też kości, mięso i zwierzęce odchody – wszystko zależy od miejsca, w którym możemy je umieścić.

2. Proces rozkładania resztek roślinnych nazywamy **butwieniem**. W jego trakcie odzyskuje się 50–70 procent minerałów, które po rozrzuceniu na grządkę wracają do gleby. Butwienie to proces **tlenowego** rozkładu resztek, dlatego tak ważny jest dostęp powietrza do naszego kompostownika. Do rozkładu materii dochodzi w trakcie kompostowania z udziałem bakterii, dżdżownic i wielu innych organizmów, dlatego mówi się, że kompost to żywa materia (w odróżnieniu od samego piasku).

3. W procesie kompostowania biorą udział **mikroorganizmy**, takie jak bakterie i grzyby, dzięki którym resztki szybciej ulegają przekształceniu w biomasę. Bakterie tlenowe utleniają psujące się części roślin i sprawiają, że uwalnia się z nich azot i węgiel w najlepiej przyswajalnej przez rośliny formie.

4. Kompostowanie przebiega sprawniej i szybciej, jeśli zaprosimy do współpracy **dżdżownice**. W kompostownikach ogrodowych te pożyteczne pierścienice pojawiają się same, wyczuwając psujące się resztki, które są dla nich smaczną pożywką. Jeśli kompostujemy w domu, warto dołożyć do pojemnika około 500 dżdżownic ziemnych (na przykład kalifornijskich), które pomogą nam sprawnie przetworzyć materię organiczną w **czarne złoto**.

   Dżdżownice rozkładają zarówno składniki suche kompostu, takie jak liście, suche części roślin, trawa, słoma, gałęzie, jak i mokre w postaci resztek warzyw i owoców. Mogą rozłożyć również odpady odzwierzęce, choć nie zaleca się ich przetwarzania w domu.

5. Kompostowanie z udziałem bezkręgowców nazywa się **wermikompostowaniem** i jest coraz bardziej popularną formą przetwarzania odpadów organicznych w ogrodach i domach. Wermikompostowniki to specjalne pojemniki, w których tworzy się warunki korzystne dla dżdżownic, tak by z łatwością mogły nam pomóc w pozbyciu się kuchennych odpadków, przy jednoczesnej redukcji niekorzystnych zapachów.

6. Prawidłowo wytwarzany kompost **nie śmierdzi**! To podczas **gnicia i fermentacji**, czyli beztlenowego rozkładu materii organicznej, wydzielają się nieprzyjemne zapachy ze względu na powstawanie ubocznych produktów tych procesów: siarkowodoru, indolu czy skatolu – dwa ostatnie są składnikami między innymi zwierzęcego kału. Co prawda dzięki

rozkładowi beztlenowemu również uzyskamy wartościową pożywkę dla roślin, jednak w domu bezpieczniejsze i bardziej przyjazne będzie kompostowanie tlenowe, z wykorzystaniem dżdżownic.

7. Do właściwego wytworzenia kompostu – oprócz dostępu do tlenu – niezbędna są odpowiednie **temperatura** i **wilgotność**. Nie może być zbyt chłodno, ponieważ takie warunki spowalniają proces rozkładu materii organicznej. Gdy kompostujemy z dżdżownicami, najlepiej utrzymywać 15–25 stopni Celsjusza. Niższe temperatury wpłyną na zmniejszenie aktywności dżdżownic, a bardzo niskie (około zera i mniej) mogą doprowadzić do ich śmierci. Przegrzanie kompostownika też nie jest dobre, gdyż prawdopodobnie kompost będzie zbyt szybko wysychał, a rozkład zachodzi przy odpowiedniej wilgotności. Trzeba pamiętać, że dżdżownica bez wody również zginie, ponieważ pobiera pokarm w postaci półpłynnej. Reasumując: ważne jest umiejscowienie kompostownika w warunkach, które będą jak najkorzystniejsze zarówno dla mikroorganizmów, jak i dla dżdżownic.

   Mój domowy kompostownik trzymam w kuchni, gdzie temperatura nie przekracza 22–23 stopni Celsjusza. Częste wietrzenie pomaga utrzymać poziom ciepła w ryzach. Wiosną i latem przenoszę pojemnik na balkon, by zapewnić jego mieszkańcom lepszy dostęp do świeżego powietrza. Z racji tego, że balkon mam od południowej strony, muszę uważać, by nie wystawiać kompostownika na bezpośrednie działanie promieni słonecznych. Wówczas całość mogłaby zbyt szybko wyschnąć, a dżdżownice skończyłyby swój żywot.

8. Kompost wytwarzany z udziałem dżdżownic, czyli tak zwany biohumus, jest cenniejszy ze względu na wydalane przez nie **koprolity**, czyli grudki kałowe. Użyźniają one kompost i dostarczają wielu składników mineralnych.

9. **Herbatka kompostowa** jest płynem, który wytwarza się w trakcie kompostowania jako jego produkt uboczny. To niezwykle cenny płynny nawóz, który stosuję w proporcji pół szklanki na 3 litry wody (niektórzy zalecają proporcję nawet 1 : 100) do podlewania kwiatów. Moje rośliny doniczkowe nigdy nie rosły tak bujne i silne jak podczas stosowania kompostowej herbatki. Mój kompostownik jest przystosowany do odciągania płynów, które zbierają się na jego dnie. Specjalna membrana odfiltrowuje większe części kompostu i przepuszcza samą herbatkę. Kranik umieszczony w dnie zbiornika pozwala na odciąganie płynu i wlewanie go do konewki.

10. Kompost w domu można wytwarzać też beztlenowo dzięki specjalnym bakteriom i kompostownikowi typu *bokashi*. Jest to kompostowanie w szczelnie zamykanym wiaderku, z dodatkiem specjalnych otrębów *bokashi* zawierających efektywne mikroorganizmy (tak zwane EMy[17]). Bakterie rozkładają odpadki kuchenne w procesie fermentacji. Zawartość wiaderka pracuje przez kilka tygodni w kwaśnym środowisku, dzięki czemu nie rozwijają się w nim patogeny pochodzące z roślin czy chociażby muszki owocówki. Gdy całość jest odpowiednio przefermentowana, powstały nawóz miesza się z kompostem ogrodowym lub zakopuje w ziemi z dala od roślin. Duża ilość kwaśnego nawozu *bokashi* może zaszkodzić roślinom. Warto go rozrzucić na grządkach lub dodać do balkonowych donic dopiero po zrównoważeniu poziomu pH, czyli po wykopaniu ze wspomnianego ogrodowego dołka. Trzeba wiedzieć, że im bardziej zasadowy odczyn ziemi, tym łatwiej rośliny przyswajają azot i potas.

---

17 EMy – efektywne mikroorganizmy, bakterie wprowadzane do naturalnych nawozów, zwalczające szkodliwe choroby roślin i wzmacniające ich odporność.

W *bokashi* można fermentować niemalże wszystko, nawet resztki gotowanych posiłków.

Bokashi w praktyce

Małgorzata, którą poznałam na facebookowej grupie „Wielkie Kompostowanie", kompostuje resztki w *bokashi* od półtora roku. „Kompostuję wszystkie odpadki kuchenne, owocowo-warzywne. Mam cztery wiaderka, jedno zapełniam w niecały tydzień. Sfermentowaną masę zakopuję pod krzewami, drzewami i w warzywniku" – mówi Małgosia. Dzięki kompostowi uzyskanemu poprzez *bokashi* jej plony są dorodne bez użycia jakichkolwiek dodatkowych nawozów, jeśli nie liczyć kompostu ze zwykłego ogrodowego kompostownika rozrzucanego na grządkach na wiosnę, przed zasiewem.

„Odkąd używam *bokashi*, widzę, że rośliny mniej chorują, właściwie prawie wcale. Pomidory uprawiane pod gołym niebem są zdrowe, choć przy nich stosuję też oprysk EMami. Dodatkowo płyn powstający podczas fermentacji jest świetnym nawozem, którym po rozcieńczeniu podlewam rośliny domowe i ogrodowe. Moje rozsady w tym roku rosną jak szalone!"

Kompost powstały w wiaderku *bokashi* ma mocno kwaśny odczyn. Warto zakopać go w pewnej odległości od roślin lub na jeszcze niezasianej grządce. „Po dwóch tygodniach od zakopania *bokashi* ma neutralne pH. Wówczas zasila rośliny rosnące w pobliżu. Przygotowanego nawozu nie trzeba już wykopywać. Jeśli na przykład 15 maja będę wysadzać na grządce rozsadę dyni, to 1 maja wkopuję w przygotowane pod dynię miejsce *bokashi* i ono sobie te dwa tygodnie pracuje pod ziemią" – tłumaczy Małgorzata.

Co zrobić, by kompost nie gnił?

Nadmiar mokrych odpadów organicznych może spowodować pleśnienie kompostu, a brak dostępu tlenu – jego gnicie. Ważne jest, by **wilgoć równoważyć odpadami suchymi**, na przykład wysuszonymi częściami roślin balkonowych, suchą trawą, połamanymi gałązkami, można też przesypać odpadki ziemią lub obłożyć miękkim papierem. Tlenu dostarcza się, otwierając pokrywę kompostownika i przerzucając jego zawartość łopatką, tak by dolną warstwę zmieszać z górną. Trzeba to robić na tyle delikatnie, by nie naruszyć utworzonych przez dżdżownice gniazd i kanałów. Dziurki w dnie kompostownika również przepuszczają powietrze, dzięki czemu kompost tak łatwo nie zgnije.

Gnicie można rozpoznać po nieprzyjemnym zapachu uwalniającym się z pojemnika. W takiej sytuacji trzeba szybko przerzucić kompost i dotlenić go. Zgniła materia organiczna nie jest wartościowym nawozem dla roślin, dlatego dbanie o prawidłową formę zawartości kompostownika jest tak ważne.

Dlaczego zawartość kompostownika pleśnieje?

Pleśń jest naturalnym bywalcem miejsc, w których rozkładają się resztki. W kompoście jest jednak niemile widziana, ponieważ nie wyrosną na niej żadne rośliny. Jeśli w kompostowniku pojawia się pleśń, oznacza to, że panuje w nim zbyt duża wilgotność. Zapleśniałe odpadki, najprawdopodobniej resztki owoców, trzeba usunąć, a całość spryskać preparatem z efektywnymi mikroorganizmami (EMami) lub przysypać cienką warstwą ziemi z balkonowej doniczki, która również zawiera korzystnie działające bakterie. Pleśń może też oznaczać, że mamy za dużo odpadków w stosunku do liczby dżdżownic. Może warto dołożyć ich więcej, by szybciej i lepiej przetwarzały resztki w czarne złoto?

Dlaczego dżdżownice czasem uciekają?

Dżdżownice to przydatne, choć kapryśne stworzenia. Jeśli nie stworzymy im właściwych warunków do życia, mogą zacząć uciekać z kompostownika, a w skrajnym przypadku umierać. Dżdżownica kalifornijska, gatunek najlepiej sprawdzający się w domowych kompostownikach, lubi **temperaturę** 15–25 stopni Celsjusza, a najlepiej czuje się w temperaturze 20 stopni. Oznacza to, że jeśli kompostownik trzymamy na balkonie, w chłodniejsze dni musimy go zaizolować termicznie, choćby owijając ciepłym kocem. W upalne dni kompostownik powinien stać w miejscu zacienionym, tak by temperatura nie rosła za bardzo.

Drugim elementem ważnym dla prawidłowego funkcjonowania dżdżownic jest odpowiednia **wilgotność**. Kompostownik powinien być od czasu do czasu podlewany niewielką ilością wody, o ile wrzucane do niego odpadki same nie są zbyt mokre. Dżdżownice pobierają pokarm w formie półpłynnej, najlepiej z resztek, które rozpuszczają się w wodzie. Nie można przesadzić z ilością płynów, gdyż wówczas dżdżownice się w nich utopią. Skąposzczety to nie ryby, do życia potrzebują też tlenu, dlatego trzecim elementem, o który trzeba zadbać, jest odpowiednie **napowietrzenie** kompostu. Ogrodową pryzmę warto co jakiś czas przerzucić łopatką. W domowym kompostowniku wystarczy zadbać o to, by jego ścianki, dno lub wierzch były przedziurkowane, czyli by powietrze bez problemu mogło się dostać do środka. Wermikompostownika nie można szczelnie zamykać ze strachu, że dżdżownice z niego wyjdą. Jeśli zapewnimy im odpowiednie warunki temperaturowo-wodno--tlenowe, nie będą musiały szukać sobie nowego miejsca do życia.

Może się zdarzyć, że w kompostowniku znajdzie się zbyt dużo dżdżownic w stosunku do ilości pokarmu, czyli resztek organicznych. Wówczas trzeba albo przełożyć dżdżownice do nowego pojemnika, albo – jak ja to robię – położyć kolejną, przedziurkowaną

Rodzaj kompostownika	Sposób działania	To kompostuj	Tego unikaj
Wermikompostownik	Kompostownik złożony z wiadra lub pojemnika, w którym dolna warstwa oddzielona jest od górnej siatką/membraną, przez którą przesącza się płyn – herbatka kompostowa, a w górnej części umieszcza się biomaterię, zasiedlając ją dżdżownicami. Pojemnik przykrywa się pokrywką zabezpieczającą zawartość przed wysychaniem lub nadmiernym zamakaniem podczas deszczu. Rozkład odbywa się z pomocą dżdżownic, samoistnie rozwijających się bakterii i mikroorganizmów.	• resztki warzyw i owoców, • obierki, • liście, • fusy z kawy i herbaty, • niezadrukowany papier, • suche części roślin, • skorupki jajek	• mięso, kości – rozkładając się, wydzielają nieprzyjemne zapachy, • czosnek, cebula – zapachy mogą odstraszać dżdżownice i być uciążliwe w domu, • ostre przyprawy i sól – dżdżownice ich unikają, • zadrukowany papier – farba może być toksyczna, • cytrusy, • pieczywo, • nabiał, • słodycze, • olej, • odchody zwierząt domowych
Bokashi	Wiaderko z kranikiem przy dnie. Kompostowanie odbywa się poprzez beztlenową fermentację, przy użyciu efektywnych mikroorganizmów (EMów), które uwalniane są ze specjalnych otrębów *bokashi*. W wiaderku wytwarza się prekompost, który po dwóch, trzech tygodniach należy zakopać w ziemi do pełnego przetworzenia i uzyskania zasadowego odczynu.	• odpadki roślinne, • resztki mięsa, kości, • resztki ugotowanych posiłków, • fusy z kawy i herbaty, • skorupki jajek	• odchody zwierząt

JAK PRZYGOTOWAĆ DOMOWY KOMPOSTOWNIK

1. PRZYGOTUJ POJEMNIK

Zrób dziurki w dnie i na pokrywce pojemnika, żeby do środka mogło dostać się powietrze.

2. PORWIJ I NAMOCZ PAPIER

Potnij w pasy kawałki starych gazet lub rachunków, namocz je w wodzie i lekko odsącz.

3. WYPEŁNIJ POJEMNIK PAPIEREM

Włóż do pojemnika połowę przygotowanego papieru (do około ⅓ wysokości).

4. DOŁÓŻ DŻDŻOWNICE

Wyłóż dżdżownice na papier, przykryj je ziemią i zostaw pojemnik w nasłonecznionym miejscu, do momentu aż dżdżownice schowają się w warstwie papieru.

5. DODAJ RESZTKI

Dodaj resztki, które chcesz kompostować, i przykryj je pozostałym papierem. Pamiętaj, kiedy dodajesz do kompostownika nowe resztki, zawsze mieszaj je ze starymi lub zakopuj.

6. ZNAJDŹ KOMPOSTOWNIKOWI DOM

Znajdź dość chłodne i nienasłonecznione miejsce, w którym twój kompostownik (i dżdżownice) będzie się czuł dobrze.

7. DODAWAJ WCIĄŻ NOWE RESZTKI

Kontynuuj dodawanie resztek, do momentu kiedy w kompostowniku będzie więcej resztek niż ziemi. Poczekaj, aż resztki się skompostują.

8. KORZYSTAJ ZE SWOJEGO KOMPOSTU

Jest wiele sposobów na wykorzystanie kompostu, nawet gdy nie masz ogrodu! Możesz użyć go do kwiatów, ofiarować jako prezent lub nawet rozsypać na trawniku w parku.

PAMIĘTAJ!

KOMPOSTUJ

NIE KOMPOSTUJ

papier, torebki z herbatą, skorupki jajek, resztki owoców i warzyw, obierki, filtry i fusy po kawie, suche liście, papier i chusteczki

mięsa, kości, nabiału, plastiku, cytrusów, chemikalów

od dołu część na szczyt kompostownika i do niej nakładać nowe resztki. Wówczas dżdżownice same znajdą świeże pożywienie i będą żyć tam, gdzie są potrzebne.

Jeszcze o kompostowaniu

Mimo iż kompostuję już prawie rok, nie uważam się za ekspertkę od tego procesu, ale zdecydowanie jestem jego amatorką. Być może brak mi wiedzy z zakresu biochemii, by dokładnie objaśniać procesy składające się na rozkład materii, ale uwielbiam obserwować, jak dżdżownice przetwarzają domowe resztki, i codziennie karmić je czymś nowym. Śmiejemy się, że to nasze domowe zwierzątka, o które dbamy z równą troską jak o kota. I, w przeciwieństwie do kota, ich obecność jest dla nas pożyteczna, a ich odchody stanowią wartościowy produkt uboczny.

Biohumus od dżdżownic wykorzystujemy do balkonowej uprawy kwiatów i ziół, herbatką kompostową dodatkowo podlewamy wszystkie domowe rośliny. W kompostowaniu uczestniczy moja cała czteroosobowa rodzina, a dzieci są jego małymi wielkimi fanami. Lubią zaglądać do pojemnika, wypatrując ruszających się dżdżownic. Same zanoszą do niego kuchenne obierki i wrzucają je do środka. Spryskują powierzchnię wodą, by dżdżownicom nie było za sucho. I opowiadają wszem wobec, że mamy w domu kompostownik, który jest fajny i służy do przetwarzania odpadów ("wyrzucamy mniej śmieci!").

Wiem, że dzięki mnie kilka osób zaraziło się kompostowaniem i postawiło własny pojemnik w domu. Cieszy mnie to, podobnie jak powstające coraz liczniej **otwarte kompostowniki**, głównie na terenach miejskich ogrodów społecznościowych. Każdy może przynieść swoje odpadki organiczne w porach określonych przez godziny otwarcia ogrodu i zostawić je w kompostowniku.

Kompostowniki ogrodowe

Rodzaj kompostownika	Sposób działania	To kompostuj	Tego unikaj
Otwarty	Pryzma kompostowa w ogrodzeniu z drewnianych desek, belek lub palet, ewentualnie z plastiku. Ogrodzenie powinno być wpuszczone w podłoże na głębokość kilkunastu, a nawet kilkudziesięciu centymetrów. Kompostownik nie ma dachu/przykrycia. Całość materii lądującej w środku należy co tydzień napowietrzyć poprzez przerzucanie. Gotowy kompost wybiera się z dolnych partii pryzmy.	Idealne proporcje to 1 część odpadków zielonych do 2 części brązowych (suchych liści, gałęzi, papieru itp.): • resztki warzyw i owoców, • obierki, • fusy z kawy i herbaty, • niezadrukowany papier, • skorupki jajek, • sierść zwierząt, • kurz z worka odkurzacza, • nawóz zwierząt roślinożernych, • skoszona trawa, suche liście, chwasty, • popiół, • kawałki drewna, • skrawki naturalnych tkanin (bawełny, wełny, lnu)	• cytrusy, • chore części roślin, • nabiał, • kości, mięso, • odchody zwierząt mięsożernych, • tłuste resztki potraw, • plastik
Zamknięty	Kompostownik w postaci zamkniętego kubła, zazwyczaj z zamykanym otworem w dolnej części pojemnika, umożliwiającym dostęp do przerobionego kompostu. Kubeł może być jeden, może się też składać z kilku warstw nakładanych jedna na drugą w miarę ich zapełniania się. W procesie kompostowania uczestniczą dżdżownice, bakterie i mikroorganizmy.		
Rotacyjny	Beczka umocowana na stelażu w pozycji horyzontalnej, z możliwością okręcania. Kompostownik rotacyjny ułatwia napowietrzanie kompostu, zapobiega gniciu i pleśnieniu zawartości. Kompostowanie przebiega z pomocą dżdżownic.		

Dobrą praktyką jest **kompostowanie sąsiedzkie** – organizowane w przestrzeni wspólnej osiedla na uzgodnionych w grupie zasadach (które odpadki przyjmujemy, a których nie, kto i kiedy dba o kompostownik, do czego zużyty będzie sam kompost i tym podobne). Takie wspólne kompostowniki umożliwiają pozbycie się odpadów biologicznych osobom, które nie mogą pozwolić sobie na własny pojemnik w domu. Im więcej oddolnych inicjatyw mieszkańców, tym większe poczucie sprawczości w ramach własnej wspólnoty i tym wyraźniejszy sygnał dla władz miejskich, że kompostowanie jest ważnym i pożądanym elementem w gospodarowaniu odpadami, co być może zwiększy szanse na uwzględnienie tego procesu w planach rozwoju miast.

Foodsharing – podziel się jedzeniem

Zamiast wyrzucać jedzenie, można się nim podzielić. *Foodsharing* to ogólnoświatowy ruch, który narodził się jako głos sprzeciwu wobec marnowania ogromnych ilości jedzenia w krajach rozwiniętych. Ruch bazuje na pracy wolontariuszy i *know-how* wypracowanym przez twórców foodsharingu w Niemczech.

W Polsce inicjatywą foodsharingową są punkty zwane **jadłodzielniami** – to miejsca, gdzie można zostawić i otrzymać żywność, dostaje ją za darmo każda chętna osoba. Warszawskie jadłodzielnie rosną jak grzyby po deszczu, obecnie jest ich już siedem, a kolejne czekają na otwarcie. Swoje punkty mają też: Toruń, Wrocław, Kraków, Szczecin, Bydgoszcz, Łódź, Zielona Góra i Jastrzębie-Zdrój, do otwarcia podobnych lokali szykują się również poznaniacy i mieszkańcy innych polskich miast.

Pierwsza jadłodzielnia powstała wiosną 2016 roku w Warszawie z inicjatywy Agnieszki Bielskiej i Karoliny Hansen. Przyjęła formę szafki i lodówki na żywność, otwartych dla wszystkich zainteresowanych dzieleniem się jedzeniem.

Misją warszawskich foodsharingowców jest ratowanie żywności przed zmarnowaniem. „Zachęcamy wszystkich do dzielenia się jedzeniem ze wszystkimi. Budujemy poczucie odpowiedzialności za ograniczenie marnowania jedzenia" – takie oświadczenie widnieje na ich stronie na Facebooku.

Do dzielenia się żywnością zachęcane są zarówno restauracje, stołówki i sklepy, jak i zwykli ludzie, którzy stwierdzą, że mają za dużo zdatnych do spożycia produktów. Odbiorcami jedzenia są głównie osoby mniej zamożne, ale lodówki otwarte są dla wszystkich bez względu na majętność i status społeczny. Dzielenie się nie zna takich granic!

Checklista bezodpadowej kuchni

- Zrezygnować z foliówek na rzecz torby z tkaniny.
- Zabierać na zakupy woreczki i pojemniki na produkty bez opakowań.
- Znaleźć pobliski bazarek i zaopatrywać się w produkty bezpośrednio od wytwórców.
- Znaleźć lokalny sklep z produktami na wagę.
- Przystąpić do kooperatywy spożywczej lub RWS.
- Pić wodę z kranu.
- Planować zakupy, również pod kątem opakowań.
- Gotować tyle, by nie mieć problemu z niedojedzonymi resztkami.
- Nauczyć się gotować w wykorzystaniem resztek.
- Mrozić, suszyć, wekować, kisić nadmiar jedzenia.
- Samodzielnie przygotować produkty, które są trudno dostępne bez opakowań.
- Znaleźć lokalną grupę/miejsce do dzielenia się jedzeniem lub założyć taką grupę, jeśli jeszcze jej nie ma.

- Znaleźć otwarty kompostownik, do którego można oddawać domowe odpadki organiczne, lub założyć kompostownik w domu.
- Zainicjować organizację kompostownika sąsiedzkiego.

Łazienka

Łazienka to miejsce, w którym przyziemne łączy się ze zmysłowym. Załatwiamy tu podstawowe potrzeby fizjologiczne, ale też spędzamy czas na pielęgnacji i „robieniu się na bóstwo".

Przeciętnie moja czteroosobowa rodzina spędza w łazience około półtorej godziny dziennie. W tym czasie: myjemy zęby, kąpiemy się, myjemy włosy, dorosła część męska goli się, a dorosła damska robi makijaż i go zmywa. Łazienkowych czynności jest więcej, a każda z nich domaga się osobnych kosmetyków i akcesoriów. Stając przed obliczem wyzwania *zero waste*, musiałam zrobić szczegółową analizę tego, czego używam w łazience, i zastanowić się, czy to wszystko jest mi aby na pewno potrzebne. Ograniczenie liczby używanych produktów, czyli *de facto* minimalizm kosmetyczny, przychodzi z pomocą we wdrażaniu bezśmieciowych nawyków. Jak to dokładnie wygląda?

Diagnoza łazienki

Gdy sięgam pamięcią kilkanaście miesięcy wstecz, mam przed oczami wiele produktów do różnych części ciała, a każdy, dokładnie każdy z nich ma plastikowe opakowanie. Do tego dochodzą środki higieny osobistej, o których w życiu nie pomyślałabym, że można je ograniczyć. Ochrona kobieca podczas „tych dni" w miesiącu wyglądała u mnie dość standardowo: kilka paczek podpasek higienicznych, pudełka tamponów, do tego wkładki higieniczne na dni „pomiędzy". Demakijaż to dwa, trzy bawełniane płatki kosmetyczne dziennie, wyrzucane zaraz po użyciu do śmieci. Pielęgnacja ciała to liczne plastikowe pudełka i tubki z kremami i balsamami – po zużyciu opakowanie lądowało w koszu na odpady plastikowe, a kolejny produkt już czekał na mojej łazienkowej półce. Szampony i odżywki dokładały do tej górki swoje plastikowe butelki. Dorzućmy tubkę po paście do zębów i zużytą plastikową szczoteczkę i robi się nam całkiem spora ilość tworzywa sztucznego. Istna fabryka toksyn i wyzwanie dla przedsiębiorstwa przetwarzającego odpady.

Na tym lista łazienkowych śmieci się nie kończy! Zobacz, co do tej pory lądowało w moim łazienkowym koszu, a potem zapisz, co ląduje w twoim.

Wśród najczęściej wyrzucanych przeze mnie śmieci były:
· tubki po paście do zębów,
· butelki po szamponie,
· butelki po odżywce do włosów,
· opakowania po mydle,
· plastikowe szczoteczki do zębów,
· jednorazowe płatki kosmetyczne,
· podpaski higieniczne,
· wkładki higieniczne,
· tampony,
· opakowania po podpaskach, tamponach i wkładkach,
· plastikowe pudełka po kremach do twarzy,
· opakowania po balsamach do ciała,
· opakowania po środkach do stylizacji włosów,
· opakowania po tuszu do rzęs,

- opakowania po eyelinerze,
- plastikowo-bawełniane patyczki do uszu,
- pojemniki po środkach do czyszczenia łazienki,
- torby foliowe po proszku do prania,
- plastikowe butle po środkach zmiękczających,
- foliowe opakowania po papierze toaletowym,
- jednorazowe chusteczki higieniczne i ręczniki papierowe,
- tekturowe rolki po papierze toaletowym i ręcznikach papierowych.

Od razu rzuca się w oczy łazienkowy ogrom plastików. Są to dla mnie o tyle kłopotliwe odpady, że ich obecności nie zauważałam, dopóki nie zdałam sobie sprawy z tego, jak krótki jest ich żywot, jak marną funkcję pełnią i jak dużo miejsca zajmują w moim koszu.

Odkąd zrobiłam łazienkowy audyt, zaczęłam się zastanawiać, w jaki sposób mogę zmniejszyć ilość łazienkowych śmieci. Czy jestem w stanie znaleźć odpowiedniki moich ulubionych produktów w lepszych, bo wielorazowych albo bardziej naturalnych opakowaniach? A może uda mi się zrezygnować z jakichś produktów i poradzić sobie bez nich? Miałam swoje łazienkowe nawyki, niezmienne od lat. **Niełatwo coś zmienić, gdy jest się przyzwyczajonym do utartych ścieżek pokonywanych dzień po dniu w ten sam sposób**, prawda?

Dążenie, by ograniczyć ilość domowych odpadów, zmobilizowało mnie, by przyjrzeć się moim **łazienkowych nawykom** i sprawdzić, co jestem w stanie zmienić i w jaki sposób mogę się przyczynić do niezaśmiecania planety przez moje pielęgnacyjne widzimisię. Dodatkowym motorem napędowym tej zmiany była **analiza składów** używanych przeze mnie kosmetyków. Jeszcze zanim zdecydowałam się ograniczyć rolę plastiku i jednorazowości w moim życiu, zaczęłam sprawdzać, czym tak naprawdę traktuję moją skórę i włosy i czy aby na pewno jest to dla nich dobre. Okazało się, że kosmetyki popularnych marek drogeryjnych zawierają składniki, które mają działanie rakotwórcze, uczulające i wysuszające.

Składniki, których unikam w kosmetykach

- **SLS i SLES** (*sodium lauryl sulfate* i *sodium laureth sulfate*) – są to siarczany o działaniu pianotwórczym. Jeśli narzekasz, że naturalny szampon lub mydło nie pieni się tak, jakbyś tego chciał, być może przyczyną jest brak SLS-ów. Składniki te mogą podrażniać skórę, gdyż naruszają naturalną barierę lipidową naskórka. Mogą wywoływać pieczenie, swędzenie i łuszczenie się skóry. SLS i łagodniejszy SLES same w sobie nie są aż tak szkodliwe jak w połączeniu z pozostałymi składnikami często dodawanymi do kosmetyków. Dopiero kumulacja tego rodzaju substancji może pogorszyć stan skóry lub nawet doprowadzić do ich gromadzenia się w organach wewnętrznych.
- **Konserwanty** – stosuje się je, by zapobiec rozwojowi bakterii i grzybów w kosmetykach, jednak w wysokim stężeniu mogą być dla nas bardzo szkodliwe. Szczególnie warto uważać na **triclosan**, który ma działanie rakotwórcze i uczulające, a w dodatku nie jest obojętny dla środowiska.
- **Parabeny** – to jedne z konserwantów. Przy dłuższym stosowaniu mogą spowodować zaburzenia gospodarki hormonalnej oraz podrażniać skórę. W połączeniu z SLS-ami mogą wywołać wysypkę, swędzenie skóry i zaczerwienienie. Warto ich unikać, szczególnie w kosmetykach dla dzieci oraz osób z wrażliwą skórą. Jej uwrażliwienie może być wynikiem wieloletniego kontaktu z parabenami!
- Niektóre **alkohole** – na przykład *alcohol denat.*, *isopropyl alcohol*, dodawane są do kosmetyków jako konserwanty. Mogą podrażniać skórę, uszkadzać jej warstwę lipidową i przyspieszać działanie wolnych rodników.
- **Formaldehyd** – konserwant o działaniu bakteriobójczym, ma działanie podrażniające (szczególnie szkodzi oczom i drogom oddecho-

wym) i alergizujące. Formaldehyd może być uwalniany przez kilka innych substancji używanych w kosmetykach, jedną z nich jest **qua-ternium-15**, na które, jak się okazało, mam uczulenie. Od tej pory bardzo uważam na ten składnik. Może on występować w żelach pod prysznic, płynach do kąpieli czy kremach.

- **Sztuczne aromaty i barwniki** – dodawane są do kosmetyków po to, by uprzyjemnić ich stosowanie, jednak wpływają też na nasze zdrowie. Podrażniają skórę i mogą wywoływać alergię. Wolę kosmetyki bezzapachowe, ewentualnie z dodatkiem naturalnych olejków eterycznych, które też trzeba świadomie dozować.
- **PEG i PPG** (*polyethylene glycol* i *polypropylene glycol*) – mają działanie emulgujące, rozpuszczające i zwiększające lepkość kosmetyku. Składniki te produkuje się przy użyciu tlenku etylenu oraz dioksanu. Są to szkodliwe dla zdrowia, rakotwórcze substancje, które mogą skazić PEG i PPG.
- **Oleje mineralne** – są wytwarzane z ropy naftowej. Oprócz tego, że zapychają pory skóry, utrudniając jej oddychanie, mogą się przyczyniać do rozmnażania bakterii beztlenowych odpowiedzialnych za powstawanie zmian skórnych i wyprysków. Pod skórą gromadzą się także toksyny, które nie mogą zostać wydalone na jej powierzchnię w naturalny sposób. Najpopularniejszymi olejami mineralnymi występującymi w maściach leczniczych i kosmetykach są parafina, wazelina i cerezyna.
- **Silikony** – dodawane do kosmetyków tworzą na skórze i włosach warstwę, której trudno się pozbyć. Utrudniają skórze oddychanie, co prowadzi do namnażania się bakterii i w efekcie do powstawania stanów zapalnych. Często można je znaleźć w kosmetykach do włosów, kremach i balsamach do ciała.

Ta lista mogłaby być dłuższa i zawierać więcej chemicznych szczegółów, jednak moim głównym celem było pokazanie, jak wiele w codziennie używanych kosmetykach jest substancji nie tylko niepotrzebnych, ale przede wszystkim szkodzących naszemu zdrowiu i kondycji skóry.

Nie ma nic dziwnego w tym, że wolę używać takich produktów, które nie zaszkodzą mojemu zdrowiu i zdrowiu mojej rodziny. Co zatem powinnam zrobić, by uchronić moją i tak już skłonną do alergii zewnętrzną powłokę ciała? I jak sprawić, by moje dzieci nie były narażone na rakotwórcze działanie niechcianych składników od najmłodszych lat?

Postanowiłam wziąć sprawy w swoje ręce i:

1. poszukać kosmetyków z dobrym składem, najlepiej potwierdzonym przez certyfikaty ekologiczne,
2. zminimalizować liczbę kosmetyków używanych na co dzień,
3. samej zacząć robić podstawowe kosmetyki, by być pewną ich składu,
4. nauczyć się przygotowywać własne środki czyszczące.

Kosmetyki z dobrym składem potwierdzonym certyfikatami są obecne na polskim rynku, trzeba tylko nieco dokładniej poszukać. Sprawdziłam wiele krajowych i zagranicznych marek i nawet miałam już swoich ulubieńców, jednak po pewnym czasie dotarło do mnie, że ekologiczność moich wyborów dotyczy samego składu, a już nie opakowań. Znaczna część takich kosmetyków sprzedawana jest w plastikowych butelkach, udało mi się znaleźć tylko kilka kremów w szklanych słoiczkach. I tu zaczyna się szukanie kompromisów: czy lepiej użyć droższego kremu z bezpiecznym składem, ale zapakowanego w plastik, czy też szukać przyjaźniejszych dla środowiska opakowań, ale zgodzić się na gorszą zawartość. Dylematów w bezodpadowym życiu jest wiele, ja postawiłam sobie poprzeczkę wysoko i postanowiłam **dążyć do jak najlepszej jakości w jak najlepszym opakowaniu**. Znalazłam jeden krem z dobrym składem w szklanym słoiczku, którego można użyć ponownie. Z innego kremu, w szklanej buteleczce z pompką, zrezygnowałam, bo wiedziałam, że opakowanie nie nada się do powtórnego wykorzystania. Co ciekawe, ten drugi był polskiej firmy robiącej kosmetyki z oznaczeniem „BIO", więc miałam nadzieję, że inne

produkty z tej samej rodziny również będą w szklanych opakowaniach. Niestety, tylko ten jeden krem ominął szerokim łukiem
plastik, pozostałe wygodnie leżą w polipropylenowych buteleczkach. Zapytałam, czy firma nie zechciałaby wprowadzić większej
liczby kosmetyków w szkle lub przynajmniej produkować większych opakowań, by można było kupować je w kilka osób i rozdzielać ich zawartość do własnych słoiczków. Niestety, uzyskałam negatywną odpowiedź – firma nie przewiduje takich działań
w najbliższej przyszłości. Szkoda, bo zmuszona byłam zrezygnować z ich kosmetyków, mimo mojej najszczerszej chęci promowania polskich marek.

Odezwałam się też do polskiej marki produkującej kosmetyki mineralne do makijażu w sprawie szklanych lub wielorazowych opakowań. Tym razem odpowiedź była... również negatywna, ale poparta argumentacją. Firma prowadzi sprzedaż głównie
wysyłkową i obawia się, że szklane opakowania mogą się potłuc
w transporcie. To uzasadniona obawa, choć warto czasem działać dwutorowo i umożliwić klientom wybór między opakowaniem
plastikowym i szklanym[18]. Jeślibym chciała zaopatrzyć się w mineralną kolorówkę w wielorazowym opakowaniu, nie mam takiej możliwości. Pozostaje tylko cierpliwie czekać, aż producenci
sami się przekonają, że oferta bez plastiku jest ważna dla sporej
części społeczeństwa.

Frustracja związana z niepowodzeniami podczas poszukiwania dobrych kosmetyków w szklanym opakowaniu doprowadziła
mnie do momentu, w którym postanowiłam radykalnie ograniczyć liczbę używanych mazideł. **Pielęgnacyjny minimalizm** miał
być bojkotem marek, które nie są gotowe na klienta nieco bardziej
wymagającego, jakim sama jestem.

---

18 Aktualizacja: ta sama firma w najbliższym czasie planuje wdrożenie zasad
zero waste do pakowania kosmetyków. Kropla drąży skałę!

Zamiast drogich kremów zaczęłam używać **olejów**. Zamiast szamponu – w ruch poszły **mydło**, soda, ocet, mąka i inne mniej lub bardziej skuteczne środki. Zamiast pasty do zębów używałam **oleju kokosowego**. Przestałam stosować puder, mimo że pełne opakowania leżały w łazienkowej szufladzie. Bojkot to bojkot, nie zna wyjątków. Rodzina panikowała, że wracam do średniowiecza. Bała się moich nowych zwyczajów i nie czuła powagi sytuacji. Wiedziałam, że nie będzie łatwo, dlatego dałam im taryfę ulgową i nie zmuszałam do podążania moim śladem. Pozwoliłam obserwować, choć po cichu trzymałam kciuki również za to, by przekonali się do naturalnej pielęgnacji opartej na minimum produktów. I wiecie co? **Z czasem przekonali się do niektórych zmian i również przestrzegają tych nowych zasad**.

Co prawda olej do smarowania twarzy na dzień nie sprawdził się najlepiej, bo tłusty film na skórze potrafił błyszczeć od rana do wieczora. Mycie włosów mydłem miało swoje wady i zalety, o których również napiszę. Na razie dość stwierdzić, że nieprzyjemnie chodzić do pracy z włosami posklejanymi w tłuste strąki. Olej kokosowy do mycia zębów smakował przednio, ale za każdym razem tłuścił umywalkę, a po dłuższym czasie zapychał rury, bo schłodzony wodą twardnieje i tworzy zatory. Są osoby, którym te sposoby służą i które stosują je po dziś dzień. Ja do nich nie należę, choć z przyjemnością opiszę każde z moich działań mające na celu ograniczenie ilości generowanych odpadów.

Twarz

Pielęgnacja

Krem do twarzy to dla mnie podstawowy kosmetyk pielęgnacyjny. Najważniejsze, żeby służył mojej cerze, czyli nie zatykał porów, dobrze się wchłaniał i odpowiednio nawilżał. Kiedyś używałam kremów popularnych marek drogeryjnych, jednak po analizie ich składu i doczytaniu, co oznaczają poszczególne składniki wymienione na etykiecie, doznałam szoku. Zachodziłam w głowę, dlaczego producenci używają tak wielu różnych środków konserwujących, bazują na olejach mineralnych zamiast na tych naturalnego pochodzenia i co im daje pakowanie kosmetyków w grube plastikowe pudełka. Mogę się domyślać, że stosowane półprodukty są tańsze i można je dłużej przechowywać bez uszczerbku na jakości. Tylko czy taka „jakość" jest na dłuższą metę dobra dla mojej skóry i zdrowia? Jak się okazuje – nie jest. A grube denko w plastikowym opakowaniu ma przyciągnąć klienta, tworząc złudzenie większej objętości.

Zastanawiałam się, co mogę zrobić, by moja skóra nie cierpiała, a zużyte opakowania nie szkodziły środowisku. W pierwszej kolejności zrezygnowałam z dotychczasowego nawyku smarowania twarzy kremem i przerzuciłam się na oleje. Dowiedziałam się, że naturalne oleje zawierają wiele składników odżywczych, w tym witamin, a niektóre – jak olej z pestek malin – mogą pełnić funkcję naturalnych filtrów przeciwsłonecznych, zamiast chemicznych, szkodliwych filtrów UVA/UVB. Zakupiłam kilka olejów w ciemno, by wypróbować, jak działają na moją skórę, i powoli docierałam do sedna sprawy, czyli tego, że olej olejowi nierówny. Zwykły rzepakowy jest dla mojej cery za tłusty, kokosowy zatykał mi pory, a olej z czarnuszki zbyt szybko na mnie wysychał. Oleje różnią się bowiem składem i **komedogennością**, czyli stopniem, w jakim przyczyniają się do zapychania porów.

Co warto wiedzieć o olejach?

Oleje do cery tłustej i mieszanej powinny zawierać dużo wielonienasyconych kwasów tłuszczowych. Są to tak zwane **oleje schnące**.

Dobrze się wchłaniają, działają antybakteryjnie, redukują wydzielanie sebum.

Oleje nieschnące są odpowiednie do cery suchej, dojrzałej. Zawierają do 20 procent kwasów omega-3 i omega-6. Trudniej się wchłaniają, ale świetnie odżywiają cerę.

Trzecią kategorią są **oleje półschnące**, do których należy olej z pestek moreli, z pestek słonecznika czy – mój ulubiony – ze słodkich migdałów. Są one odpowiednie dla cery normalnej i mieszanej, o średnim poziomie wydzielania sebum.

Jaki olej dla jakiej cery?

1. **Cera sucha** polubi oliwę z oliwek oraz oleje: rycynowy, kokosowy, rzepakowy, z orzechów makadamia, z awokado i z pestek dyni.
2. **Cera tłusta i mieszana** preferują olej jojoba, lniany, z pestek winogron, z pestek malin, z konopi, z nasion wiesiołka, z czarnuszki.
3. **Cera normalna** dobrze poczuje się z olejem migdałowym, arganowym, z pestek słonecznika lub moreli.

Oleje roślinne mają mnóstwo zalet: są naturalne, potrafią pięknie pachnieć (na przykład olej z pestek moreli), odżywiają skórę, niektóre z nich mają działanie lecznicze i pochłaniające promieniowanie UV, zazwyczaj występują w szklanych buteleczkach. Mają też swoje wady: nie każdy olej dobrze się wchłania, a niektóre potrafią też uczulać. Ku mojemu wielkiemu rozczarowaniu olej z pestek śliwek o pięknym marcepanowym aromacie wywołuje u mnie zaczerwienienie skóry i reakcje alergiczne. Dowiedziałam się o tym dopiero, gdy go spróbowałam. Od tamtej pory z większą ostrożnością dobieram oleje do pielęgnacji twarzy, starając się testować ich działanie na małym kawałku skóry.

Największą wadą olejów jest to, że cera się po nich świeci. W pracy czułam się z tym niekomfortowo, na ulicy miałam wrażenie, że wszyscy mi się przyglądają. Olej jako zastępca kremu na dłuższą metę się u mnie nie sprawdził. Musiałam coś zmienić, ale nie mogłam zrobić kroku wstecz i wrócić do kosmetyków, z których składu byłam niezadowolona.

Kremy robią zwykli ludzie

Kiedy zaczęłam szukać alternatywy dla olejów, moja przyjaciółka próbowała już swoich sił w robieniu własnych kremów. Jej umiejętności wydawały mi się wręcz magiczne. Wyobrażałam sobie, że budzi się o północy w noc rozświetloną przez księżyc w pełni, recytuje z pamięci receptury, zrywa pokrzywy, o świcie robi wywary, a potem zmienia je w delikatną białą emulsję. Rozmowa z nią rozwiała moje wyobrażenia, ale rozczarowanie zmieniło się w nadzieję, że być może i ja byłabym w stanie sama zrobić krem, we własnym domu. Zainteresowałam się tym tematem i zaczęłam traktować ten pomysł jak wyzwanie, którego muszę się podjąć. Skoro inni to robią i mają pełną kontrolę nad składem, nie może to być takie trudne!

Do tej pory żyłam w przeświadczeniu, że tylko w prawdziwym laboratorium firmy kosmetycznej może powstać produkt, który jest zdatny do użycia. Brakowało mi wiedzy na temat tego, jak powstaje krem, z czego powinien się składać i jak dobrać odpowiednie składniki, by zrobić mazidło odpowiednie akurat dla mojej cery. Zaczęłam więc czytać blogi, buszować po stronach internetowych i w przepastnych odmętach YouTube'a, by dowiedzieć się czegokolwiek na ten temat. Powoli do mnie docierało, że osoby przygotowujące własne kremy to zwykli ludzie, którym również zależy na odpowiedniej pielęgnacji cery. Nie widziałam, żeby ktoś wspominał o przesłaniu *zero waste* w kontekście robienia kosmetyków, ale zapragnęłam poeksperymentować na sobie samej, by stwierdzić, czy będę w stanie zrobić coś wartościowego.

Wiedzę teoretyczną zdobywałam stopniowo. Jednak dopiero warsztaty praktyczne w trakcie wakacji przełamały moją niemoc. Tamtego lata trafiliśmy w niezwykłe miejsce, jakim są Góry Kaczawskie. Gospodarstwa agroturystyczne z tamtejszych miejscowości, działając w ramach porozumienia, zorganizowały wiele ciekawych szkoleń i warsztatów dla rodzin z dziećmi. Od razu zapisałam nas na kręcenie kosmetyków, choć wiedziałam, że to tylko moje hobby. Poszliśmy na nie z czteroletnim synkiem w nadziei na zdobycie sekretnej wiedzy kremowara i świetną rozrywkę. I tak też się stało! Prowadzący, Maciej Zawierucha z Zielonego Laboratorium, miał przygotowanych kilkanaście receptur kosmetycznych, do wyboru, do koloru. Każda rodzina mogła wybrać dwie i zrobić sobie na przykład proszek do mycia zębów, płyn do odstraszania komarów, maść do ust czy właśnie krem do twarzy. Wybraliśmy czekoladowy błyszczyk (dla synka) i stokrotkowy krem do cery wrażliwej i delikatnej (dla mnie). Juniorowi poszło o wiele lepiej niż mnie, może dlatego, że połowę składników zjadł, jeszcze zanim zdążył wrzucić je do rondelka. Ja się przyłożyłam i dokładnie odmierzając wszystkie proporcje, krok po kroku podążałam za przepisem. Krem wyszedł za rzadki, kilkakrotnie musiałam zwiększać dawkę emulgatora, ponownie podgrzewać, studzić, znów dodawać, cały czas intensywnie mieszając. Co za mordęga! Myślałam już, że robienie kremów ewidentnie nie jest dla mnie, że nawet z dobrze opracowaną recepturą nie dam sobie rady. Po rozmowie z panem Maciejem doszliśmy do wniosku, że być może mój napar stokrotkowy był zbyt rzadki, a może to oleje, których użyłam, gorzej emulgowały. Zakończenie było jednak pozytywne, bo wyszłam stamtąd z kilkoma pudełkami kremu pięknie pachnącego cytrusowymi olejkami mającymi zabezpieczyć go przed zepsuciem. Musiałam je szybko zużyć, bo nie było w nich żadnych dodatkowych konserwantów.

Po tym chrzcie bojowym poczułam się ośmielona do działania w domowym zaciszu. Warto wyjść do ludzi i zobaczyć, jak coś działa w praktyce, dlatego jeśli zastanawiasz się jeszcze, czy i jak robić własne kosmetyki, być może znajdziesz w swojej okolicy podobne warsztaty, do uczestnictwa w których gorąco zachęcam.

Co warto wiedzieć o robieniu kremu?

Krem jest emulsją powstałą w wyniku połączenia wody z tłuszczem. W języku kremowarów mówi się o fazie wodnej i fazie tłuszczowej lub olejowej. W normalnych okolicznościach te dwie fazy nie łączą się ze sobą, co znaczy tyle, że olej po wlaniu do wody będzie unosił się na jej powierzchni. Rządzą tu prawa fizyki i chemii. Woda jest cieczą polarną, a olej apolarną. Oznacza to, że cząsteczki wody oddziałują na siebie o wiele silniej niż cząsteczki oleju. Dlatego temu drugiemu tak trudno przeniknąć do struktury wody i się z nią połączyć.

By powstała jednolita emulsja, musi zadziałać odpowiednia temperatura i katalizator otwierania cząsteczek wody na olej albo oleju na wodę. Takim katalizatorem jest emulgator. W skrócie: woda połączy się z olejem w krem, jeśli dodamy do nich emulgator. Może to być między innymi lecytyna, wosk pszczeli, steroidy, tłuszcz z wełny owczej, alkohol cetylowy, guma ksantanowa, guma guar czy Olivem 1000. Ja używam tego ostatniego. Jest to emulgator niejonowy wytworzony z pochodnych oliwy z oliwek, jeden z nielicznych emulgatorów dopuszczonych do użytku przez ekologiczne instytucje certyfikujące. Często łączę go z alkoholem cetylowym, organicznym składnikiem zwiększającym gęstość i gładkość kremów.

No dobrze, ale mój krem nie składa się z „po prostu" wody i „jakiegoś tam" tłuszczu. Jako fazy wodnej używam hydrolatu, czyli przekroplonej wody kwiatowej, a jako fazy tłuszczowej – nierafinowanych olejów roślinnych. Najlepiej wybierać składniki pochodzenia lokalnego, dlatego czasem warto pójść na kompromis i zamiast produktów egzotycznych wybrać te podobnie działające, ale wytwarzane lokalnie, o mniejszym śladzie węglowym. Kosmetyki rządzą się tymi samymi zasadami co jedzenie – im bliżej powstają surowce, tym dla nas zdrowiej!

Prosty krem rumiankowy

Najprostszy krem do cery normalnej można zrobić **na bazie oleju słonecznikowego i naparu z rumianku**, które powinny się znaleźć w twojej kuchni. Dobry krem to taki, którego nie boisz się zjeść!

SKŁADNIKI (NA OK. 50 ML KREMU)

- 15 ml oleju słonecznikowego (tłoczonego na zimno)
- 35 ml naparu z rumianku (z 2 torebek herbatki rumiankowej lub pół szklanki suszonych kwiatów)
- 2,5 g Olivem 1000

Herbatkę rumiankową lub suszone kwiaty rumianku zalewam wrzątkiem. Zostawiam na 10–15 minut do naciągnięcia. Zamiast rumianku doskonale sprawdzą się lipa i stokrotka.

Wlewam olej do rondelka (tego do topienia czekolady) i w kąpieli wodnej podgrzewam go do temperatury około 75 stopni Celsjusza. Wsypuję emulgator i mieszam trzepaczką.

Gdy olej połączy się z emulgatorem, przelewam napar z rumianku do rondelka z olejem i intensywnie mieszam trzepaczką. Faza wodna powinna się połączyć z olejową, a emulsja zrobi się biaława. Nie przestaję mieszać, ale nie podgrzewam już wody w większym naczyniu. Powoli studzę całość.

Po chwili wylewam gorącą wodę i zastępuję ją zimną. W niej chłodzę emulsję. Zazwyczaj w niższej temperaturze (około 40 stopni Celsjusza) można dodawać witaminy, substancje aktywne, kwasy owocowe i olejki eteryczne.

Po schłodzeniu przelewam krem do wyparzonego wcześniej słoiczka, zakręcam i odstawiam do lodówki. Kosmetyk bez konserwantów trzeba zużyć w ciągu dwóch tygodni.

Jakie hydrolaty do jakiej cery?

Hydrolat, inaczej zwany wodą kwiatową, powstaje poprzez destylację świeżych roślin parą wodną.

Może zawierać śladowe ilości olejków eterycznych, dzięki czemu ma delikatny zapach. Hydrolatów używam w domowej produkcji kremów, ale nie tylko. Hydrolatem różanym lubię przemywać sobie twarz podczas jej wieczornego oczyszczania. Hydrolat z nasion marchwi świetnie wpływa na cerę wrażliwą i naczynkową, dlatego czasem robię z niego łagodzącą maseczkę przy użyciu glinki kaolinowej. Hydrolat lawendowy można dodać do szamponu lub płukać nim włosy po umyciu dla poprawienia kondycji skóry głowy.

Hydrolat można zrobić w specjalnie do tego przeznaczonym alembiku, najlepiej miedzianym. W ten sposób postępują zaawansowane twórczynie domowych kosmetyków. Dla mnie taki sprzęt w domu jest nieosiągalny i – powiem szczerze – zbyt drogi, dlatego znalazłam sposób na „bida-hydrolat", czyli wodę ziołową lub kwiatową wykonaną w o wiele prostszy i tańszy sposób. To bardziej tonik niż hydrolat, ponieważ nie powstaje przez destylację, ale poprzez zwykłe namaczanie roślin w wodzie. Taki domowy tonik robi się na bieżąco z ziół i kwiatów, które mamy pod ręką i które dobrze działają na cerę. Domowe toniki przywracają skórze twarzy odpowiednie pH, oczyszczają ją, wygładzają i zaopatrują w wartościowe witaminy.

Prosty tonik pietruszkowy

SKŁADNIKI

- *pół pęczka natki pietruszki*
- *250 ml wody*

Natkę siekam na drobniejsze kawałki, przekładam do wyparzonego słoika i zalewam zimną wodą. Następnie odstawiam do lodówki na jeden dzień. Po tym czasie przecedzam płyn, przelewając do drugiego słoika lub buteleczki, i używam rano i wieczorem do przemywania twarzy. Taki tonik można trzymać w lodówce około tygodnia, dwóch. Nieco dłuższą trwałość zapewni dodanie do niego kilku kropli ulubionego olejku eterycznego.

W ten sam sposób można zrobić tonik ze świeżej mięty, lawendy czy rumianku.

Napar z ziół

SKŁADNIKI

- *pół szklanki suszonych ziół (rumianek, kwiat lipy lub rozmaryn)*
- *200 ml wody*

Do codziennego przemywania twarzy można użyć też naparu z ziół. Suszone zioła zalewam wrzątkiem. Po 10–15 minutach odcedzam napar i przelewam go do wyparzonej buteleczki. Po przestudzeniu można go używać bezpośrednio do przemywania twarzy. Należy go przechowywać w lodówce, maksymalnie przez kilka dni. Dla przedłużenia trwałości dodaję do naparu kilka kropli olejku eterycznego.

Krem z hydrolatem z nasion marchwi

SKŁADNIKI FAZY OLEJOWEJ

- *25 g oleju migdałowego*
- *8 g oleju kokosowego*
- *8 g oleju z kiełków pszenicy*
- *8 g oleju z orzechów laskowych*
- *10 g wosku emulgującego (na przykład Olivem 1000)*
- *3 g alkoholu cetylowego*

SKŁADNIKI FAZY WODNEJ

- *54 g hydrolatu z nasion marchwi*
- *60 g hydrolatu z kocanki włoskiej*
- *8 g gliceryny*
- *5 g kwasu hialuronowego*
- *1 g prowitaminy B_5 (D-panthenol)*
- *5 kropli olejku geraniowego*

Wszystkie oleje wlewam do rondelka i podgrzewam w kąpieli wodnej do około 75 stopni Celsjusza. W drugim rondelku podgrzewam w podobny sposób oba hydrolaty.

Gdy oleje się rozpuszczą i osiągną odpowiednią temperaturę, dodaję oba emulgatory: Olivem 1000 i alkohol cetylowy. Całość dokładnie mieszam, do rozpuszczenia wszystkich składników. Następnie odlewam gorącą wodę z większego rondelka i zastępuję ją zimną. Studzę oleje do temperatury około 42 stopni Celsjusza.

Fazę wodną zaczynam chłodzić w tym samym momencie. Po lekkim ostudzeniu dodaję glicerynę i mieszam.

Gdy obie fazy mają podobną temperaturę, wlewam oleje do fazy wodnej wąskim strumieniem, cały czas energicznie mieszając trzepaczką. Oleje z wodą zemulgują i stworzą gładką, gęstą emulsję. W trakcie mieszania dodaję prowitaminę B_5 i olejek geraniowy (lub inny ulubiony olejek). Mieszam całość przez około 5 minut, tak by wszystkie składniki się dobrze połączyły.

Krem przekładam do wyparzonych i zdezynfekowanych słoiczków. Można przechowywać go w lodówce maksymalnie przez 3 tygodnie. Krem przetrwa dłużej – nawet do kilku miesięcy – jeśli dodamy do niego ekologiczny środek konserwujący, na przykład dopuszczony przez ECOCERT glukonolakton, wytwarzany w procesie fermentacji kukurydzy, i benzoesan sodu.

Ten przepis może służyć jako baza do tworzenia własnych receptur na domowe kremy. Wystarczy zachować proporcje fazy wodnej do fazy olejowej i emulgatorów.

Zastanawiasz się, co zrobić z tak dużą ilością kremu? Ja dzielę się nim ze znajomymi, którzy partycypują w kosztach zakupu surowców. Dzięki temu moja energia i czas oraz energia elektryczna zużyta podczas tworzenia kremu są wykorzystywane z pożytkiem dla większej liczby osób, co wszystkim się bardziej opłaca.

Dlaczego robienie kremów jest *zero waste*?

1. Do robienia kremów wykorzystuję czasem resztki olejów i wód kwiatowych, które już mam. Rzadko kupuję specjalnie tylko jeden składnik.

2. Ponownie używam słoiczków po kremach. Zbieram je od znajomych, myję i dezynfekuję. To o wiele bardziej przyjazne dla środowiska niż wyrzucanie opakowań do śmieci.

3. Buteleczki i pudełeczka po surowcach kosmetycznych wykorzystuję ponownie jako pojemniki na domowe toniki czy maści do ust.

Co do ust?

Trochę czasu zajęło mi wyszukanie dobrego przepisu na balsam do ust. Na sklepowych półkach świetnie prezentują się kolorowe i bezbarwne pomadki skrzętnie zamknięte w plastikowych opakowaniach. Znacie to? Jestem pewna, że każda kobieta ma przy sobie lub gdzieś w domu szminkę, której używa na co dzień. Te odświętne też się liczą! To wygodne: po prostu kupić szminkę. Analiza składu pomaga jednak zwrócić się w stronę naturalnej pielęgnacji. Producent zazwyczaj podkreśla, że w kosmetyku znajdują się składniki naturalne typu masło shea, olej jojoba, wosk pszczeli i naturalnego pochodzenia witaminy, jednak one pojawiają się dopiero w dalszej części etykiety. Prawda o szminkach jest taka, że do ich produkcji używa się olejów mineralnych lub ich pochodnych, a także krystalicznego wosku mineralnego (znajdziesz go pod nazwą *cera microcristallina*). Składników w pomadce drogeryjnej jest około dwudziestu, z czego cztery mają pochodzenie naturalne i na nich opiera się cały marketing. Myślisz, że dbasz o swoje usta, stosując kosmetyki ze sklepu? Lepiej zrób w domu prostą maść z dwóch–czterech naturalnych składników.

Żeby uniknąć zbędnych plastików, moją maść zamykam w szklanym słoiczku po kremie do twarzy lub w pustym sztyfcie po pomadce ze sklepu. Jeśli używasz soczewek kontaktowych, możesz ją przełożyć do pojemniczka na soczewki. Każdy inny mały pojemnik także świetnie się do tego nada.

Do zrobienia domowej pomadki lub maści do ust będziesz potrzebować wosku pszczelego i oleju, na przykład oliwy z oliwek, oleju kokosowego, ze słodkich migdałów, rycynowego – tu panuje pełna dowolność, choć olej rycynowy ma wyjątkowe działanie nabłyszczające.

Dobra, dobra, ale skąd wziąć wosk? Najlepszy wosk dostaniesz bezpośrednio u sprawdzonego pszczelarza. Jest też dostępny w sklepach internetowych sprzedających już oczyszczony wosk jako półprodukt do produkcji kosmetyków. Zamiast wosku pszczelego można użyć wosku candelilla, który wyjątkowo dobrze sprawdza się w sztyftach.

Ja swój wosk kupiłam od kolegi, który dostarcza miody do kooperatywy spożywczej. Był nieoczyszczony, ale miałam gwarancję, że jest w stu procentach naturalny. Wosk można dość łatwo oczyścić, podgrzewając go w kąpieli wodnej i zlewając do drugiego pojemniczka. Wszelkie zanieczyszczenia powinny zostać na dnie pierwszego naczynia, mogą się ewentualnie unosić na powierzchni stopionego wosku – wówczas trzeba je zgarnąć łyżką, podobnie jak szumowiny z rosołu.

Dlaczego wosk?

Wosk pszczeli był od wieków stosowany do wyrobu kosmetyków. Ma naturalne właściwości odżywcze i ochronne, zatrzymujące wodę w naskórku. Działa zmiękczająco i nabłyszczająco, jeśli zastosujemy go w kosmetykach przeznaczonych do włosów. **Beta-karoteny i bio-**

flawonoidy mają działanie przeciwzapalne, dlatego wszelkie maści z dodatkiem wosku będą dodatkowo leczyły spękaną i podrażnioną skórę.

W sklepach można znaleźć **żółty lub ciemnożółty wosk** pszczeli oraz **wosk biały**. Ten pierwszy jest nierafinowany, ma przyjemny miodowy zapach i naturalny kolor. Wosk biały został wybielony wodą utlenioną lub promieniami światła. Stosuje się go w kosmetykach, w których chcemy uniknąć miodowego koloru i zapachu.

Domowa maść do ust[19]

SKŁADNIKI

- *1 część wosku pszczelego (ja użyłam ok. 50 g)*
- *4 części olejów roślinnych (u mnie 200 g)*
- *odrobina lanoliny (do moich proporcji 5 g)*
- *8 kropli olejku eterycznego (ja zastosowałam cynamonowy)*

Wosk należy rozpuścić w kąpieli wodnej. Do topienia najlepiej użyć naczynia, którego nie będzie potem szkoda. Można je co prawda oskrobać z wosku drewnianą łopatką albo nożem, ale istnieje ryzyko, że garnek nie będzie już się nadawał do gotowania potraw.

Do rozpuszczonego wosku dodaję ulubiony olej roślinny – zdecydowałam się na jedną część olejku jojoba, jedną część

---

19 Receptura, którą zastosowałam przy wyrabianiu maści, jest inspirowana przepisami z książki Klaudyny Hebdy *Ziołowy zakątek* (Warszawa 2014).

oleju ze słodkich migdałów i dwie części oliwy z oliwek. Całość dokładnie, ale delikatnie mieszam.

Do wosku z olejami dodaję lanolinę – ma ona działanie zmiękczająco-wygładzające – i znów mieszam do uzyskania jednolitej masy. Na koniec dodaję kilka kropli olejku eterycznego, najlepiej dopiero wtedy, gdy masa lekko przestygnie. Najczęściej jest to olejek cynamonowy, bo zostawia lekko pikantny posmak. Miętowy czy eukaliptusowy zadziała odświeżająco, a geraniowy czy różany pozostawi kwiatowy zapach.

Jeszcze płynną maść przelewam ostrożnie do wybranych pojemniczków, na przykład do szklanych słoiczków po kremie do twarzy.

Maść będzie gotowa do użycia po całkowitym ostygnięciu. Dla bardziej zwartej konsystencji można ją przetrzymać przez noc w lodówce.

Makijaż

Według badań statystycznych przeciętna kobieta używa codziennie dwunastu kosmetyków, mężczyzna sześciu. Ile spośród nich to produkty pielęgnacyjne, a ile kosmetyki do makijażu? Sprawdźmy, co znajduje się w mojej podręcznej kosmetyczce:

· szampon,
· odżywka,
· mydło,
· proszek do mycia zębów,
· eyeliner,
· kredka do oczu,
· tusz do rzęs,
· mineralny puder do twarzy,
· mineralny róż do policzków,
· dwa mineralne cienie do powiek.

Wychodzi na to, że większość to kosmetyki do makijażu – małe, ale ważne elementy mojego codziennego rytuału dbania o siebie. Z jednej strony nie stanowią dużego zagrożenia dla mojego śmietnika, bo raz kupione wystarczają na co najmniej pół roku – w przypadku tuszu do rzęs, albo nawet na rok – jak róż do policzków, a nawet kilka lat – jak sporadycznie używane cienie do powiek. Z drugiej – gdy już je zużyję, pojawia się kłopot z utylizacją opakowania.

Kolorówka *zero waste* jest sporym wyzwaniem. Większość kosmetyków do makijażu jest zapakowana w plastik, ba, w taki plastik, którego ponownie nie użyjesz (a trzecia ze złotych zasad *zero waste* to *reuse* – użyj ponownie). Nadal usilnie szukam najlepszej opcji dla siebie, takiej, która łączyłaby dobrą jakość z odpowiednim opakowaniem. Kosmetyki niektórych marek dostępne są już w szkle czy nawet biodegradowalnym bambusowym opakowaniu, ale jest ich mało i nie zawsze są łatwo osiągalne w Polsce. Możliwości jest rzeczywiście niewiele, ale są rzeczy, które można zrobić, by ograniczyć makijażowe odpady.

Zredukuj zawartość swojej kosmetyczki

Minimalizm przeplata się z *zero waste* na wszystkich polach. Jeśli pomyślisz, ile kosmetyków tak naprawdę potrzebujesz, może się okazać, że niepotrzebnie trzymasz w domu szuflady pełne zbędnych pudełeczek.

Jeśli chodzi o kosmetyki pielęgnacyjne, postawiłam na całkowity minimalizm i postanowiłam wyeliminować wszelkie żele pod prysznic, peelingi, balsamy do ciała, pianki do golenia, inne preparaty do stóp i inne do rąk, odżywki na końcówki włosów, specjalne mieszanki olejków do ciała, płyny do kąpieli... i mogłabym tak jeszcze długo wymieniać. To ciekawe, jak producenci sprawiają, że czujemy potrzebę posiadania tych produktów, choć w rzeczywistości ich nie potrzebujemy. Warto się zastanowić, bez których kosmetyków nie potrafimy żyć, i do nich ograniczyć swoją kosmetyczkę. Jeśli obecnie twoje mazidła zapełniają pięć szuflad, opróżnienie już jednej z nich sprawi, że poczujesz się lżej, a środowisko mniej ucierpi dzięki twoim lepszym, bardziej świadomym wyborom.

Redukcja zawartości mojej kosmetyczki do makijażu była stopniowa. Z fazy posiadania wszystkiego, co istnieje do malowania lica, przeszłam do etapu, w którym mam tylko to, co niezbędne. Wyeliminowałam kremy BB, CC, primery, rozświetlacze, korektory, odżywki do rzęs, kolorowe kredki do oczu i eyelinery w innym kolorze niż czarny. Nie kupuję już cieni do powiek innych niż mineralne, a te, które miałam w paletce w formie sprasowanej, wykańczam od kilku lat. Słabo mi to idzie, bo bardzo rzadko ich używam. Niepotrzebne kosmetyki oddałam koleżankom. Te jeszcze nienapoczęte sprzedałam w internecie. Zostały mi:

- mineralny podkład do twarzy,
- mineralny róż do policzków,
- dwa mineralne cienie do powiek,
- eyeliner w szklanym słoiczku,
- tusz drogeryjny, nadal na wykończeniu,
- tusz w szklanym słoiczku – czeka na swoją kolej po tuszu drogeryjnym,
- drewniana kredka do oczu.

Nie używam pomadek, więc w tej kategorii nie miałam czego redukować. Nie stosuję też w domu lakierów do paznokci, a gdy chcę zrobić manicure, umawiam się na wizytę do kosmetyczki.

Nie bierz darmowych próbek

Wielu osobom darmowe próbki jawią się jak los wygrany na loterii. Co może być lepszego niż produkt ofiarowany za darmo? Według mnie nie może być nic gorszego, a to z kilku powodów. Po pierwsze, rzadko kiedy dostajemy próbki tych kosmetyków, którymi rzeczywiście jesteśmy zainteresowani. Pamiętam, jak moja kosmetyczka w łazience puchła od saszetek z kremami, pudrami i perfumami, które były niedopasowane do potrzeb mojej skóry i mojego gustu. Krem do cery po pięćdziesiątce? Nie, dziękuję. Serum rozświetlające do twarzy z problemami skórnymi? Nie potrzebuję. Perfumy pachnące piżmem i esencją z dziesięciu lasek wanilii? To naprawdę nie w moim stylu. Darmowe próbki wrzucane do torebek przy zakupach w drogerii stały się dla mnie raczej kłopotem niż dobrodziejstwem. Starałam się zużywać je na bieżąco, ale nie dość, że niedopasowanie do moich potrzeb odbijało się często na stanie mojej skóry, to jeszcze ogrom drobnych śmieci zaczął stanowić poważny problem w moim życiu bez odpadów. Niestety, opakowania po jednorazowych próbkach kosmetycznych często nie nadają się do ponownego przetworzenia, ponieważ złożone są z różnych łączonych ze sobą tworzyw sztucznych, które ciężko rozdzielić. Zrezygnowałam więc z brania próbek. Za każdym razem, gdy sprzedawca oferuje mi darmowe saszetki, grzecznie, lecz stanowczo odmawiam. Wolę przyjść do domu tylko z tym, po co rzeczywiście szłam do sklepu. Pomijając fakt, że tak naprawdę bardzo niewiele rzeczy kupuję już w zwykłych drogeriach, podejrzliwość w stosunku do wszelkich podarków włącza mi się za każdym razem, gdy chodzi o prześwietlanie ich pod kątem przynoszenia do domu śmieci.

Nawet jeśli w zdecydowany sposób bronię się przed próbkami w sklepach stacjonarnych, zdarza się, że dostaję je w paczkach z zamówieniami ze sklepów internetowych. Z pewnością spora część klientów takie dodatki docenia. Jak dla mnie, w trakcie domykania zakupów powinna być możliwość określenia, czy chcę otrzymać darmowe próbki, czy nie. Na razie dodaję w okienku komentarzy prośbę do sprzedawców, by zakupy zapakować bez użycia plastików, a wszelkie darmowe próbki zachować dla innych klientów.

Wybieraj kosmetyki w szklanych opakowaniach lub w takich, których można użyć ponownie

Myśląc o makijażu wpisującym się w styl życia *zero waste*, warto mieć oczy szeroko otwarte i wypatrywać odpowiednich kosmetyków. Jeśli nie masz czasu lub nie czujesz się dobrze w trakcie zabaw w domowego chemika, rozejrzyj się po drogerii w poszukiwaniu kosmetyków w bardziej przyjaznych dla środowiska opakowaniach. Na polskim rynku można trafić na podkłady do twarzy w szklanych słoiczkach lub buteleczkach z pompką. Są eyelinery w szklanych pojemniczkach (na przykład Maybelline). Są też drewniane kredki do oczu, z których wiórki można wrzucać do kompostu. Jeśli korzystasz z tradycyjnego tuszu do rzęs w plastikowym opakowaniu, może warto zatrzymać je na dłużej i napełniać tuszem ze specjalnie przygotowanych wkładów w tubce (uzupełnienia oferuje Celia). Co prawda nie unikniesz plastiku zupełnie, ale jednego pojemnika będziesz używać znacznie dłużej.

Mój eyeliner jest w szklanym słoiczku i znalazłam go w ofercie angielskiej firmy Lush. Marka ta stawia na kosmetyki bez opakowań, które można kupić w drogerii luzem, do własnego pudełka. Tusze do rzęs i eyelinery dostępne są w szklanym opakowaniu z nakładką-aplikatorem ze sztucznego tworzywa.

Cienie do powiek warto wybierać tak, by można było dokupić do nich nowe wkłady. Jest kilka firm, które umożliwiają takie uzupełnianie kosmetyków (na przykład Inglot). Wyśledzenie ich na rynku i korzystanie z ich oferty pokazuje, że to, co robią, jest dla nas ważne, a wspieramy je, podejmując świadome kosmetyczne decyzje.

Wymienne wkłady ma w swoim asortymencie również ekologiczna i wegańska marka Zao. Obudowa z bambusa plus wymienna zawartość dają im sporą przewagę nad konkurencją, jeśli chodzi o ograniczenie wpływu ich kosmetyków na środowisko.

Rób własną kolorówkę

Lubię domowe eksperymenty, szczególnie jeśli chodzi o robienie własnych kosmetyków lub wymyślanie alternatywy dla produktów sklepowych. Tak jak kiedyś fascynował mnie skład kremów do twarzy i to, w jaki sposób się je wytwarza, tak niedawno zaczęłam się interesować samorobioną kolorówką.

W internecie dostępnych jest wiele filmów z instruktażem, jak zrobić swój puder czy tusz do rzęs, ale większość zakłada uprzednie zakupienie kilku surowców, każdy w niekorzystnym dla środowiska opakowaniu. To chyba już lepiej kupić gotowy produkt? I tak, i nie. Można wypróbować składniki, które znajdziemy w domu, i z nich stworzyć coś, czego będzie można używać do makijażu na co dzień. Niektóre z nich są dostępne w zwykłych sklepach spożywczych, inne w aptekach czy sklepach kosmetycznych. Co warto jednak mieć, to opakowania po już zużytych kosmetykach, dokładnie umyte, wyparzone i najlepiej wysterylizowane spirytusem, żeby zapobiec szybkiemu psuciu się domowych produktów.

Delikatny puder matujący

SKŁADNIKI

- *mąka ziemniaczana*
- *opcjonalnie szczypta pigmentu (cynamon, kakao lub czerwona glinka)*

Pudełko po podkładzie mineralnym można wykorzystać ponownie i wsypać do niego domowy puder matujący. Główny składnik pudru być może jest zaskakujący, a być może niektórym już znany. Chodzi o mąkę ziemniaczaną, która sprawia, że twarz jest delikatnie, aksamitnie zmatowiona, bez mączystego efektu. Wystarczy przesypać mąkę do pudełeczka z dziurkami i pędzlem nałożyć na twarz cienką warstwę. Skóra pod mąką nadal oddycha, ponieważ jest to składnik naturalny, niezatykający porów. Dodatkowo skrobia ziemniaczana łagodzi podrażnienia (jest popularna wśród mam dzieci z odparzeniami), dlatego idealnie sprawdzi się u osób z wrażliwą skórą skłonną do alergii. Chyba że jest to alergia na ziemniaki, wówczas rzecz jasna nie polecam tego domowego kosmetyku.

Żeby delikatnie zabarwić mąkę, można do niej dodać szczyptę cynamonu, kakao lub czerwonej glinki. Warto jednak uważać z tego typu dodatkami, by nie przedobrzyć i nie uzyskać efektu maski.

Po zastosowaniu mąki ziemniaczanej jako pudru skóra długo pozostaje matowa, nie ma potrzeby poprawiania co chwilę makijażu.

Szminka

Jeśli tylko masz w domu pusty sztyft po zużytej szmince, czas zabrać się do robienia własnej pomadki. Wykorzystaj przepis na maść do ust na bazie wosku pszczelego (zob. s. 169), polecam jednak zwiększyć proporcję wosku do płynnych olejów albo zamienić je na masło shea lub masło kakaowe, które zwiększają twardość kosmetyku.

- *1 część* wosku pszczelego (lub roślinnego wosku candelilla)*
- *1 część oleju roślinnego (na przykład oliwy z oliwek)*
- *1 część masła shea*
- *szczypta sproszkowanego buraka, papryki lub cynamonu (jako barwnik)*
- *kropla olejku eterycznego (opcjonalnie)*

* W przypadku przygotowywania jednej szminki jedna część to 2 g surowca. Być może warto zrobić od razu kilka sztuk pomadek, by zoptymalizować zużycie energii, zarówno elektrycznej, jak i własnej.

Wosk podgrzewam wraz z olejami w kąpieli wodnej w przeznaczonym do tego naczyniu. Może być to rondelek do roztapiania czekolady, miseczka lub mały garnek. Po roztopieniu składników dokładnie je ze sobą mieszam. Następnie dodaję wybrany barwnik. Może to być szczypta papryki w proszku, suszony buraczek albo pigment zakupiony w sklepie z surowcami kosmetycznymi (zwróć uwagę na sposób pakowania pigmentu i na to, czy jest on przeznaczony do użycia w pomadkach do ust). Całość dokładnie mieszam. Gdy wszystko przestygnie do temperatury około 40 stopni Celsjusza, czasami dodaję kroplę ulubionego olejku eterycznego. Jeszcze płynną całość przelewam do sztyftu po szmince i zostawiam do zastygnięcia. Aby pomadka była twardsza, można ją włożyć na jakiś czas do lodówki.

Jakość takiej szminki jest lepsza od drogeryjnej ze względu na naturalne składniki, których użyliśmy. A satysfakcja z jej używania – gwarantuję – o wiele większa!

Nie sądziłam, że kiedyś to powiem, ale nawet tusz do rzęs można zrobić domowym sposobem. Jest kilka przepisów wykorzystujących naturalne masła, oleje i pigmenty. Warto dostosować je do własnych wymagań, szczególnie jeśli chodzi o kolor, który chcemy uzyskać. Nigdy nie używałam brązowego tuszu, ale być może taki kolor bardziej naturalnie podkreślałby moją delikatną urodę blondynki. Jeśli tak jak ja nie czujesz się dobrze w brązie, spróbuj poszukać idealnego czarnego pigmentu.

Sposobów na zabarwienie tuszu jest kilka:

- czerń można uzyskać z palonych migdałów (migdały należy opalić nad ogniem, aż staną się całkowicie czarne, a po ostygnięciu bardzo drobno zmielić, najlepiej w młynku do kawy) lub rozgnieść w moździerzu;
- węgiel aktywowany – tak, ten, który łyka się na problemy jelitowe – też świetnie sprawdza się jako czarny barwnik do tuszu;
- brązowy kolor nada tuszowi... kakao.

Sposób prosty
SKŁADNIKI

- *4 tabletki węgla aktywowanego*
- *2 łyżeczki miodu*

Mielę węgiel aktywowany w młynku do kawy lub bardzo drobno rozgniatam go w moździerzu. Do uzyskanego proszku dodaję płynny miód. Całość mieszam w małym pojemniczku. Masę można przelać do wymytego i zdezynfekowanego pojemnika po zużytym tuszu do rzęs. Uwaga, dokładnie trzeba umyć również szczoteczkę!

Tusz jest gotowy do użycia po około godzinie, gdy się wystudzi i stężeje.

Sposób trudniejszy
SKŁADNIKI

- *4 tabletki węgla aktywowanego lub węgiel z 3 palonych migdałów*
- *2 łyżeczki masła shea lub oleju kokosowego*
- *3 łyżeczki żelu z aloesu*
- *3 krople witaminy E*
- *3 krople olejku lawendowego (jako konserwant)*

Węgiel, masło shea i żel z aloesu wkładam do miseczki i podgrzewam w kąpieli wodnej, dokładnie mieszając. Po połączeniu się składników i ostudzeniu substancji dodaję kilka kropli witaminy E i olejku lawendowego. Całość dokładnie mieszam i odstawiam do lodówki na noc, by masa stężała.

Tusz aplikuję, maczając w tuszu szczoteczkę i rozprowadzając go równomiernie na rzęsach. Tej samej substancji można też użyć jako eyelinera. Niewielką ilość mazi trzeba nabrać na cienki pędzelek i narysować kreski na powiekach. Dzięki użyciu masła shea tusz będzie bardziej trwały.

SKŁADNIKI

· *węgiel z 4 palonych migdałów*
· *4 łyżeczki gliceryny*
· *1 łyżeczka oleju rycynowego*

Do opalonych i drobno zmielonych migdałów dodaję glicerynę i dokładnie mieszam. Następnie dodaję łyżeczkę oleju rycynowego i mieszam, aż powstanie jednolita emulsja. Całość przekładam do pudełeczka z pokrywką, z którego łatwo będzie można aplikować tusz na rzęsy czy powieki.

Migdały są bogate w witaminę E i mają naturalne właściwości przeciwutleniające. **Gliceryna** działa nawilżająco i wspomaga wzrost włosów. **Olej rycynowy** wzmacnia i wydłuża rzęsy. Każdy ze składników najlepiej kupić w sklepie sprzedającym produkty na wagę, bez opakowań. Glicerynę łatwo znaleźć w szklanych buteleczkach w sklepach z surowcami kosmetycznymi, podobnie jak olej rycynowy.

Nie maluj się wcale!

Można też się wcale nie malować i być szczęśliwą. Z pewnością jest to najbardziej ekologiczne zachowanie z możliwych. Zyska na tym także skóra, której nie trzeba niczego oprócz odpowiedniej ilości snu, dotlenienia i delikatnego nawilżenia.

Niemalowanie się jest dla mnie kwintesencją kosmetycznego minimalizmu, do którego cały czas zmierzam. Jednak nadal bardziej komfortowo czuję się, gdy mam lekko podkreślone oko i podmalowane policzki. Nie chcę zupełnie zrezygnować z kolorówki, celuję jednak w takie kosmetyki, po których pozostanie jak najmniej odpadów, a jednocześnie będą dobrej jakości bez szkodliwych dla zdrowia składników. Czy nie tego powinniśmy chcieć?

Życie (prawie) bez makijażu

„Generalnie nie maluję się zbytnio, używam podkładu do twarzy, który kupiłam »kiedyś tam«. Ale podkreślam oczy. Do brwi używam – uwaga! – ołówka! Takiego zwykłego szkolnego ołówka, bo i tak mam szarawy ocień brwi, więc musiałabym kupować specjalną kredkę w nieco ciemniejszym odcieniu. A po co, jak ołówek i tak mam pod ręką.

Na powiekach czasem robię kreski i tu używam flamastra do kresek, który kupiłam dawno temu. Ale jak mam po prostu podkreślić kontur oka, to biorę kredkę, też taką zwykłą do rysowania, czarną albo brązową. Delikatnie ją zwilżam i maluję".

Julia Wizowska,
autorka bloga o upcyclingu „Na nowo śmieci"

„Nie lubię makijażu z kilku powodów:

1. Jak się zawsze malujesz, to wystarczy raz wyjść bez makijażu i wszyscy pytają, czy jesteś chora :-) Więc trzeba się malować codziennie, a to nie dla mnie, leniucha i miłośniczki wolności :-)
2. Makijaż trzeba zmywać, nieraz bardzo mozolnie... a więc... patrz punkt pierwszy.
3. Faceci się nie malują i są ładni, a kobiety muszą się malować, żeby być ładne?! O nie! Dla mnie to zniewolenie.
4. *Zero waste* daje mi dodatkowe alibi do niemalowania się. Ale przyznam, że puder w kamieniu mam i czasem go używam. Nie jest to kłopotliwe w użyciu ani w zmywaniu".

Kornelia Weronika Orwat,
autorka bloga o *zero waste* KorneliaOrwat.pl

„Aktualnie maluję się niewiele. Nie mam problemu, żeby wyjść do sklepu czy nawet na spotkanie towarzyskie bez makijażu. A jestem blondynką, więc o żadnej fajnej, ciemnej naturalnej oprawie oczu nie ma mowy.

Zdarzają się wyjścia, na które chcę być pomalowana, bo jednak pewien wygląd kojarzony jest z pewnym statusem społecznym, także kiedy występowałam jako właściciel biznesu na spotkaniach – malowałam się.

Mam też okresy, kiedy jednak i na co dzień chcę wyglądać »wyraźniej«. W takich okresach używam tuszu do rzęs (albo robię hennę u kosmetyczki), nieraz też korektora, cieni, kredki do oczu i różu [...].

Ciągle z tyłu głowy mam, że popularne kosmetyki do makijażu są niezdrowe [...]. Do tego makijaż z czasem może się psuć, osypywać, wałkować. Trzeba pamiętać, żeby jak najmniej dotykać twarzy, nie trzeć oczu i że lepiej nie popłakać się ze śmiechu. To nie jest wygodne!

A potem cały rytuał zmywania, bo wiesz, że powinnaś zmyć. Dokładnie. Masz wątpliwości, czy ten kosmetyk zmywający nie szkodzi skórze. Może wysusza? Słyszałaś, że przez tarcie oczu robisz sobie zmarszczki. Ale jak nie trzesz, to nie zmyjesz dokładnie, i też źle.

Teraz zmywam makijaż olejem kokosowym i bawełnianym, wielorazowym wacikiem, który oryginalnie był wielorazową wkładką laktacyjną (upcycling!)".

Ula, autorka bloga o minimalizmie „Pani Strzelec"

Demakijaż

Kto się pomalował, musi się i zmyć. Zgadzam się z Kornelią, że demakijaż to dość uciążliwa czynność, którą trzeba dołożyć do codziennej rutyny wieczornych ablucji w przypadku, gdy makijaż jest częścią każdego poranka. Standardowo używałam do tego celu kilku produktów, stosując się do porad z „Filipinki" i „Cosmo" czytanych od nastoletnich czasów. Pamiętam, jak starsza ode mnie kuzynka używała tylko wacików i kremu Nivea, tego najzwyklejszego, o formule niezmienionej od dziesięcioleci. Może był trochę tłusty i na początku bardziej rozmazywał makijaż, niż go zbierał, ale ostateczny efekt był taki, jak planowała: oko czyste, a skóra wokół niego nawilżona. Nie wiedzieć czemu ktoś potem wprowadził zasadę, że do demakijażu potrzeba czegoś więcej niż zwykłego kremu Nivea. W mojej łazience stało wiele produktów o przeznaczeniu ścierająco-myjąco-tonizującym: mleczko do demakijażu, dwufazowy płyn do demakijażu oczu, płyn micelarny, tonik, a do aplikacji tego wszystkiego potrzebowałam bawełnianych płatków. Jednorazowych, rzecz jasna.

Prawda jest taka, że rzadko który kosmetyk czy akcesorium pakowany jest w przyjazne środowisku pojemniki. Płatki kosmetyczne sprzedaje się w foliowych woreczkach, toniki i płyny micelarne – w plastikowych butelkach, podobnie jak żele do mycia i peelingi. O ile tylko płatki są w stu procentach bawełniane, można je kompostować. Jeśli nie, jest to kolejny jednorazowy produkt, który codziennie ląduje w pojemniku na odpady.

Typowy demakijaż nie ma wiele wspólnego z ekologią. Oto, co mogę zrobić (i już robię), by skutecznie oczyścić twarz, nie zanieczyszczając przy tym środowiska kolejnymi opakowaniami.

Po pierwsze, redukuję jednorazówki, a to, co mogę, zastępuję produktami wielorazowymi. Na przykład zamiast nasączać tonikiem płatek jednorazowy, **używam ściereczki** – może być bawełniana, muślinowa lub z mikrofibry. Moczę ją w gorącej wodzie i przykładam do twarzy. Warstwa sebum rozluźnia się pod wpływem ciepła i łatwiej ją usunąć. Do tego rytuału dodaję olej, najchętniej jojoba lub ze słodkich migdałów. Rozsmarowuję go na twarzy, w tym także na okolicach oczu, dokładnie powlekając olejem rzęsy pokryte tuszem, po czym wycieram twarz gorącą ściereczką. Potem jeszcze raz przemywam twarz wodą i wycieram do sucha ręcznikiem.

Kiedy nie stosuję rytuału olejowego oczyszczania całej twarzy, lecz muszę zmyć tylko makijaż oczu, używam wielorazowych płatków bawełnianych. Można je kupić w ekologicznych drogeriach albo zrobić w domu. Wystarczy pociąć cieńszy ręcznik na małe kawałki – okrągłe lub kwadratowe, następnie obszyć je na maszynie i płatki gotowe. Zamiast tkaniny typu frotté można się posłużyć grubszą bawełną, muślinem czy flanelą. Ważne, by materiał dobrze oczyszczał twarz z zabrudzeń.

Demakijaż olejami

Oczyszczanie twarzy olejami (zwane również OCM – ang. *oil cleansing method*) może zrównoważyć poziom wydzielanego sebum, mimo że myślisz o oleju jako o tłustej substancji, której lepiej używać w kuchni. To błąd! **Spróbuj choćby na tydzień zrezygnować z drogeryjnych preparatów, wybierz olej dobrany odpowiednio do twojej cery** (zob. s. 158) **i myj nim twarz raz dziennie, najlepiej wieczorem** w następujący sposób. Wmasuj olej w skórę twarzy, poczekaj minutę, dwie, aż rozpuści makijaż, następnie przyłóż do twarzy ściereczkę nawilżoną gorącą wodą i odczekaj kilka chwil. Dzięki wysokiej temperaturze pory się rozszerzą i będzie można dokładniej usunąć zanieczyszczenia. Wytrzyj dokładnie twarz ściereczką, następnie wypłucz ją i jeszcze dwa–trzy razy powtórz całą operację (przyłóż ściereczkę do twarzy, przytrzymaj, wytrzyj nią twarz i wypłucz). Na koniec wypłucz ściereczkę w zimnej wodzie i jeszcze raz przyłóż ją do twarzy – tym razem by zamknąć rozszerzone pory.

Do oczyszczania metodą OCM można użyć jednego oleju lub mieszanki kilku dobranych do indywidualnych potrzeb. Przy cerze trądzikowej warto do mieszanki dodać około pięciu kropli olejku z drzewa herbacianego.

Poza ujędrnieniem, nawilżeniem i ukojeniem wrażliwych miejsc powinnaś też uzyskać efekt olśnienia, że do demakijażu nie potrzebujesz kilku drogeryjnych kosmetyków, a co za tym idzie – kilku plastikowych butelek, w które są pakowane. Mądre wybory kosmetyczne służą nie tylko twojej skórze, ale i środowisku.

Dwufazowy płyn do demakijażu

SKŁADNIKI

- *200 ml hydrolatu lub ziołowego naparu*
- *20 ml oleju (na przykład rycynowego, migdałowego lub oliwy z oliwek)*

Hydrolat i olej wlewam do wyparzonej i wysterylizowanej buteleczki. Zakręcam i potrząsam przed każdym użyciem, by olej wymieszał się z fazą wodną. Używam go do demakijażu oczu, zwilżając nim płatek wielorazowy i pocierając delikatnie powieki i rzęsy.

Włosy

Mycie

Przyznam szczerze: mycie włosów zgodne z zasadami *zero waste* nie jest łatwe, przynajmniej dla mnie. Moje włosy wymagają specjalnego traktowania i jestem pewna, że ty o swoich myślisz dokładnie w ten sam sposób. Kto chce JAKOŚ wyglądać, może zadowolić się myciem ich raz na tydzień przy użyciu samej wody. Kto chce DOBRZE wyglądać, będzie się starać, by fryzura była lekka, świeża i błyszcząca. Czyste włosy, podobnie jak zadbane dłonie, są naszą wizytówką. Rozumiem, że można się przyzwyczaić do rzadszego mycia i dzięki temu oszczędzić na wodzie i środkach myjących. Znam osoby pracujące w domu, którzy nie zawsze muszą wyglądać jak przysłowiowe tysiąc dolarów, więc wystarczy im zachowanie kilku podstawowych zasad higieny. Dla mnie jednak, jako osoby chodzącej codziennie do biura, mającej kontakt z wieloma różnymi osobami, od kolegów i koleżanek z zespołu po dyrektorów i zarząd, zadbany wygląd jest bardzo ważny. Ciężko mi przymknąć oko na posklejane w strąki włosy. Nie czuję się komfortowo ze swędzącą skórą głowy. Źle mi, gdy zamiast nosić rozpuszczone włosy, muszę tłuste pukle związywać w ciasny koczek.

Kiedyś stosowałam drogeryjne szampony i odżywki, potem przeszłam przez etap mycia włosów szamponami bez SLS-ów i parabenów, jednak te kosmetyki nie spełniają wymogów życia w stylu *zero waste* (wszystkie są sprzedawane w plastikowych opakowaniach, które rzadko kiedy ponownie się wykorzystuje).

Postawiłam więc znaleźć bezodpadowy środek do mycia i pielęgnacji włosów – taki, który dobrze wpływałby na skórę głowy, nie wysuszał ani nie przetłuszczał włosów oraz pomagał w rozczesywaniu, bym przy okazji mogła zrezygnować z odżywki. Wypróbowałam różne patenty na mycie włosów. Każdy z nich opisałam poniżej, zaznaczam jednak, że to, co dla mnie jest niewypałem, u ciebie może się sprawdzić. Sama mam średnio długie włosy zmęczone rozjaśnianiem i ze skłonnością do przetłuszczania. Są proste i sztywne, bywają łamliwe.

Oto kombinacje produktów, które przetestowałam.

Mydło marsylskie

Mydłem marsylskim myłam całe ciało, dlatego spróbowałam też użyć go do włosów. W trakcie mycia nie sprawiało problemów, pieniło się, ale potem skóra głowy była zbyt sucha. Miałam wrażenie, że gdy przejadę palcem po skalpie, będzie piszczeć jak talerz po umyciu detergentem. Włosy plątały się i były przesuszone.

Po kolejnym myciu zastosowałam płukankę z octem jabłkowym – rozczesywanie poszło lepiej, włosy były bardziej błyszczące, ale nadal zbyt suche. Mydło marsylskie się u mnie nie sprawdziło.

Mydło marsylskie i siemię lniane

Na poznańskim spotkaniu bezodpadowców usłyszałam, że do płukania włosów warto użyć siemienia lnianego. Rozgotowałam więc nasiona, zaś kolejnego dnia włosy standardowo umyłam mydłem, a potem polałam rozklejonym siemieniem i wmasowałam je w skórę głowy. Włosy o wiele lepiej się rozczesywały, były nawilżone, ale nie tłuste.

Wadą tej metody był fakt, że resztki siemienia znajdowałam we włosach jeszcze w trakcie dnia. Poza tym po wysuszeniu włosy były... sztywne. (Siemię lniane można stosować jako naturalny żel do włosów, stąd ten efekt – więcej zob. s. 194).

Niemniej jednak włosy po siemieniu dłużej utrzymują świeżość! Następny raz umyłam je dopiero po trzech dniach, bo wcześniej nie było potrzeby.

Soda oczyszczona i ocet

Oba produkty są w stu procentach naturalne, łatwo osiągalne i tanie. **Soda ma odczyn zasadowy**, zmywa tłuszcz i zanieczyszczenia z włosów. **Ocet jest kwaśny**, przywraca naturalne pH skóry głowy, zamyka łuskę włosa i nabłyszcza. Soda myje, ale się nie pieni, więc trzeba się do niej przyzwyczaić. Najlepiej zmieszać łyżkę sody ze szklanką wody, wlać do butelki po szamponie i z niej dozować specyfik. Z octu robi się płukankę w proporcjach łyżka octu na pół litra wody. Ja zdecydowałam się go użyć o wiele więcej, bo mam rewelacyjny domowy ocet na bazie miodu.

O ile nie splączę włosów w trakcie mycia, łatwo się rozczesują, a po wysuszeniu są lśniące i czyste. Co ważne, długo zachowują świeżość, kolejny raz mogę je myć nawet po trzech dniach.

Sporą wadą jest fakt, że soda się nie pieni, a ocet też działa inaczej niż zwykła odżywka – do mycia bez sztucznych substancji myjących trzeba się przyzwyczaić.

By lepiej nawilżyć włosy, postanowiłam najpierw nakładać domową **odżywkę z oliwy z oliwek** (zob. s. 193) i dopiero potem myć włosy sodą, czyli odwrócić standardową kolejność mycia i odżywiania. Moja mikstura jest dosyć tłusta, ale zastosowana przed myciem dała odpowiednie efekty. Włosy nie rozczesywały się najlepiej, jednak były lśniące, nietłuste i dobrze się układały. Kolejny raz umyłam je po dwóch dniach.

Podsumowując, **najlepiej sprawdza się u mnie następujący sposób mycia**:

1. nałożenie odżywki na bazie oleju (oliwy z oliwek lub oleju kokosowego) raz na kilka tygodni,
2. mycie roztworem sody oczyszczonej,
3. zastosowanie płukanki z octu jabłkowego zrobionego na miodzie.

Mycie włosów mąką żytnią

Mąka żytnia usuwa sebum ze skóry głowy, skutecznie myje, ale nie przesusza włosów i nie utrudnia ich rozczesywania. Dobrze sobie radzi ze zmywaniem olejowych odżywek zastosowanych przed myciem. Na dodatek dzięki niej włosy są dłużej świeże. Warto spróbować.

Mąka żytnia i ja

Znam dziewczyny, które myją włosy mąką żytnią przez długie miesiące i zachwalają ten sposób. Moja doświadczenia są jednak nieco inne.

Zazwyczaj kupuję mąkę razową typu 2000. Postanowiłam więc umyć nią włosy, w myśl zasady: wykorzystaj najpierw to, co już masz. Masowanie głowy poszło gładko, potem odczekałam kilka chwil, żeby mąka zebrała tłuszcz. Przy spłukiwaniu zaczęły się problemy. Okazało się, że ciężko się pozbyć grubszych części żyta, które utknęły przy skórze! Płukałam długo, zastosowałam też roztwór wody i octu, ale nic nie pomagało. Pomyślałam, że w trakcie suszenia na pewno wszystko zostanie wywiane. Nieco ponad kwadrans później włosy były suche, a skalp – nadal w żytnich drobinkach – niemiłosiernie swędział. Próbowałam je jeszcze wyczesywać gęstą szczotką, ale ostatecznie poległam. Z braku czasu musiałam pójść do pracy z ziarnem na głowie. W trakcie dnia wydrapywałam je nieświadomie, bo skóra cały czas mnie swędziała. Ktoś mógłby pomyśleć, że mam łupież – musiałam się wytłumaczyć kolegom z białego proszku na ramionach marynarki. Mieli ze mnie niezły ubaw jeszcze przez kolejnych kilka dni. A ja mam nauczkę, żeby nigdy więcej do mycia włosów nie stosować mąki razowej!

Mąka z ciecierzycy

Mąką z ciecierzycy również można myć włosy (i twarz), gdyż idealnie pochłania sebum ze skóry. Wystarczy dwie łyżki mąki zmieszać z niewielką ilością wody, wymasować taką masą skórę głowy i włosy, a potem dokładnie spłukać.

Glinka biała (kaolin)

Włosy można umyć też białą glinką. Jest to naturalny produkt zbierający sebum ze skóry, bogaty w odżywcze minerały, który nie tylko oczyszcza, ale też nawilża. Glinkę należy wmasować w suchą skórę głowy, poczekać 2–3 minuty, aż zaabsorbuje sebum, a następnie spłukać ciepłą wodą. Niektórzy skarżą się, że glinka zbyt mocno matowi włosy. Aby tego uniknąć, warto do niej dodać odrobinę gliceryny, przepłukać włosy naparem z lipy albo wodą z odrobiną octu jabłkowego.

Mąka ziemniaczana

Skrobia ziemniaczana sprawdza się nie tylko jako puder do twarzy, ale też jako **suchy szampon**. Wystarczy wmasować ją w skórę głowy, pochylając się nad umywalką lub wanną, żeby nie zabrudzić całej łazienki, poczekać kilka minut, a następnie wyczesać mąkę szczotką. Włosy będą odświeżone, a efekt powinien się utrzymać przez cały dzień. Skrobia ziemniaczana wprawdzie nie pochłania sebum, ale matowi tłusty połysk.

Moje ulubione manufaktury
- Magda Prószyńska
- Trawiaste
- Alchemia Lasu
- Ministerstwo Dobrego Mydła
- Mydlarnia Cztery Szpaki
- Klaudyna Hebda

Odżywianie

Domowe sposoby odżywiania włosów znane są od dziesięcio-, a nawet stuleci. Już nasze babki wiedziały, że żółtko czyni włosy jedwabistymi, a zioła mogą zaradzić różnym kłopotom. Bardzo cenię działanie naturalnych specyfików, a także bezodpadowość takich domowych rozwiązań. Opisy najlepszych według mnie odżywek do włosów znajdziesz poniżej. Warto je stosować raz na jakiś czas, by nie „przekarmić" włosów odżywczymi składnikami. Jeśli zaczynasz swoją przygodę z odżywkami na bazie naturalnych olejów, lepiej wybadać, jaki jest najlepszy dla twoich włosów, i na początku nie nakładać odżywki na skórę głowy. Efekty stosowania naturalnych kosmetyków widoczne są po miesiącu–dwóch.

Odżywka z oleju rycynowego i żółtka

SKŁADNIKI

- *2 łyżki oleju rycynowego*
- *1 świeże żółtko*

Olej i żółtko roztrzepuję widelcem, aż się połączą, następnie nakładam równomiernie na włosy i obwiązuję głowę ręcznikiem. Po 20 minutach myję włosy szamponem, można też użyć mąki żytniej lub swojego ulubionego specyfiku. Czasem do zmycia odżywki na bazie oleju potrzebne są dwa mycia.

Olej rycynowy nabłyszcza włosy, a **żółtko** dostarcza im cennych protein i witamin.

Odżywka z oleju słonecznikowego i miodu

SKŁADNIKI

- *2 łyżki oleju słonecznikowego*
- *1 łyżka miodu*
- *2 krople tymiankowego olejku eterycznego*

W miseczce łączę olej z miodem. Po uzyskaniu jednolitej konsystencji nakładam odżywkę na włosy, wmasowuję i obwiązuję głowę ręcznikiem. Po 20 minutach myję włosy szamponem raz lub dwa razy, w zależności od potrzeb.

Taka odżywka będzie odpowiednia do włosów normalnych z tendencją do przetłuszczania się.

Odżywka z oliwy z oliwek i miodu

SKŁADNIKI

- 2 łyżki oliwy z oliwek lub oleju kokosowego
- 1 łyżka miodu

Mieszam oliwę (lub olej) z miodem, otrzymaną odżywkę nakładam na włosy i obwiązuję głowę ręcznikiem. Po 15 minutach zmywam. Włosy powinny być odżywione i nawilżone.

Miód ma także działanie lekko rozjaśniające.

Płukanki ziołowe i wcierki

Ziołowe płukanki i wcierki mają zbawienny wpływ na skórę głowy i włosy. Zioła najlepiej zbierać samemu lub zaopatrywać się w nie w sklepach zielarskich. Trzeba jednak uważać, by nie przedobrzyć z płukankami, bo zioła w nadmiarze mogą nie tylko nie pomóc, ale wręcz zaszkodzić.

Jakie zioła dla jakich włosów:

- włosy przetłuszczające się lubią rozmaryn, szałwię, pokrzywę, bluszcz i skrzyp polny,
- włosy suche – lipę, siemię lniane, rumianek[20].

---

20 Więcej informacji o zastosowaniu ziół w pielęgnacji włosów można znaleźć w książce Klaudyny Hebdy *Ziołowy zakątek*.

Stylizacja

Zamiast żelu do włosów w plastikowym pudełku czy lakieru w aluminiowym opakowaniu lepiej użyć samorobionego żelu z siemienia lnianego. Jeśli kupisz nasiona w sklepie z produktami na wagę, twój specyfik do stylizacji nie przyczyni się do generowania odpadów.

Naturalny żel do stylizacji

SKŁADNIKI

· *1 łyżka siemienia lnianego*
· *100 ml wody*

Gotuję siemię przez mniej więcej 15 minut, aż całkowicie się rozklei. Po ostygnięciu przelewam je do słoiczka przez sitko, by oddzielić łuski nasion od galaretowatego płynu. Żel można nakładać na wilgotne włosy przed modelowaniem. Świetnie utrwala fryzurę, przy okazji nawilżając i chroniąc łuskę włosa.

Zęby

Mycie

Nasza rodzina zużywa dwie tubki pasty każdego miesiąca: jedną dla dorosłych, drugą dla dzieci. Pasta dla dorosłych, oprócz fluoru i krzemionki, zawiera również: SLS-y, PEG-9 i sztuczne aromaty, których unikam w kosmetykach do pielęgnacji ciała. Niekorzystny skład mają również pasty do zębów dla dzieci, które skutkiem tego połykają SLS-y! Połykają dosłownie, bo moje maluchy nie zawsze rozumieją, że pastę należy wypluć. Można im tłumaczyć, że to niezdrowe („To dlaczego myjemy nią zęby »dla zdrowia«?""). Mogę mówić, że mimo słodkiego smaku pasta nie jest do jedzenia („To po co jest słodka i ma cukierkowy kolor?""). Nadal część pasty leci do przełyku, a w umywalce ląduje niewielka resztka piany. Mogę mieć tylko nadzieję, że sztuczne składniki wylecą z maluchów równie szybko, jak wleciały. Wątroba i nerki mają jednak ograniczone możliwości filtrowania toksyn.

Fluor i szczoteczka

Fluor to składnik mineralny używany w pastach do zębów o działaniu przeciwpróchniczym. Nie jest jednak niezbędny: w USA przeprowadzono badania, w których wykazano, że dzieci z grupy nieobjętej fluoryzacją miały zęby tak samo zdrowe jak te, które poddano temu zabiegowi. Okazuje się również, że fluor służy zębom do około dwudziestego roku życia. Potem lepiej z niego zrezygnować. Jeśli zostanie przedawkowany, może zaburzać funkcjonowanie ludzkiego ciała i umysłu.

Skonsultowałam te informacje z moją stomatolog i okazuje się, że wystarczy prawidłowe szczotkowanie materiałem lekko ścierającym i delikatnie mineralizującym, by zęby były czyste i zdrowe. To nie pasta jest najważniejsza, ale sama szczoteczka i sposób, w jaki jej używamy.

Po analizie składów preparatów do mycia zębów postanowiłam rozpocząć domową rewolucję pastową i zrobić własny specyfik. Dzięki lekturze źródeł internetowych, wzięciu udziału w warsztatach kosmetycznych i konsultacjach ze stomatolog (częściowo przed zrobieniem własnej pasty, częściowo już po) zdobyłam sporą wiedzę o domowych sposobach na czyszczenie zębów.

Jest kilka zasad, którymi warto się kierować przy wyrobie własnego specyfiku do mycia zębów.

1. Pasta nie może szkodzić. Unikanie szkodliwych składników to moja główna motywacja do zmiany, więc domowy środek również nie powinien negatywnie wpływać na zdrowie.

2. Pasta musi być łatwa do zrobienia, z powszechnie dostępnych składników. Dlatego musiałam wyeliminować kilka ciekawych, ale trudno dostępnych ziół, które widziałam na warsztatach kosmetycznych.

3. Pasta musi być przyjemna w smaku, a przynajmniej nie odrzucać. Mycie zębów to jedna z podstawowych czynności higienicznych, nie może więc stać się torturą.

4. Pasta musi mieć dobroczynny wpływ na szkliwo zębów i delikatne dziąsła. Do tej pory miałam problem z wrażliwymi szyjkami zębów. Szczotkowanie często kończyło się nieprzyjemnościami, na temat których wolę się nie rozwodzić. Moja pasta miała dbać o zdrowie jamy ustnej, nie podrażniając jej i tak już nadwerężonych części.

5. Pasta ma odświeżać oddech. Taki jest cel mycia zębów – ma chronić zęby i dziąsła przed chorobami, ale też czynić oddech przyjemnym dla nas samych i otoczenia. Tyle.

Oto warunki, które miały spełnić „alternatywne" środki do mycia zębów. A teraz kolej na testowane specyfiki.

Olej kokosowy

Olej kokosowy ma działanie antybakteryjne. Ssanie oleju jest dawną ajurwedyjską metodą na „wyciąganie" bakterii z organizmu, szczególnie pomocną w nawracających zapaleniach górnych dróg oddechowych, zapaleniu zatok, przy częstym katarze i anginach. **Ssanie oleju** rano przed jedzeniem i wieczorem przed snem przez około 5 minut pozwala zachować zdrowie nie tylko jamy ustnej.

Podobnie działa **mycie zębów olejem kokosowym**. Wystarczy nabrać szczoteczką odpowiednią ilość białej substancji i umyć nią zęby tak jak pastą do zębów. Osobiście uwielbiam smak i zapach oleju kokosowego, dlatego dla mnie jest to bardzo przyjemny sposób dbania o zęby. Korzystają również dziąsła, bo olej jest delikatny i chroni wrażliwe szyjki zębowe przed uszkodzeniami.

Tym, którzy nie cierpią smaku oleju lub często jadają mocno doprawione potrawy, polecam dodać kilka kropli olejku miętowego. Dzięki niemu oddech zyska na świeżości.

Zalety: działanie antybakteryjne, łatwa dostępność, przyjemny smak (odczucie moje własne, czyli subiektywne), łagodne działanie na dziąsła, szklane opakowanie: słoik, który można wykorzystać ponownie.

Wady: tłusty film, który pozostaje na umywalce. Można go oczywiście zmyć mydłem i gąbką, ale jeśli uznacie to za zbyt uciążliwe, być może lepiej zacząć stosować inny środek do czyszczenia zębów.

Biała glinka (kaolin)

Biała glinka zawiera mnóstwo witamin i minerałów. W odróżnieniu od glinki zielonej i czerwonej, ta polecana jest do cery wrażliwej, naczynkowej, suchej, ze skłonnością do alergii. Tak, tak, glinka jest doskonałym surowcem do wykonywania domowej roboty maseczek oczyszczająco-nawilżających do twarzy, a także do mycia włosów, o czym pisałam wcześniej (zob. s. 190).

W jej składzie znajdziemy krzemionkę, sole mineralne, mikroelementy i tlenek glinu, który ma lekkie działanie ściągające. Obok nich biała glinka zawiera tlenki żelaza, magnezu, sodu, wapnia, potasu, tytanu i manganu.

Glinka występuje w postaci bardzo drobno zmielonego proszku, dzięki czemu w roli specyfiku do mycia zębów jest delikatna dla szkliwa i dziąseł, a jednocześnie wykazuje świetne właściwości myjące. W skali 0–100 uzyskała wynik 98[21], co oznacza, że czyści naprawdę nieźle!

Jak używam glinki do mycia zębów? Na jeden raz odmierzam pół łyżeczki glinki, dodaję do niej jedną kroplę olejku eterycznego z mięty pieprzowej (może być też olejek eukaliptusowy lub goździkowy) oraz kilka kropli wody. Składniki te mieszam na papkę i nakładam na szczoteczkę. Zęby są dobrze oczyszczone dzięki właściwościom krzemionki i wzmocnione minerałami z glinki. Świeżość oddechu zapewniają olejki eteryczne, które mają też działanie antybakteryjne.

Taka metoda dobra jest na początek, by wypróbować, czy glinka ci służy. Jeśli się okaże, że tak, warto wykorzystać całe opakowanie jako **proszek do mycia zębów**. Do 150 gramów glinki dodaję od sześciu do ośmiu kropli olejku miętowego (takiego o przeznaczeniu spożywczym), zakręcam słoiczek i mieszam zawartość, potrząsając nim. Dzięki temu oszczędzam olejek – jest bardzo intensywny w smaku i nawet jedna kropla na jedno mycie może być za dużą ilością. Moje dzieci mówią, że „piecze".

Zalety: skuteczne mycie zębów, naturalna mineralizacja, lekkie odświeżenie (przy użyciu olejku miętowego).

Wady: jest to proszek, więc dla osób przyzwyczajonych do pasty jego użycie może być początkowo mniej komfortowe.

Mieszanka glinki i sody oczyszczonej

Soda oczyszczona jest składnikiem wielu past wybielających. Jej właściwości ścierne nie są jednak aż tak duże, jakby się wydawało. Niektórzy boją się, że użycie czystej sody zniszczy szkliwo zębów albo podrażni dziąsła. Nie powinno się to zdarzyć, jeśli

---

21 *What's the Safest and Most Effective Abrasive for Naturally Whiter Teeth?*, OraWellness.com, www.orawellness.com/whats-the-safest-and-most-effective- -abrasive-for-naturally-whiter-teeth (dostęp: 24 maja 2017).

zęby myje się delikatnie i gdy nie ma się odkrytych szyjek zębowych. Jeśli ktoś nie może się powstrzymać i dociska szczoteczkę z całej siły, lepiej byłoby przestać używać czystej sody i stosować ją jako dodatek do glinki lub oleju kokosowego albo obu tych rzeczy naraz.

Na zęby korzystnie wpływa też zasadowość sody. Jej pH równe 8,3 sprawia, że zmienia się kwasowość jamy ustnej na niesprzyjającą namnażaniu bakterii.

Mieszanka 100 gramów glinki białej, dwóch–trzech łyżeczek sody oczyszczonej i sześciu–ośmiu kropli olejku miętowego jest moim ulubionym i najczęściej stosowanym środkiem do mycia zębów.

Do proszku zamiast pasty można się przyzwyczaić, podobnie jak do tego, że podczas mycia nie ma się w ustach piany. Moje dziąsła dawno nie były tak dobrze traktowane, nawet wtedy, gdy używałam past do zębów wrażliwych.

Zalety: proszek łączy myjące działanie glinki i zasadowość sody, działa odświeżająco, mineralizuje zęby.

Wady: w przypadku osób mocno szczotkujących zęby proszek może się okazać zbyt agresywny dla szkliwa i dziąseł.

Sodę oczyszczoną zawsze mam w domu w dużych, kilogramowych słoikach kupowanych w sklepie ekologicznym. Glinkę również można dostać w dużych pudełkach, choć na szklane opakowanie jeszcze nie trafiłam.

Pasta z oleju i ksylitolu

Dla bardziej wymagających mam dość prosty przepis na domową pastę do zębów, którą można zrobić na bazie oleju kokosowego i kilku innych składników łatwych do znalezienia w kuchni.

Zalety: słodko smakuje, ma bogaty skład, czyli działa kompleksowo, odświeża oddech, ma konsystencję pasty (dzięki olejowi kokosowemu).

Wady: proces przygotowania jest bardziej skomplikowany niż w przypadku przygotowania proszku, pasta tłuści umywalkę.

Taką pastą myję zęby sama i motywuję całą rodzinę, by z niej korzystała. Może nie pachnie malinami i nie ma różowego koloru, za to jest zdrowa, bez SLS-ów i parabenów. A co najważniejsze, nie zawiera fluoru i jest bezpieczna dla zdrowia.

Moje dzieci zdecydowanie najbardziej przekonuje ten typ specyfiku do mycia zębów – bo jest pastą, bo jest słodki i ładnie pachnie. Nie korzystają z niej jednak tak chętnie jak z pasty drogeryjnej, bo się nie pieni. A mój mąż, cóż... nadal woli pastę ze sklepu zamkniętą w tubce.

Domowa pasta do zębów z oleju i ksylitolu

SKŁADNIKI

- *100 g oleju kokosowego (najlepiej nierafinowanego)*
- *2 łyżeczki ksylitolu*
- *2 łyżeczki sody oczyszczonej*
- *2 łyżeczki glinki białej (kaolin)*
- *6–8 kropli olejku miętowego lub eukaliptusowego*

Około 100 gramów oleju kokosowego przekładam do rondelka, zlewki lub zwykłego słoika i podgrzewam go w kąpieli wodnej. Olej musi się rozpuścić, ale **nie powinien osiągać zbyt wysokiej temperatury**, bo utraci swoje właściwości i przywrócenie go do stałej postaci przysporzy nam wielu problemów. Do oleju dodaję sodę oczyszczoną i ksylitol. Soda ma lekko słonawy posmak, który idealnie zrównoważy brzozową słodycz. Ksylitol ma dodatkowo działanie oczyszczające i wzmacniające zęby. Jest to słodzidło, które jako jedno z niewielu nie szkodzi zębom, ale im pomaga. **Ksylitol warto wcześniej zmielić w młynku albo rozdrobnić w moździerzu, by łatwiej się zmieszał z pozostałymi składnikami pasty.**

Po rozpuszczeniu ksylitolu w oleju kokosowym dodaję do nich glinkę. Gdy pasta ostygnie do około 40 stopni Celsjusza, można dolać też ulubiony olejek eteryczny; w moim przypadku jest to olejek z mięty pieprzowej.

Na koniec pastę należy przelać do słoiczka i zostawić do ostygnięcia i zestalenia.

Inne bezodpadowe patenty

Do mycia zębów można wykorzystać także inne naturalne i bezodpadowe specyfiki. Oto niektóre z nich:

- olej kokosowy i węgiel aktywowany,
- kurkuma,
- mydło z Aleppo,
- czarne mydło z węglem,
- miswak, czyli gałązka drzewa arakowego o wyjątkowym, czyszczącym działaniu.

Naturalne dwa w jednym

Miswak to gałązka rosnącego w Afryce drzewa arakowego (*Salvadora persica*), której używa się jako naturalnej szczoteczki do zębów. Z końca gałązki nożem zdejmuje się korę (wystarczy mniej więcej centymetr) i tak przygotowaną końcówkę przeżuwa się w ustach, by rozwarstwić delikatne włókna. Powstałą szczoteczką czyści się zęby przez około 5 minut. Miswak może się z początku wydawać nieco ostry, przypomina w smaku chrzan, ale po kilku użyciach to wrażenie mija, a za to można się cieszyć efektem odświeżenia.

Dzięki składnikom naturalnie występującym w gałązkach drzewa arakowego miswak nie tylko czyści zęby, ale ma też działanie antybakteryjnie i przeciwzapalnie oraz wybiela i remineralizuje szkliwo. Stosując miswak, nie trzeba dodatkowo używać pasty do zębów – zawarta w nim naturalna krzemionka delikatnie ściera osad i lekkie przebarwienia.

Gałązka jest w pełni naturalna, więc po zużyciu jej resztkę można kompostować.

Odświeżanie i nitkowanie

Mycie zębów to główna i najważniejsza część dbania o piękny uśmiech. Chcąc zrobić dla nich coś więcej, można stworzyć własny płyn do płukania zębów i trochę inaczej podejść do nitkowania.

Odświeżający płyn do płukania jamy ustnej

SKŁADNIKI

- 200 ml przegotowanej i wystudzonej wody
- 5 kropli olejku z mięty pieprzowej
- 5 kropli olejku tymiankowego
- 3 krople olejku cytrynowego

Wszystkie składniki mieszam i przelewam do buteleczki. Olejek z mięty pieprzowej odświeża oddech, olejek tymiankowy działa antybakteryjnie i antyseptycznie, a olejek cytrynowy – delikatnie wybielająco i odświeżająco. Usta należy płukać niewielką ilością płynu.

Do bezodpadowego **nitkowania** nie potrzeba niczego poza... nitką! Wystarczy zwykła cienka nić ze sklepu pasmanteryjnego lub nitka wyciągnięta z aptecznej gazy czy bandaża.

Na rynku istnieją też jedwabne nitki dentystyczne zapakowane w szklaną tubkę. Nie widziałam ich w Polsce, ale będąc w Niemczech lub Czechach, można się postarać je odnaleźć w jednym z bezodpadowych sklepów. Produkuje je niemiecka marka Vömel.

Ciało

Mydło w kostce jest równoprawnym zamiennikiem żelu pod prysznic występującego w plastikowej butelce. Odkąd zainteresowałam się naturalnymi i bezodpadowymi sposobami na mycie ciała, postanowiłam nauczyć się robić mydło w domu. Z początku cały proces wydawał mi się bardzo skomplikowany, ale po pierwszej próbie ośmieliłam się i zaczęłam się w to bawić częściej. Zawsze mamy kilka kostek domowego mydła w zapasie, jest ono też świetnym – bo wykonanym własnoręcznie! – prezentem dla najbliższych.

Jak powstaje mydło

Mydło powstaje w procesie zmydlania, czyli saponifikacji substancji mocno zasadowych z kwasowymi. Najczęściej używanymi **ługami** przy produkcji mydła są wodorotlenek sodu i wodorotlenek potasu. Pierwszy posłuży do stworzenia mydła w kostce, drugi – do mydła w płynie/kremie. Mydło w kostce po wyschnięciu jest trwalsze i ma wiele zastosowań. Sama też takie robię. Mydło potasowe – często zwane gospodarczym – ma swoje zastosowanie przy wyrobie środków czyszczących, między innymi proszku do prania, płynu do mycia naczyń czy pasty do czyszczenia łazienki. Kolejny rodzaj substancji chemicznej niezbędnej do wytworzenia mydła to **kwasy tłuszczowe**. Są one głównym składnikiem olejów roślinnych i tłuszczów zwierzęcych. W wyniku saponifikacji substancji zasadowej z kwasową wytwarza się również **gliceryna**. To substancja, która pomaga zatrzymać wodę pod warstwą naskórka, dzięki czemu nawilża i wygładza skórę.

Wyrób mydła nie jest bardzo skomplikowanym procesem, ale należy poznać kilka zasad, które posłużą jako podstawa do domowej produkcji.

1. Przy manufakturze mydła mamy do czynienia z substancjami chemicznymi o działaniu żrącym, dlatego trzeba zachować odpowiednie środki ostrożności – jak w laboratorium: założyć gumowe rękawice, okulary ochronne, bluzkę z długim rękawem, fartuch, uchylić okno, tak by opary wodorotlenku sodu nie zaszkodziły.

2. Proporcje trzeba odpowiednio dopasować do rodzajów używanych olejów – każdy ma inne właściwości. Najlepiej do wyliczenia ilości składników użyć kalkulatora mydlanego[22] lub już gotowych, sprawdzonych przepisów.

3. Mydło może mieć różny poziom przetłuszczenia, czyli poziom tłuszczów niezmydlonych, które wpływają na lepsze nawilżenie skóry podczas mycia. Najczęściej stosuje się poziom 5 procent, ale wszystko zależy od celu, do jakiego mydło ma służyć. Na przykład mydło do mycia włosów powinno się wyróżniać bardzo niskim lub nawet zerowym przetłuszczeniem, a mydło do skóry bardzo suchej – dziesięcio- czy dwudziestoprocentowym przetłuszczeniem.

4. Mydło sodowe nie nadaje się do użycia zaraz po wykonaniu. Ma właściwości żrące i musi odczekać zazwyczaj od czterech do sześciu tygodni, by osiągnąć odpowiednie pH (7–9,5 procent). Musi też dobrze wyschnąć i osiągnąć odpowiednią trwałość.

---

22 Można użyć jednego z kalkulatorów dostępnych w internecie, na przykład na stronie www.thesoapcalculator.com.

Gotowych przepisów na mydła jest w sieci mnóstwo. Sama korzystam z receptur z książki Klaudyny Hebdy oraz z bloga Doroty Czopyk „EkoEksperymenty".

Mydło cynamonowo-świerkowe

SKŁADNIKI

- *270 g oliwy z oliwek*
- *250 g oleju kokosowego*
- *60 g oleju awokado*
- *50 g oleju jojoba*
- *50 g oleju migdałowego*
- *258,4 g wody*
- *96,8 g wodorotlenku sodu*
- *10 kropli olejku z kory cynamonu*
- *10 kropli olejku świerkowego*

Zabezpieczam się odzieżą ochronną, wkładam rękawiczki, maskę na oczy i usta. Otwieram okno, by nie wdychać oparów NaOH.

Oleje przelewam do miski i podgrzewam w kąpieli wodnej do około 58 stopni Celsjusza, mieszam je, tak by się stopiły i połączyły.

Do drugiej miski wlewam wodę, dosypuję wodorotlenek sodu. Przy łączeniu wodorotlenku sodu z wodą substancja bardzo się podgrzewa, trzeba uważać, by się nie poparzyć.

Wkładam miskę z wodnym roztworem wodorotlenku do zimnej kąpieli wodnej. Oleje studzę do około 40 stopni Celsjusza.

Gdy obie substancje osiągną podobną temperaturę, wlewam fazę wodną do tłuszczowej i od razu zaczynam blendować pulsacyjnie na średnich obrotach. Gdy masa stanie się jednolita i ma konsystencję gęstego budyniu, przelewam ją do formy lub mniejszych foremek. Odstawiam na dwa dni, by stwardniała.

Po tym czasie wyjmuję mydło z formy i kroję ostrym nożem. W przypadku mydła w małych foremkach wyjmuję je i układam kostki w przewiewnym miejscu do wyschnięcia. Po czterech tygodniach leżakowania mydło będzie gotowe do użytku.

W robieniu mydła genialne jest to, że do jego produkcji można wykorzystać akurat te oleje, które mamy w kuchni, a do mydła gospodarczego nawet resztki olejów po smażeniu.

Higiena intymna

Każda kobieta w wieku rozrodczym podczas miesiączki zużywa średnio cztery jednorazowe podpaski dziennie. Podczas krwawienia trwającego przeciętnie pięć dni w koszu na odpady zmieszane ląduje więc około dwudziestu podpasek. W ciągu życia kobieta ma okres średnio 350–450 razy i zużyje w tym czasie 5–15 tysięcy tamponów i podpasek, co daje około 130 kilogramów produktów do higieny intymnej[23].

Są to odpady, których żaden zakład zajmujący się recyclingiem nie jest w stanie oczyścić i przetworzyć. Podpaski składają się z bawełnianego wkładu, celulozy i/lub porowatej folii zewnętrznej. Nie odzyskuje się ich jednak nie tylko z powodu trudności z oddzieleniem poszczególnych części, ale przede wszystkim dlatego, że podpaska zabrudzona jest naturalnymi kobiecymi wydzielinami.

---

23 Marta Wroniszewska, *Ile kosztuje bycie kobietą*, „Wysokie Obcasy" [online], 10 czerwca 2012, www.wysokieobcasy.pl/wysokie-obcasy/1,96856,1188-6342,Ile_kosztuje_bycie_kobieta.html (dostęp: 24 maja 2017).

Do tej pory myślałam, że najlepszym – dla środowiska – sposobem zabezpieczenia się w trakcie menstruacji jest używanie bawełnianych tamponów. Niestety, przez fakt, że każdy z nich jest osobno zapakowany w foliową powłoczkę, nie jest to sposób godny polecenia, jeśli naszym celem jest ograniczenie ilości śmieci. Wrzucenie tamponu do odpływu toalety powoduje zatory w rurach i problemy w stacjach oczyszczania ścieków. A tampon wyrzucany do kosza wyląduje na składowisku odpadów i pozostanie na nim przez długie lata.

Używanie jednorazowych podpasek i tamponów to obciążenie nie tylko dla środowiska, ale też dla portfela. Ich kupno to koszt rzędu około 20 złotych miesięcznie, zakładając zużycie średnio dwudziestu podpasek w trakcie cyklu. Nie jest to kwota dramatycznie wpływająca na domowy budżet, ale w skali roku rośnie do około 240 złotych.

Takie są realia. A jakie mamy alternatywy?

Gdy zaczęłam ograniczać odpady, zauważyłam, że bezodpadowe dziewczyny stosują dwa rodzaje zabezpieczeń: kubeczki menstruacyjne i wielorazowe podpaski. Przez długi czas myślałam, że dotykanie własnej wydzieliny jest obrzydliwe, nieakceptowalne, nie dla mnie. Menstruacja nadal umiejscowiona jest w strefie ogólnospołecznego tabu. Nawet reklamy podpasek posługują się nie czerwonym, a niebieskim płynem, by pokazać, jak świetnie się wchłania. Która z kobiet krwawi na niebiesko? Bądźmy szczerzy, kobiecość w trakcie „tych dni" to temat, na który rzadko rozmawiają nawet koleżanki.

Kilka miesięcy zajęło mi przestawienie się na myślenie: jeśli nie wypróbuję wielorazowych środków higienicznych, nigdy się nie dowiem, jak one działają w rzeczywistości i czy u mnie się sprawdzą. Pewną blokadę stanowił również koszt kubeczka menstruacyjnego – jest to jednorazowy wydatek 70–120 złotych, czyli o wiele większej kwoty, niż wydaję na podpaski co miesiąc. No ale właśnie, skoro wydaję co miesiąc, a dzięki kubeczkowi poniosę koszt jednorazowy, może warto się jednak skusić? Zapłacę za niego tyle co za podpaski i tampony na pół roku. A do śmieci wyrzucę o wiele mniej, a w zasadzie nic!

Czas wypróbować kubeczek!

Kubeczek menstruacyjny

Kubeczek menstruacyjny jest zbiorniczkiem w kształcie lejka zrobionym z silikonu medycznego (Lady Cup i Mooncup) lub tworzywa TPE (MeLuna), który służy do zbierania krwi i wydzieliny menstruacyjnej. Wkłada się go do pochwy podobnie jak tampon. Rozmiar dobiera się, biorąc pod uwagę kilka czynników:

· liczbę odbytych porodów,
· wzrost,
· budowę ciała,
· siłę mięśni dna miednicy (Kegla),
· obfitość miesiączek.

Im silniejsze mięśnie dna miednicy, drobniejsza budowa ciała i lżejsze miesiączki, tym kubeczek może być mniejszy, a im bardziej obfite miesiączki i mocniejsza budowa ciała, tym większy rozmiar kubeczka. Dla kobiet po porodzie poleca się rozmiar większy niż S.

Swoją własną analizę możesz zrobić na stronie poświęconej kubeczkom menstruacyjnym[24]. Każda kobieta powinna podjąć decyzję indywidualnie, na podstawie informacji na temat poszczególnych typów kubeczków, ich kształtów i materiałów, z których są wykonane.

Początkowo obawiałam się, czy dobrze dobrałam rozmiar, potem – czy kubeczek nie będzie przeciekał, a na końcu czy będę go mogła używać w nocy, bo jeśli nie, to prawdopodobnie będę mu-

---

24 Jedna z takich stron to www.kubeczek-menstruacyjny.pl.

siała się uciec do standardowych środków higieny osobistej, które generują odpady. A kubeczek wydawał się doskonale pasować do stylu życia *zero waste*.

Po pierwszym krwawieniu byłam już przekonana, że ten sposób zabezpieczania się jest nawet lepszy od dotychczasowych. Kubeczka używam zarówno w dzień, jak i w nocy, zachowując wszystkie zasady związane z jego wymianą, czyszczeniem i higieną osobistą.

Zasady używania kubeczka menstruacyjnego

- Nie trzymaj go wewnątrz ciała dłużej niż 8 godzin z rzędu.
- Po każdym wyjęciu i opróżnieniu umyj go lub przetrzyj czystym materiałem higienicznym (na przykład papierem toaletowym, jeśli nie masz dostępu do bieżącej wody).
- Po zakończeniu krwawienia wygotuj kubeczek, możesz go też zdezynfekować specjalnym środkiem stworzonym do tego celu (osobiście uważam, że wygotowanie w zupełności wystarcza, a tabletki dezynfekujące opakowane są każda w foliową powłoczkę, czyli również przyczyniają się do zaśmiecania świata).

Zalety: wygoda użytkowania na co dzień; jeden kubeczek wystarcza na kilka lat – nie trzeba się martwić o koniec zapasu jednorazowych środków higienicznych; oszczędności w kalkulacji długoterminowej; bezodpadowość – kubeczek jest wielorazowy; łatwość czyszczenia.

Wady: na początku wymaga większego wydatku, który z czasem się jednak zwraca; trzeba się lepiej zorganizować, chcąc używać kubeczka w podróży lub w miejscu z utrudnionym dostępem do toalety z umywalką; opróżnianie kubeczka w ciągu dnia wymaga wprawy i na początku może być niekomfortowe.

Kubeczek to inwestycja na wiele lat! Co prawda po dłuższym użytkowaniu może ulec zniszczeniu, ale nadal wypada bardziej korzystnie niż jednorazowe podpaski czy tampony.

Podpaski wielorazowe

Jako dodatkowe zabezpieczenie na czas miesiączki wybrałam wielorazowe podpaski wykonane z włókien bambusowych i bawełnianych. Są mięciutkie, przepuszczają powietrze i są bardzo chłonne. Przy obfitych miesiączkach trzeba mieć co najmniej sześć w zapasie i nie wiem, czy dobrze spisałyby się nocą w pierwszych dniach krwawienia. Są jednak świetnym uzupełnieniem dla kubeczka menstruacyjnego i zabezpieczają mnie równie skutecznie i komfortowo.

Podpasek wielorazowych zaczęłam używać, gdy tylko zrezygnowałam z jednorazowych środków higienicznych. Po użyciu zapieram je ręcznie domowym mydłem lub innym naturalnym środkiem piorącym. Jeśli to nie wystarcza, wrzucam je do pralki z jasnymi kolorami.

Kubeczek kontra podpaski

Wielorazowe środki higieny – koszt	
Kubeczek menstruacyjny	119,99
Wielorazowa podpaska bambusowo-bawełniana (1 szt.)	31,99
Wielorazowy wkład do podpaski (1 szt.)	10,99
RAZEM	162,97
Jednorazowe środki higieny – koszt	
Podpaski higieniczne (4 szt./dzień × 5 dni = 20 szt.)	17,50
KOSZT ROCZNY	210,00

Czy bałam się niepowodzenia z kubeczkiem menstruacyjnym? Jasne, że tak. Tak samo jak boję się wielu nowych rzeczy, zanim ich nie spróbuję. Mimo początkowych obaw kubeczek i wielorazowe podpaski zdały u mnie egzamin i **jestem bardzo zadowolona, a nawet dumna, że zdobyłam się na wprowadzenie ich do swojego życia**. Dyskomfort w służbowej łazience zamieniłam na higieniczną rutynę. Nocne obawy zniknęły, a w zamian pojawiła się pewność siebie i czystość bez niespodzianek.

Checklista pielęgnacji i higieny *zero waste*
- Znaleźć krem do twarzy w szklanym opakowaniu lub zrobić własny.
- Zamiast balsamu do ciała używać naturalnego oleju lub masła (na przykład masła shea).
- Uzupełnić tusz do rzęs, używając specjalnego wkładu, lub zrobić własne mazidło.
- Znaleźć szampon zapakowany w szkło lub wybrać inny bezodpadowy sposób mycia włosów.
- Zamiast odżywki do włosów przed myciem nakładać na nie olej.
- Układać włosy na żelu z siemienia lnianego.
- Zamienić pastę do zębów w tubce na domowy środek czyszczący w wielorazowym opakowaniu.
- Zamienić plastikową szczoteczkę do zębów na drewnianą lub miswak.
- Zamienić jednorazowe podpaski i wkładki higieniczne na wielorazowe.
- Zamiast tamponów używać kubeczka menstruacyjnego.
- Zamienić patyczki do uszu na delikatną ściereczkę lub róg ręcznika.
- Zamienić jednorazowe płatki kosmetyczne na wielorazowe płatki bawełniane i ściereczkę do mycia twarzy.
- Zamiast jednorazowej maszynki do golenia używać stalowej maszynki z wymiennym ostrzem.
- Wybierać papier toaletowy nieopakowany w folię.

Sprzątanie domu

"Moje bezodpadowe życie na razie ma się całkiem dobrze. Nie biorę foliówek, chodzę na zakupy z własnymi torbami i pojemnikami. Tylko co mam zrobić, jak dojdę do momentu, kiedy skończą mi się wszystkie detergenty i środki czystości?!" – usłyszałam od kolegi, który próbuje swoich sił w ograniczaniu śmieci.

Nasze przyzwyczajenia dotyczą tak wielu elementów codziennego życia, że uświadomienie sobie, ile trzeba zmienić, jest czasem paraliżujące. Jak poradzić sobie ze sprzątaniem łazienki, gdy w sklepach znajdujemy tylko detergenty w plastikowych opakowaniach? Czym czyścić, jeśli oferta dostępna dla przeciętnego klienta opiera się na jednorazowości wszystkich opakowań? Bo co mogę zrobić z butelką po domestosie czy mleczku do czyszczenia glazury?

Środki czyszczące

Przeciętna polska rodzina podczas cosobotnich porządków korzysta z całej baterii detergentów mających nie tylko oczyścić, ale też zdezynfekować i nabłyszczyć sprzątane powierzchnie. Używamy:
- mleczka do glazury,
- proszku do szorowania,

- płynu po podłóg,
- żelu do toalety,
- płynu do mycia szyb,
- proszku do prania,
- płynu do płukania,

a w sklepach dostępnych jest o wiele więcej rzeczy, o których sama nawet bym nie pomyślała! Czy mogłabym potrzebować specjalnych nawilżanych chusteczek do nabłyszczania mebli? Albo sprayu odświeżającego domowe powietrze? Albo środka odtłuszczającego płytki w kuchni? Po co mi w domu tyle chemii spuszczanej z wodą do kanalizacji i wdychanej przez domowników? Po co mi tyle butelek, foliowych opakowań i papierowych ręczników jednorazowych po użyciu wyrzucanych do śmieci? Czy można żyć czysto bez tych wszystkich specjalnych środków z trupią czaszką na tylnej etykiecie?

Mój dom jest polem moich eksperymentów, również w trakcie rutynowych porządków. Przedstawię ci kilka prostych tricków, które sprawdzają się u mnie i w wielu innych bezodpadowych domach. Gwarantuję, że niektóre z nich już znasz, ale ich nie stosujesz, bo specjalistyczny środek wydaje się o wiele bardziej skuteczny. Sprawdziłam i wcale tak nie jest!

Ocet

Pierwszym pomocnikiem w sprzątaniu łazienki jest ocet. Ma działanie odkamieniające i dezynfekujące, można z niego zrobić naprawdę wiele środków czyszczących. Ciepłą wodą z dodatkiem octu (szklanka na pięciolitrowe wiadro wody) dobrze się **myje podłogi**. Można go też wykorzystać, robiąc domowy **płyn do mycia szyb** na bazie octu i alkoholu.

SKŁADNIKI

- *1 część octu spirytusowego lub jabłkowego 10%*
- *3 części wody*
- *1 część alkoholu (spirytus rektyfikowany lub denaturat)*
- *5 kropli olejku eterycznego na ok. pół litra płynu (opcjonalnie)*

Do butelki ze spryskiwaczem wlewam wodę, ocet i alkohol, dodaję kilka kropli olejku eterycznego, na przykład cytrynowego. Butelkę zakręcam i mocno nią wstrząsam. Gotowym płynem spryskuję łazienkowe lustro i przecieram je bawełnianą szmatką lub zwykłą pieluchą tetrową do sucha. Podobnie stosuje się ten płyn do mycia okien.

Jeśli ktoś się obawia, że w domu będzie czuć zapach octu, uspokajam: ocet bardzo szybko wietrzeje, za to bardzo skutecznie czyści. Wszelkie plamy z zaschniętej wody znikają, a lustro zyskuje połysk. Octem warto zastąpić szeroko dostępne środki do mycia okien, które zawierają sztuczne aromaty mogące wywołać alergię.

Kwasek cytrynowy

Kwasek cytrynowy ma działanie podobne do octu, ale w połączeniu z nim stanowi bardzo silne kombo. Zmieszaj szklankę octu z dwiema łyżkami kwasku cytrynowego, a uzyskasz skuteczny **środek do udrażniania rur**.

Sam kwasek działa wybielająco i odkamieniająco, dlatego **papka z kwasku** (kwasek zmieszany z odrobiną wody) nada się **do czyszczenia fug w łazience**. Możesz do tego wykorzystać starą szczoteczkę od tuszu do rzęs, wcześniej dokładnie umytą, lub zużytą szczoteczkę do mycia zębów. To idealny sposób na ponowne wykorzystanie czegoś, co prawdopodobnie wylądowałoby w koszu.

Czystym kwaskiem cytrynowym myję też łazienkę, używając go zamiennie z sodą oczyszczoną

Soda oczyszczona

Moim faworytem podczas sprzątania łazienki jest soda oczyszczona. Wykorzystuje się ją w kuchni, kosmetyce, ale też do tworzenia własnych środków czyszczących, więc zawsze powinna być w domu. Można jej użyć:

- jako środka wybielającego do prania,
- do czyszczenia kłopotliwych zabrudzeń łazienkowych, na przykład kamienia na armaturze,
- do czyszczenia delikatnych powierzchni, ponieważ ich nie rysuje,
- do mycia włosów, zamiennie z szamponem,
- do przygotowania peelingu – na przykład po zmieszaniu z ulubionym olejem,
- jako składnika domowej pasty do zębów.

Zastosowań sody jest naprawdę wiele! Sama na jej bazie robię **krem do czyszczenia łazienki**. Szoruję nim umywalkę i wannę, stosuję go również w kuchni do mycia metalowego zlewozmywaka. Na koniec całość spłukuję obficie wodą, czyli postępuję podobnie jak przy użyciu drogeryjnego mleczka do czyszczenia glazury.

Krem do czyszczenia łazienki

- *100 g sody oczyszczonej*
- *50 g mydła w płynie*
- *10 kropli olejku eterycznego (na przykład lawendowego)*

Mydło w płynie można przygotować z płatków mydlanych, resztek mydła zbieranych skrzętnie do słoiczka i czekających na swoje pięć minut lub gospodarczego mydła potasowego, na przykład kokosowego (bardzo się pieni) albo rzepakowego (pieni się mniej). Jeśli używasz płatków mydlanych lub skrawków mydła, należy je zalać szklanką gorącej, a nawet wrzącej wody i dokładnie rozmieszać. Ja robię to w słoiczku: wsypuję łyżkę mydła, zalewam wodą, zakręcam i potrząsam słoikiem jak shakerem. Jeśli nie utworzy się mydło w płynie, podgrzewam je jeszcze w kąpieli wodnej aż do rozpuszczenia płatków/skrawków.

Mydło potasowe ma konsystencję pasty lub gęstego żelu i łatwiej rozpuści się w ciepłej wodzie.

Uzyskane mydło w płynie wlewam do większego słoika i dodaję do niego dwa razy tyle sody oczyszczonej. Roztwór zacznie musować – trzeba uważać, by nie dostał się do oczu. Całość dokładnie mieszam łyżką lub zakręcam pokrywkę słoika i potrząsam nim. Gdy czyścidło ostygnie, dodaję olejek eteryczny. Uwielbiam, gdy moja łazienka pachnie olejkiem z drzewa herbacianego albo lawendą, ale są też zwolennicy zapachu cytrynowego czy pomarańczowego. Olejek tymiankowy o działaniu bakteriobójczym też świetnie się sprawdzi.

Tak powstały środek powinien mieć konsystencję gęstego płynu lub nawet kremu. Wystarczy nabrać na ściereczkę lub gąbkę odpowiednią ilość kremu i rozprowadzić go po czyszczonej powierzchni. Soda lekko szoruje i rozpuszcza zabrudzenia, mydło czyści, tworząc delikatny film na powierzchni, a olejek działa antybakteryjnie i zapewnia odświeżający zapach.

Łazienkową glazurę równie dobrze można wyczyścić samą sodą oczyszczoną albo samym octem. Używając dziesięcioprocentowego octu, warto rozrobić go z wodą (część wody na półtorej części octu) i przelać do butelki ze spryskiwaczem, bo wylany bezpośrednio na powierzchnię szybko spłynie.

Odkąd odkryłam te proste środki czyszczące, moje sobotnie porządki to czysta przyjemność – dosłownie i w przenośni. Polecam je wszystkim, którzy lubią domowe eksperymenty i naturalne sposoby na sprzątanie.

Poza tym każdy z opisanych środków jest biodegradowalny, zatem ich użycie nie wpływa negatywnie na środowisko.

Czy wiesz, że...
- resztki mydła w płynie i szamponów możesz zlać do jednej butelki, dodać dwa razy tyle sody oczyszczonej i używać jako **pasty do czyszczenia łazienki?**
- resztki mydła po rozdrobnieniu na mniejsze kawałki możesz przetopić na jednolitą masę w kąpieli wodnej, następnie przelać do foremek na muffinki, a po zastygnięciu wyjąć gotowe **mydełka?**

Mycie naczyń

Mycie naczyń nie należy do moich ulubionych czynności i jestem pewna, że nie jestem w tym osamotniona. Owszem, **przy myciu można ćwiczyć uważność, oderwać się od zgiełku dnia,**

zresetować umysł, ale bądźmy szczerzy – jest wiele innych czynności, przy których robi się to przyjemniej. I nie, wcale nie mam na myśli prasowania.

Cenię postęp technologiczny i to, że wynaleziono takie urządzenie jak **zmywarka**. Nie wiem, jak wcześniej dawałam sobie bez niej radę. To znaczy wiem – wcześniej mieszkałam sama, nie miałam dzieci i stosów naczyń do umycia po każdym posiłku (a i tak zlew był zawsze pełny – nie lubię myć naczyń, mówiłam już?). Moi współlokatorzy musieli mnie napominać, bym umyła swoją część. Nie jestem dumna z tego epizodu w moim życiu, ale cóż, każdy ma prawo do popełniania błędów.

Dziś, gdy zmywarka stanowi stały element wyposażenia mojej kuchni, problem jest inny. Trzeba ją załadować, a po umyciu rozładować. Podobnie jak w przypadku pralki, to wyciąganie zawartości i umieszczanie jej na właściwym miejscu jest teraz moją zmorą.

Domowy proszek do zmywarki

Dlaczego warto robić domowy proszek do zmywarki?

1. Gotowe środki do zmywarki zawierają fosforany, polikarboksylany i szkodliwe substancje powierzchniowo czynne, które przedostając się ze ściekami do wody, zanieczyszczają środowisko. Nie są biodegradowalne i przyczyniają się do pogorszenia stanu wodnej flory i fauny. Usuwa się je z proszków do prania, ale nadal znajdują się w środkach do mycia naczyń. Taka luka w systemie.
2. Własny proszek do zmywarki to środek o kontrolowanym przez ciebie składzie, bardziej naturalny niż gotowe specyfiki i biodegradowalny.
3. Użyte składniki nie zaszkodzą twojemu zdrowiu.

4. Naturalne olejki eteryczne są zdrowsze niż sztuczne substancje zapachowe występujące w gotowych środkach. Te drugie często są alergenami, bywają również rakotwórcze.

5. Domowy proszek do zmywarki nie generuje tylu odpadów co tabletki pakowane każda w osobną folię. Jest zdrowo i *zero waste*, o ile surowce kupisz w szklanych słoikach. Taką opcję oferują niektóre sklepy ekologiczne.

Zakasz więc rękawy i zrób własny proszek albo tabletki do zmywarki! A **w miejsce nabłyszczacza wlej ocet** (ewentualnie z dodatkiem gliceryny roślinnej).

Proszek do zmywarki

SKŁADNIKI

- *1 część boraksu*
- *2 części kwasku cytrynowego*
- *0,5 części soli kuchennej*
- *olejki eteryczne, na przykład miętowy i cytrynowy*
- *1 część sody kalcynowanej (opcjonalnie)*

Za domową produkcję tego proszku odpowiada mój mąż. Ja mieszam ten do prania, a on do zmywarki. Bierze duży, litrowy słoik, wsypuje składniki w odpowiednich proporcjach, dokładnie miesza, zakręca, potrząsa i *voilà* – proszek do zmywarki gotowy! Sodę kalcynowaną podaję jako składnik opcjonalny, ponieważ pomimo wielu testów nie widzę różnicy w działaniu proszków z nią i bez niej. Zauważyłam natomiast, że po zetknięciu z wodą soda z kwaskiem wchodzą w reakcję i się neutralizują, dlatego ostatnio rezygnuję z tego składnika przy myciu naczyń.

Muszę cię ostrzec, że taka **mikstura potrafi w słoiku twardnieć**. Warto więc przesypać ją do silikonowych foremek na lód, żeby potem mieć gotowe porcje na każde mycie.

Pranie

Jakiś czas temu zauważyłam u siebie wysypkę. Dokuczało mi swędzenie i nie miałam pojęcia, co je powoduje. Jeśli podobna sytuacja zdarzy się niemowlęciu, pediatra zawsze radzi, by zmienić proszek do prania albo zaniechać używania płynu do płukania. Postanowiłam przeprowadzić eksperyment i zaraz po skończeniu ostatniego worka z proszkiem ze sklepu przejść na środki alternatywne. Czego użyłam, co polecam, a czego nie?

Orzechy piorące

Kilka miesięcy temu skusiłam się na worek orzechów piorących. *Sapindus mukorossi* rosną w Indiach i stamtąd przyjeżdżają do Europy i Ameryki, by zadowolić nasze ekologiczne gusta. Orzechy zawierają saponiny, czyli substancje pieniące się, które pod wpływem temperatury uwalniają się do wody. Są w pełni biodegradowalne, można je kompostować, a wodą z prania podlewać rośliny.

Do jednego prania używa się od czterech do ośmiu orzechów rozłupanych na pół. Wkładamy je do bawełnianego woreczka i mocno zawiązujemy, tak by nie rozsypały się w pralce. Taki woreczek wystarcza na zrobienie dwóch–trzech prań, potem należy wymienić orzechy na świeże.

Czy orzechy piorące piorą? Według mnie tak, choć krążą opinie, że są równie skuteczne jak czysta woda. Ja zaobserwowałam, że ubrania po praniu w orzechach są czystsze i delikatniejsze w dotyku niż po wypraniu w samej wodzie, a białe rzeczy są równie białe jak przed włożeniem do pralki. Może to kwestia tego, że do białego prania dodaję też łyżkę sody kalcynowanej, która ma działanie wybielające. Niemniej jednak moje alergie skórne znikły, a pranie jest czyste i świeże.

Minusem orzechów piorących jest fakt, że **muszą przejechać kilka tysięcy kilometrów, by znaleźć się w naszych sklepach**. Z drugiej strony wykorzystujemy tak wiele surowców, które naturalnie nie występują w naszym klimacie i nawet się nad tym nie zastanawiamy, na przykład włókno bambusowe czy bawełnę. Chcąc uniknąć chemii, trzeba czasem pójść na kompromis, byleby nie był on wbrew naszym przekonaniom.

Orzechy można kupić w dużych papierowych opakowaniach, dlatego dla mnie jest to ukłon w stronę życia *zero waste*. Jeszcze lepiej by było, gdyby orzechy były dostępne w drogeriach na wagę, tak by można było kupować je do własnego pojemnika. Być może jest to pieśń przyszłości, o którą warto walczyć?

Mydlnica lekarska

Działanie podobne jak orzechy piorące ma nasza rodzima mydlnica lekarska. Wywar z jej korzenia jest częstym dodatkiem do naturalnych szamponów do włosów i środków czyszczących. Może zamiast korzystać z orzechów, warto zrobić ukłon w stronę lokalnie występujących roślin?

Domowy proszek do prania

Kupowane w sklepach proszki do prania mają skład niebezpieczny dla zdrowia i środowiska. Producenci nie są zobowiązani przez prawo do ujawnienia dokładnego spisu użytych składników. Wiadomo jednak, że popularne proszki do prania znanych

marek zawierają liczne substancje toksyczne, alergizujące i nie-
rozkładające się w wodzie, przez co przyczyniają się do wielu cho-
rób skórnych i zanieczyszczenia wód.

Przykładowy skład jednego z proszków to: 5–15 procent anio-
nowych środków powierzchniowo czynnych, mniej niż 5 procent
niejonowych środków powierzchniowo czynnych, fosfoniany, polikarboksylany, zeolity, enzymy, kompozycja zapachowa – fosfoniany są głównym winowajcą rozprzestrzeniania się sinic,
polikarboksylany to pochodne ropy naftowej niepodlegające rozkładowi, a zeolity podnoszą poziom zapylenia w domu (generują kurz).

Po analizie składu komercyjnego proszku uzyskałam odpowiedź, co tak mocno drażniło moje płuca i skórę za każdym razem po założeniu świeżo wysuszonych ubrań. Postanowiłam sama
zrobić proszek do prania, by nie bać się więcej o własne zdrowie.

Proszek do prania

SKŁADNIKI

· *1 część sody kalcynowanej*
· *1 część boraksu*
· *1,5 części płatków mydlanych lub startego szarego
mydła*

Mydło ścieram drobno na tarce. (Jeśli się ma gotowe płatki
mydlane, warto je zmielić w młynku, blenderze lub rozdrobnić
w moździerzu). Do większego pojemnika wsypuję sodę kalcynowaną, boraks i mydło. Zamykam pojemnik i wstrząsam nim,
by zawartość się dobrze wymieszała. Na jedno pranie wystarczą dwie łyżki domowego proszku.

Koszt składników
· soda kalcynowana (1 kg) – 6,89 zł
· boraks 10-wodny (1 kg) – 5,99 zł
· płatki mydlane wegańskie (0,5 kg) – 11,99 zł
Razem: 24,87 zł

Koszt składników na 1,5 kilo takiego domowego proszku to około 18 złotych i 40 groszy. Dla porównania za podobną ilość proszku do prania w sklepie trzeba zapłacić 18 złotych. Cena jest więc zbliżona, za to skład domowego proszku będzie o wiele bezpieczniejszy. Dodatkowo mamy satysfakcję z własnoręcznego zrobienia tego specyfiku.

Do mojego proszku kupiłam najmniejsze opakowania półproduktów, jakie były dostępne w sklepie, bo nie mam w domu miejsca, by składować pięciokilowe worki, ale zakup większych ilości składników jest bardziej opłacalny, bo cena za kilogram proszku będzie jeszcze niższa. Można też zaoszczędzić, rezygnując z kupna płatków mydlanych i ścierając na tarce resztki zwykłego mydła.

Pasta piorąca[25]

Zamiast proszku z płatkami mydlanymi można zrobić pastę do prania, na podobnej zasadzie jak krem do czyszczenia łazienki, tylko z nieco innych składników.

---

25 Przepis zaczerpnięty od Magdy Prószyńskiej: *Ekspresowa i hypoalergiczna Pasta Piorąca, czyli przełom w ekologicznych środkach piorących.* *TUTORIAL*, „Całkiem Lubię Chwasty", 29 lipca 2016, www.proszynska-magda.com/2016/07/29/ekspresowa-i-hypoalergiczna-pasta-pioraca-czyli-przelom-w-ekologicznych-srodkach-pioracych-tutorial (dostęp: 24 maja 2017).

- *1 część mydła potasowego, najlepiej rzepakowego*
- *1 część wody*
- *1 część boraksu*
- *1 część sody kalcynowanej*
- *olejek eteryczny*

Mydło przekładam do słoika, zalewam wodą i miksuję. Dosypuję boraksu i dalej miksuję. Na końcu mieszania dodaję sodę kalcynowaną i olejek eteryczny. Powstaje gęsta, biała pasta, która delikatnie, lecz skutecznie pierze.

Do pralki załadowanej 5 kilogramami prania wkładam łyżkę, czyli 25–30 gramów pasty, bezpośrednio do bębna, i pozwalam ubraniom się wyprać.

Do płukania stosuję 20–30 mililitrów sklepowego octu spirytusowego albo octu jabłkowego domowej roboty. Wlewam je do przegródki na płyn do zmiękczania z dodatkiem pięciu kropli olejku eterycznego (eukaliptusowy lub jodłowy dodatkowo zapewnia nam inhalację podczas schnięcia prania!). Takie płukanie pomaga dokładnie oczyścić ubrania z detergentów, szczególnie po użyciu pasty piorącej z mydłem. Ocet zmiękcza tkaninę, a przy okazji chroni pralkę przed zakamienieniem.

Domowe środki piorąco-czyszczące – moje największe wpadki

1. Sweterek wełniany wyprany w domowym proszku skurczył się, a między włóknami osadziły się białe drobinki mydła. Byłam załamana, bo to był mój ulubiony zimowy sweter! Mam teraz nauczkę, żeby wełnę traktować delikatniej i zamiast w proszku z boraksem i mydłem prać ją w wywarze z orzechów piorących z dodatkiem gliceryny i lanoliny.

2. Jeśli płatków mydlanych nie zmieli się na proszek, przy mocno załadowanej pralce mogą się nie wypłukać i pozostać na ubraniach. Przekonałam się o tym, gdy po wyjęciu dużego prania okazało się, że jedna para spodni miała przyklejone do nogawek płatki mydlane. To szczególnie denerwuje, gdy na szybko trzeba coś wyprać i wysuszyć, by na drugi dzień móc to założyć do pracy – a tu taka wtopa. Mielmy płatki mydlane i nie marudźmy!

3. Orzechy piorące umieszczone w słabo zawiązanym woreczku przy bardziej intensywnym wirowaniu wysypią się z niego i obkleją wszystkie ubrania! Kiedyś pechowo rozwiązał mi się bawełniany woreczek, a drobinki orzechów pokryły całą powierzchnię pranego prześcieradła. Porównałabym tę wtopę z sytuacją, gdy zapomniało się o chusteczce higienicznej umieszczonej w kieszeni czarnych spodni, co okazuje się dopiero przy wyciąganiu prania. Rzucasz kilka soczystych słów, po czym z pokorą idziesz wytrzepywać każdy najdrobniejszy kawałek chusteczki nad wanną. Od tej pory ciasno zawiązuję woreczek z orzechami.

4. Zamiast przesypać proszek do zmywarki do foremek na lód, nie znając konsekwencji, zostawiliśmy go w słoiku. Po dwóch dniach tak stwardniał, że korzystanie z niego wiązało się z każdorazowym odłupywaniem kawałków nożem. Sama w takich sytuacjach tracę

cierpliwość, dlatego pozwalam mężowi na pokaz siły, podobnie jak przy odkręcaniu słoików z kompotem.

Checklista bezodpadowych porządków

- Do mycia szyb używać cienkiej, chłonnej bawełny, płótna lub pieluch tetrowych zamiast jednorazowych ręczników papierowych.
- Zabrudzone fugi czyścić sodą przy użyciu umytej szczoteczki od tuszu do rzęs lub szczoteczki do zębów.
- Sedes wyczyścić octem albo kwaskiem cytrynowym.
- Zrobić własną pastę do czyszczenia łazienki.
- Zrobić własny proszek do prania lub pastę piorącą.
- Do płukania stosować ocet z olejkiem eterycznym.
- Przygotować własny spray odświeżający powietrze z wody i kombinacji olejków eterycznych: cytrynowego, sosnowego i eukaliptusowego, i trzymać go w łazience w buteleczce ze spryskiwaczem.

Garderoba

Z ubraniami jestem związana emocjonalnie. Gdy kupuję coś nowego, kieruję się nie tylko racjonalną potrzebą uzupełnienia szafy, ale też irracjonalnymi przesłankami, które skłaniają mnie do wybrania tych a nie innych rzeczy. Ubrania muszą się przecież podobać. Urzekają nas kolory, fason, rodzaj materiału, to, jak wyglądamy, gdy przeglądamy się w lustrze w przymierzalni. Czasem kierujemy się modą, kiedy indziej wskazaniami trendsetterów, za każdym razem mając do wyboru to, co akurat jest w sklepach.

No właśnie – moda i trendy zmieniające się szybciej, niż zużywają się ciuchy, doprowadziły u mnie do sytuacji, że szafa zaczęła mi pękać w szwach, a większość ubrań założyłam tylko raz!

Regularnie czytam blogi minimalistek, inspiruję się ideą szafy kapsułowej (ang. *capsule wardrobe*)[26], obserwuję, jak inni redukują liczbę swoich ubrań do niezbędnego minimum, i sama czuję podobną potrzebę. Nadmiar w garderobie przytłacza! Szczególnie jeśli robiąc dokładny przegląd szafy, dochodzi się do wniosku, że

---

26 *Capsule wardrobe*, czyli szafa kapsułowa, to metoda ograniczenia ilości noszonych co sezon ubrań do zadeklarowanej przez siebie liczby. Celem jest określenie swojego stylu, eliminacja ubrań, które się nie sprawdzają, i w efekcie zminimalizowanie zawartości swojej garderoby.

pieniądze na nie wydane wcale nie przełożyły się na lepszą jakość życia czy nagłą korzystną zmianę wizerunku. Nadmiar nie tylko nie pomaga, ale wręcz utrudnia podjęcie decyzji, w co się ubrać, sprawia, że zastanawiamy się, gdzie jeszcze je upchnąć, a w efekcie prowadzi do zagracenia mieszkania, a niekiedy nawet do konfliktów z najbliższymi. Znam osoby, które popadły w uzależnienie od zakupów odzieżowych, i wcale nie muszą to być zakupy w centrach handlowych – lumpeksy oddziałują z podobną siłą. Myślisz, że idziesz kupić coś po okazyjnej cenie, czujesz usprawiedliwienie dla swoich „świadomych" wyborów, a kończy się przepełnioną szafą i nadal zasadnym pytaniem, co na siebie włożyć.

Z ŻYCIA WZIĘTE

Sentymenty i przeprowadzka

Momentem, w którym uświadomiłam sobie, ile tak naprawdę mam ubrań i jakie to są ubrania, była przeprowadzka do nowego mieszkania. Byłam wtedy w ósmym miesiącu ciąży i ledwo podołałam wpakowaniu zawartości mojej szafy do walizek i kartonów. Myślałam, że wcześniej urodzę, niż uda mi się okiełznać moją garderobę. Załamana siedziałam i bezrefleksyjnie pakowałam wszystko jak leci, nie będąc w stanie podjąć racjonalnej decyzji i pożegnać się z częścią ubrań. Przypominałam sobie, że *ta* bluzka świetnie na mnie leżała jeszcze w liceum, a *ten* żakiet miałam na sobie w trakcie obrony pracy magisterskiej. Tylko kiedy to było!

Wiele ubrań przywołuje związane z nimi wspomnienia, nic w tym dziwnego. Pewne przedmioty towarzyszą nam w konkretnych sytuacjach, dotyczy to również odzieży. W dużej mierze to ona tworzy nasz wizerunek! Tylko coś musi być nie tak, skoro spora ich część leży nieużywana, a my nadal nie jesteśmy w stanie się z nimi rozstać. Sentymenty? Przepraszam, ale nie ma miejsca na sentymenty, gdy mieszkanie jest zawalone ciuchami!

Historia z przeprowadzką skończyła się tak, że co prawda spakowałam moje ubrania, ale nie byłam już w stanie rozpakować ich o własnych siłach w nowym mieszkaniu. Robiły to moja mama i teściowa, które zaoferowały pomoc przy przeprowadzce. Leżałam na łóżku w sypialni z wielkim brzuchem gotowym na rozwiązanie i z równie wielkimi wyrzutami sumienia, że inne osoby muszą za mnie układać, wieszać i chować w szufladach rzeczy, których być może już nigdy nie będę chciała nosić. Takich ubrań miałam większość.

Według zasady Pareta 20 procent posiadanych rzeczy używamy przez 80 procent czasu. Oznacza to, że posiadając więcej, niż potrzebujemy, marnujemy nasze zasoby – czas, pieniądze i energię – na coś, co nie przyniesie nam wymiernej korzyści. Po co więc cały czas gromadzimy? Po co sama gromadziłam przez całe życie, z bólem rozstając się z jakąkolwiek rzeczą?

Moment przeprowadzki uświadomił mi, że być może źle ustalam swoje priorytety. Nadmiarowe ubrania próbowałam upchnąć w tej części szafy, którą przeznaczyliśmy dla męża. Tłumaczyłam mu: „Przecież ty nie potrzebujesz tyle miejsca, ja mam o wiele więcej ubrań, muszę mieć wieszaki i jedną szufladę z twojej części. Zrozum!".

Nie rozumiał, a może rozumiał zbyt dobrze, że jego wypracowana przez lata przestrzeń jest mu potrzebna i czuje się z nią komfortowo. A ja, gnieżdżąc się na swojej połowie, miałam wrażenie, że się duszę. Że mam za mało miejsca albo za dużo ubrań. Że to, co mam, zamiast mnie cieszyć, zaczęło przytłaczać.

Od tamtej pory bardziej świadomie podchodzę do swojej szafy. Rozpoczęłam długotrwały, lecz nieustający proces oczyszczania mojej przestrzeni. Szukałam ubrań, w których naprawdę dobrze się czuję, a reszty się stopniowo pozbywałam.

Jak pozbyć się nadmiaru ubrań?

Oczyszczając swoją szafę i pozbywając się z niej zbędnych rzeczy, jednocześnie zastanawiałam się, co zrobić, by nadal dobre ubrania się nie zmarnowały. Nie czułam się komfortowo, wyrzucając je do kontenerów na odzież, bo wiem, że zamiast trafić do potrzebujących, zostaną przerobione na czyściwo. Jest wiele innych, lepszych sposobów na poradzenie sobie z odzieżową klątwą obfitości.

1. **Wymienianki odzieżowe** – to w Polsce zjawisko nadal nowe, dopiero zyskujące zwolenników na wyraźnie rosnącej fali popularności dążenia do prostszego, skromniejszego życia, stojącego w kontrze do impulsywnego konsumpcjonizmu. Tymczasem na świecie **wymiana** rzeczy, których chcemy się pozbyć – ubrań, butów, książek, żywności – a nawet umiejętności jako usług lub przysług jest dobrze znana i praktykowana, szczególnie w Stanach Zjednoczonych, gdzie moda na minimalizm i tak zwaną *collaborative consumption*, czyli wspólną konsumpcję, trwa już od około dekady. Istnieją nawet portale internetowe, takie jak SwapStyle.com, PaperBackSwap.com, Swap.com, wspomagające wymianę dóbr pomiędzy ich użytkownikami.

   Oprócz materialnego wymiaru wymiany, prowadzącego do oszczędności finansowych i mniejszego wykorzystania zasobów naturalnych, podoba mi się w niej jej **prospołeczny, wspólnototwórczy charakter**. Spotykając właścicielkę sukienki, która ma wyjątkowy wzór i krój, przy okazji mogę poznać historię tego ubrania, porozmawiać o tym, gdzie ta rzecz była i czego „doświadczyła", po to, by wymienić ją na przedmiot z własnej szafy z równie barwnym „życiorysem". Chcąc nie chcąc, przez lata przywiązujemy się do posiadanych rzeczy i wiemy o nich tyle, ile rodzice o swych dzieciach. Historia opowiadana przy wymianie może sprawić, że używany przedmiot będziemy cenić bardziej niż nowy, prosto spod igły szwaczki z Bangladeszu. Nawet na wspomnianej stronie SwapStyle.com myślą przewodnią jest: *swap, sell, buy, give, receive, socialize*, gdzie ostatni element podkreśla społecznościowy charakter zjawiska.

Gdy zastanawiałam się, co zrobić ze zbędnymi ubraniami, wymienianki od razu przykuły moją uwagę, choćby z tego powodu, że do tej pory nie miałam pojęcia o ich istnieniu i w żadnych nie brałam udziału. Po tym, jak pierwszy raz odwiedziłam poznański Babi Targ i znalazłam dla mojej córki perełki za kilka złotych, stwierdziłam, że to wprost genialna forma na zdobycie nowych ubrań. Płaci się niewiele lub wcale, bo nie o zarobek tu chodzi, lecz o ofiarowanie rzeczom, których masz zbyt dużo, drugiego życia.

Znajoma twierdzi, że jej córeczka najchętniej bawi się miśkiem, którego pożyczyła niedawno od o kilka miesięcy starszego chłopca. Inne zabawki poszły w odstawkę, a ten pożyczony jest czymś wyjątkowym, bo otrzymanym od kolegi w zamian za własną – bodajże – lalkę. Sama też przez pewien czas najchętniej nosiłam sukienkę w groszki i szarą bluzkę, które dostałam od koleżanki. Chodziłam w nich do pracy, na nieformalne wyjścia oraz formalne kolacje. Były (i nadal są!) idealne – w sumie nie wiem, czy to dlatego, że tak dobrze na mnie leżały, czy też dlatego, że kojarzyły mi się z koleżanką, która po jakimś czasie wyprowadziła się do innego miasta, więc kontakt nam się urwał.

Wymienianki do tego stopnia przypadły mi do gustu, że dwa razy sama zorganizowałam tego typu wydarzenia na moim osiedlu. Skrzyknięcie sąsiadów w przyjemnej kawiarni sprzyja nawiązywaniu nowych znajomości i przełamywaniu lodów. *Swap, sell, buy, give, receive, socialize!* Poza tym to świetna okazja do pozbycia się nadmiarowych ubrań, jak również do odświeżenia garderoby, gdy szukamy czegoś nowego, zgodnie z zasadą *reuse* – używaj ponownie.

2. **Sprzedaż na portalu aukcyjnym lub ogłoszeniowym** – to chyba najpopularniejszy sposób pozbywania się używanych ubrań. W myśl zasady: skoro coś kupiłam, to muszę za to otrzymać pieniądze, wystawiamy niepotrzebne nam rzeczy na sprzedaż.

   Plusy są takie, że może znaleźć się ktoś chętny na używane ubrania i zaoferuje nam za nie kilka złotych, przez co zwróci się nam choćby niewielka część wydanych w sklepie pieniędzy. Minusem sprzedaży w sieci jest to, że używana odzież nie cieszy się zbyt dużą popularnością, bo – po pierwsze – jej jakość jest niepewna, a nie można zobaczyć jej na żywo przed zakupem; po drugie, wartość ubrań – zwłaszcza z drugiej ręki – z czasem spada; po trzecie w końcu, ceny nowych ubrań są porównywalne z cenami używanych, które często wyceniamy zbyt wysoko ze względu na sentymenty czy chęć zarobku. Zdarza się, że aby zyskać kilka złotych, trzeba poświęcić sporo czasu i energii – na sfotografowanie rzeczy, ich wycenę, sporządzenie opisu, „obsługę" ogłoszenia i wysyłkę towaru.

   Na pewno warto w ten sposób sprzedawać odzieżowe perełki i białe kruki, które zamiast tracić, potrafią z czasem zyskać na wartości. Na portalach ogłoszeniowych dobrze sprzedają się też ubrania dla dzieci, które na tyle szybko wyrastają z ciuszków, że często nie zdążą ich zużyć.

3. **Oddawanie za darmo za pośrednictwem internetu** – to równie ciekawa opcja co wymienianki. Niektóre portale ogłoszeniowe mają opcję wystawienia przedmiotów w takiej kategorii. Dzięki temu można się szybko i sprawnie pozbyć dużych ilości ubrań. Kilkanaście minut zajęło mi znalezienie nowego właściciela dla kilku worków pełnych całkiem

dobrych rzeczy z szafy mojej i moich dzieci. Zgłaszały się po nie osoby z całej Polski, ale wybrałam chętnego, który oferował odbiór bezpośrednio z mojego domu. Wszystko udało się załatwić w jeden dzień.

Wiele razy słyszałam, że oddając ubrania za darmo, nie mam pewności, czy trafiają do osoby rzeczywiście potrzebującej, nie wiem, czy ktoś ich nie sprzeda z zyskiem dla siebie. Wychodzę z założenia, że skoro i tak nie potrzebuję już tych ubrań, a oddaję je za darmo, bo nie mam czasu, energii bądź powodu, by samej je sprzedawać, to nie mam nic przeciwko, by zrobił to ktoś inny. Liczę się z tym, że być może trafią na portale aukcyjne, może znajdę je na wieszakach w lumpeksie, a może ktoś je zatrzyma i będzie nosić. Nie wiem, co się dzieje z ubraniami, które oddaję, i nie widzę w tym problemu.

4. **Instytucje charytatywne (PCK, Caritas i inne)** – organizacje te przekazują ubrania w dobrym stanie osobom potrzebującym takiej formy pomocy. Wystarczy podjechać z workami do ich siedziby lub wystawić je w umówionym miejscu o konkretnej porze. Znam wiele osób, które z tej formy pozbywania się zbędnej odzieży korzystają najczęściej.

5. **Dom samotnej matki, dom pomocy społecznej, dom dziecka** – warto poszukać w swojej okolicy instytucji zajmujących się pomocą potrzebującym. Często trafiają do nich osoby, które sytuacja zmusiła do porzucenia swojego dobytku, a czasem nawet takie, które niczego nie posiadają. Instytucje tego rodzaju chętnie przyjmują ubrania, trzeba jednak pamiętać, że powinny one być w dobrym stanie, bez dziur czy plam, by osoby korzystające z pomocy bez wstydu mogły je nosić.

6. **Wystawienie ubrań przy śmietniku lub przed domem** – to szybki sposób na podzielenie się nadmiarem swoich rzeczy.

Kilka osób, z którymi rozmawiałam, twierdzi, że wystawiona przed dom torba pełna ubrań znika już po 5 minutach. Mieszkając w okolicy, gdzie jest spore zapotrzebowanie na tego typu pomoc, można skorzystać z tej opcji. Trzeba jednak pamiętać, by nie przyczyniać się do zaśmiecania okolicy, jeśli okaże się, że z zawartości worków nikt nie korzysta.

Kilka zasad oddawania zbędnych ubrań

- Ubrania powinny być nadal zdatne do noszenia – bez dziur i śladów długiego używania.
- Ubrania powinny być czyste – szykując torby rzeczy do wydania, trzeba sprawdzić, czy nie są poplamione, najlepiej je wcześniej wyprać, by osoba obdarowana od razu mogła je włożyć.
- Nie dyktuj innym, co mają robić z otrzymanymi od ciebie rzeczami – oddając, przestajesz być właścicielem ubrań, przekazujesz je innej osobie. Pozwól jej zdecydować, co dalej się z nimi stanie.
- Jeśli ubrania są porwane, trwale poplamione i nie można ich samodzielnie przywrócić do stanu używalności, wrzuć je do kontenera, którego zawartość zostanie przerobiona na czyściwo przemysłowe, co też jest formą ofiarowania odzieży drugiego życia.

Jak kupować ubrania

Odkąd zrobiłam czystki w mojej szafie – a oddałam, wymieniłam albo sprzedałam pięć wielkich worków pełnych ubrań – dbam o to, by nie kupować nowych bez potrzeby. Dyscyplina zakupowa bardzo mi w tym pomaga. Zakupy odzieżowe robię bardzo rzadko, tylko wtedy, gdy coś mi się zniszczy, znosi i pojawi się potrzeba uzupełnienia garderoby. Gdy planuję zakupy, staram się unikać centrów handlowych, w których można utknąć na długie godziny, wędrując od witryny do witryny. Wystarczy, że wszystkie zakupy robię w mniejszych sklepach, kooperatywach i na targach, a pokusa spacerowania po sklepach odzieżowych znika, jak ręką odjął, w myśl zasady, czego oczy nie widzą, tego sercu nie żal.

Dorota Czopyk, autorka bloga „EkoEksperymenty", mówi:

> Od przeszło pięciu lat zaopatruję się właściwie tylko w ciucholandach, z wyjątkiem butów, piżam, majtek, skarpetek, biustonoszy, bawełnianych legginsów, rajstop i [...] odzieży sportowej. Czasem wymieniam się ciuchami ze znajomymi. Najważniejsze jest dla mnie to, żeby ubranie było praktyczne i wygodne. Ma przede wszystkim zakrywać te części ciała, których w naszej kulturze się nie pokazuje, a także chronić przed zimnem, deszczem oraz innymi niesprzyjającymi warunkami atmosferycznymi [...]. Jak często robię zakupy? Może dwa razy do roku, gdy coś się wytrze tak, że nie miałabym serca dać tego największemu biedakowi, wtedy drę ubrania na szmaty, które służą do sprzątania lub czyszczenia rowerów. To, co da się uratować – łatam lub przerabiam.

Szybka moda z sieciówek[27]

Tradycyjnie rozumiane sezony ustalone przez dyktatorów mody trwają od wiosny do lata i od jesieni do zimy. Zmieniają się jeden po drugim, nie potrzebując przerwy. Co sezon powstaje nowa kolekcja ubrań projektanta znanej marki. Następnie jej charakterystyczne elementy pojawiają się w kolekcjach odzieżowych

---

27 Więcej zob. Marek Rabij, *Życie na miarę. Odzieżowe niewolnictwo*, Warszawa 2016, a także blog „Ograniczam Się", ograniczamsie.com.

sieciówek, by za kolejnych kilka miesięcy zagościć na każdym bazarku. W ostatnich latach **cykl życia odzieży dramatycznie się skrócił**. Zamiast dwóch sezonów wielkie koncerny odzieżowe planują ich kilka do kilkunastu na rok. Co za tym idzie, szycie kolekcji odbywa się w przyspieszonym tempie, często ze szkodą dla jakości ubrań, nie wspominając o komforcie pracy w szwalniach. Ryzyko, że po drodze między projektem a wykonaniem coś nie wyjdzie, jest dość wysokie, szczególnie jeśli deleguje się wykonanie zamówienia do kraju oddalonego o kilka tysięcy kilometrów. A to nagminny proceder – dla przykładu: **co piąte ubranie na świecie pochodzi z Bangladeszu.**

Znane marki dbają o to, żeby mieć na miejscu swojego reprezentanta trzymającego rękę na pulsie i odpowiedzialnego za status wykonania zamówienia. Są to najczęściej pracownicy pośredników – tak zwanych *buying houses*, czyli domów kupieckich, które zatrudniają osoby kontrolujące terminowość, jakość, odpowiedni transport i rozliczenia z wykonawcami. To dodatkowy koszt dla wielkich koncernów, gwarantujący jednak, że nic nie przeszkodzi we wprowadzeniu nowej kolekcji na czas.

Drugim i najważniejszym ogniwem łańcucha produkcji są **szwalnie**. Często błędnie wyobrażamy je sobie jako parterowe zakłady z kilkudziesięcioma pracownikami przy maszynach. Jednak bangladeskie szwalnie to budynki przypominające połączenie biurowców z fabrykami. Mają po kilka pięter, często sześć, siedem, a na każdym z nich pracuje przy maszynach 200–500 osób. W procesie produkcji ubrań bierze udział także łańcuszek **podwykonawców**, którym wielkie szwalnie zlecają wykańczanie całych partii odzieży. Wszywanie guzików, obrabianie dziurek czy *sandblasting*[28] spodni to zadania dla klepiących biedę małych zakładów na prowincji.

---

28 *Sandblasting* – piaskowanie spodni, dzięki któremu otrzymuje się efekt postarzenia. Jest to proces niezwykle szkodliwy dla zdrowia zatrudnionych przez nim osób, grozi ciężkimi chorobami dróg oddechowych.

W Bangladeszu nikt nie życzy własnym dzieciom pracy w szwalni. Stawki są głodowe, a ryzyko urazów przy starej maszynie, kalectwa przy sandblastingu jeansów czy śmierci w trakcie pożaru zbyt wysokie. Awans społeczny, którym miało być porzucenie uprawy roli i przejście do fabryk, odbija się czkawką na całym wyzyskiwanym przez nas, bogaty Zachód, społeczeństwie. Przeciętnego pracownika fabryki nie stać na kupienie choćby jednego wyprodukowanego przez siebie T-shirtu, co jest dobrze obrazującym ironię sytuacji paradoksem.

Spójrzmy jednak na siebie. Wysyłanie produkcji za ocean sprawiło, że rezygnujemy z własnych szwalni. Sami również tracimy umiejętność szycia i dbania o odzież. Nie znamy się na materiałach, rzadko kiedy czytamy metki i rozumiemy, co jest na nich napisane. Do krawcowej czy szewca chodzimy tylko po drobne przeróbki. Zwiększamy płacę minimalną we własnym kraju, a przymykamy oko na to, co spotyka ludzi, którzy kroją i szyją nasze ubrania w Azji. **Szybka moda to problem, z którym powinniśmy umieć sobie radzić.**

Świadomość to pierwszy krok do zrównoważonej konsumpcji. Może nie potrzeba nam 400 koszulek na sezon, żeby wybrać tę jedną, odpowiednią. Może warto zbudować swoją szafę, bazując na ponadczasowych kolorach i krojach, tkaninach dobrej jakości zszytych w godnych warunkach, rzeczach, które przetrwają zmieniające się kilkanaście razy w roku sezony. Może warto pójść czasem do krawcowej i uszyć sobie ubranie na wymiar. Może warto zwolnić i pomyśleć, czy potrzebujemy aż tyle odzieży. **Oby nasze dzieci miały to szczęście i poznały kiedyś, jak wygląda igła i nitka, i dowiedziały się, do czego mogą służyć.**

Promujmy dobre wzorce, rozmawiajmy o świadomej modzie i mądrej konsumpcji. Dzielmy się własnym doświadczeniem, jeśli chodzi o ubrania dobrej jakości szyte przez sprawiedliwie traktowanych pracowników. Wszyscy powinniśmy na tym skorzystać.

Świadoma moda z pierwszej ręki

Świadoma moda to taka, w której zwracamy uwagę na jakość wykonania ubrań, sprawiedliwy sposób produkcji i pozyskiwania materiałów. Niektóre marki chwalą się nawet, na co konkretnie składa się cena sprzedawanych przez nie strojów, a zatem ile pieniędzy przeznaczają na tkaninę, zapłatę szwaczkom, marketing, utrzymanie strony internetowej i tym podobne. Dobre marki nie wstydzą się składu swoich tkanin czy miejsca ich wytwarzania. Warto zwracać na to uwagę podczas każdych zakupów, by przypadkiem nie wspierać przedsiębiorców wyzyskujących pracowników w imię powiększania własnego zysku.

Dobrej jakości ubrania oferuje wiele polskich marek szyjących lokalnie. Najczęściej są to rzeczy z wyższej półki cenowej, ale kupione raz i odpowiednio pielęgnowane będą nam służyć latami. Od dłuższego czasu zaopatruję się w ubrania firm podchodzących do szycia odpowiedzialnie i informujących swoich klientów o wszystkich szczegółach produkcji.

Taka odzież jest też o wiele wyżej ceniona na rynku wtórnym, dlatego koszt jej zakupu traktuję bardziej jako inwestycję niż wydatek. Poza tym nowe ubrania kupuję tak rzadko, że od czasu do czasu mogę sobie pozwolić na lepszą jakość za wyższą cenę.

Wypożyczalnie ubrań

Wypożyczanie to fajna alternatywa dla kupowania ubrań tylko na jedną okazję. Ślub, impreza firmowa, studniówka, sylwester sprzyjają jednorazowym zakupom. Warto sprawdzić, czy w okolicy funkcjonuje wypożyczalnia ubrań, za które na pewno zapłacimy mniej, niż gdybyśmy kupowali nowe, a dzięki wypożyczeniu nie będziemy ich potem gromadzić w domowej szafie na

kolejną wyjątkową okazję, która nie wiadomo kiedy się dokładnie nadarzy.

Wypożyczalni ubrań jest w Polsce nadal mało. Kilka stron internetowych oferuje swoim klientkom ekskluzywne suknie drogich marek za kilkaset złotych zamiast kilku tysięcy lub elegan-
ckie torebki z możliwością wypożyczenia na kilka dni. Istnieje
wiele wypożyczalni kostiumów na bale przebierańców dla dzieci i dorosłych, jednak na rynku próżno szukać zwykłych strojów,
a szkoda, bo kupowanie ubrań tylko na jedną okazję jest nadal
popularne, mimo że z ekonomicznego punktu widzenia nie ma
większego sensu.

Internetowe źródła odzieży używanej

Portale ogłoszeniowe, aukcyjne i grupy w mediach społecznościowych są świetnym źródłem ubrań z drugiej ręki. Codziennie
pojawia się tam kilkadziesiąt ofert sprzedaży w przeróżnych kategoriach, od ubrań dziecięcych po bardziej wyszukane stroje dla
dorosłych. Warto z nich korzystać, szczególnie jeśli dana oferta
pozwala kupić odzież w miejscu naszego zamieszkania. Sama w ten
sposób zaopatruję moje dzieci w ciuszki, które są w dobrym stanie, a kosztują o wiele mniej niż ich nowe odpowiedniki.

Second-hand

Lumpeks to nadal jedna z najbardziej zerowastowych i odpowiedzialnych form kupowania ubrań. W myśl zasady *reuse* rzeczy trafiają do drugiego, trzeciego, a być może i kolejnego obiegu, co daje szansę na jak najlepsze wykorzystanie sił i środków
włożonych w ich produkcję. Podczas gdy sieciówki nakłaniają do

kupowania nowych ubrań co sezon (sklepy na całym świecie codziennie sprzedają 5,5 miliona T-shirtów!) za mocno wygórowane względem kosztów produkcji ceny, używane rzeczy trafiają na wieszaki second-handów, co nadaje większy sens ciężkiej pracy w bangladeskich szwalniach.

Cena odzieży w lumpeksach jest zazwyczaj niska, zwłaszcza jeśli kupujemy na wagę. Dzięki temu zarówno fashionistki szukające czegoś oryginalnego, jak i osoby najmniej zarabiające mają szansę na kupno ubrań za niewygórowaną kwotę. Coraz więcej jest second-handów, które sprzedają unikatowe egzemplarze wyselekcjonowanych marek. Ubrania są w nich lepiej eksponowane, z narzuconą z góry ceną, nadal o wiele niższą niż w normalnym sklepie. Można tam znaleźć perełki wykonane z wysokogatunkowych materiałów, co łatwo poznać, sprawdzając, jak ubranie zniosło dotychczasowe użytkowanie: czy rękawy się rozciągnęły, czy wełna się zmechaciła lub czy wyblakł kolor. Butikowy second-hand to miejsce, do którego zdecydowanie warto zaglądać i w którym warto się zaopatrywać.

Zasady kupowania w second-handzie

- Przed wyjściem zaplanuj, co chcesz kupić.
- Nie kupuj więcej, niż wcześniej założyłaś, zakupy w second-handzie też mogą zagracić twoją szafę.
- Zwracaj uwagę na skład materiałów, czytaj metki i kupuj tylko ubrania dobrej jakości.
- Uzbrój się w cierpliwość – na wizytę w second-handzie musisz poświęcić więcej czasu niż na zakupy w zwykłym sklepie.
- Weź gotówkę – nie wszystkie lumpeksy akceptują płatność kartą.
- Odwiedzaj ulubione second-handy, w których często znajdujesz ciekawe rzeczy, a zrezygnuj z odwiedzania tych, z których wychodzisz z pustymi rękami, pełna frustracji.

Bea Johnson, autorka bloga „Zero Waste Home" i książki pod tym samym tytułem, chwali się, że większość jej ubrań pochodzi z second-handów. Ubiera się minimalistycznie, tworząc na każdy sezon *capsule wardrobe* składającą się z białych, czarnych i uzupełniających je wzorzystych ubrań. Bieliznę i buty chętniej wybiera nowe, ale dopiero wtedy, jeśli nie znajdzie nic odpowiedniego z drugiej ręki.

Ola Niewczas, założycielka grupy „Zero Waste Polska" na Facebooku, również chętnie zaopatruje się w second-handach. Nie chce kupować tam wszystkiego, ale odświeżając szafę, zazwyczaj kieruje swe kroki właśnie tam.

Osobiście bardzo lubię lumpeksy butikowe z wyselekcjonowaną odzieżą dobrej jakości, ale częściej zaopatruję się w ubrania na wymieniankach lub w poznańskim giveboxie.

Givebox

Gdy w październiku 2015 roku przyjaciółka podesłała mi link do artykułu z „Journal Frankfurt" o pudłach z rzeczami do wymiany stawianych w przestrzeni miejskiej, zaświtał mi w głowie entuzjastyczny pomysł przeniesienia tej idei do Polski. Givebox to miejsce służące wymianie ubrań, książek i innych przedmiotów w dobrym stanie, mogących posłużyć jeszcze innym. Pierwszy powstał w Berlinie około dziesięciu lat temu jako wspólna szafa zawsze dostępna dla wszystkich zainteresowanych wymianą dóbr. Od tamtej pory giveboxy stają się coraz popularniejsze w Niemczech, innych krajach Europy Zachodniej i w Ameryce.

W Polsce dotąd pojawiały się tylko regały na książki jako wspólne niby-biblioteki działające na zasadzie ciągłej wymiany – ale żadnej szafy otwartej na odzież i przedmioty inne niż książki nie było. Okazało się jednak, że zainteresowanie tego rodzaju wymianą

SZAFA

Miejsce spotkań

Źródło darmowych rzeczy

Funkcjonalny mebel

Fizyczne odzwierciedlenie idei dzielenia się

KONSUMPCJA

Refleksja nad nadmierną konsumpcją

Budowanie dobrych nawyków konsumenckich

MINIMALIZM

Oczyszczenie własnej przestrzeni

Redukcja niepotrzebnych rzeczy

SPOŁECZNOŚĆ

Ofiarowanie innym wartościowych przedmiotów

Integracja ponad podziałami

Wspólne działanie na rzecz jednej idei

Budowanie zaufania społecznego

MIASTO

Wartościowy punkt na mapie

Tworzenie małej architektury

Zachęta do spacerów do szafy – bezpośredni kontakt z miastem

GIVEBOX

OSZCZĘDNOŚCI

Zabierz z szafy, zamiast kupować nowe

REDUKCJA ŚMIECI

Drugie życie rzeczy

Zamiast wyrzucać – oddaj innym

FRAJDA

z dzielenia się

z pracy razem

z odkrywania nowych rzeczy w szafie

EDUKACJA

Nauka poszanowania wytworów rąk ludzkich

Nauka bezinteresowności

Nauka pomagania innym za darmo

Nauka współpracy

jest całkiem spore, a osób chętnych do tworzenia takiego miejsca również nie brakuje.

W maju 2016 roku postawiliśmy wspólną szafę na poznańskich Jeżycach, a w grudniu 2016 – w parku Kasprowicza na poznańskim Łazarzu. Od tamtej pory przez szafę i skrzynię, z których składają się nasze giveboxy, przewinęły się setki kilogramów ubrań, butów, torebek, zabawek, książek, płyt i biżuterii.

Givebox stoi w przestrzeni wspólnej, dostępnej zawsze dla wszystkich. Działa na zasadzie wzajemnego zaufania, otwartości na innych i ciągłego obiegu przedmiotów w myśl zerowaste'owych zasad: *reduce* – ograniczaj i *reuse* – używaj ponownie. Misją miejsca jest dawanie rzeczom drugiego życia poprzez udostępnienie ich za darmo komuś innemu. Szafa ma też wymiar prospołeczny i wspólnototwórczy, angażując mieszkańców danej okolicy do wspólnego dbania o jej kondycję.

Givebox jest miejscem, w którym z chęcią zaopatruję się w ubrania, a sama zostawiam to, co uznam już za niepotrzebne, ale nadal przydatne dla innych. W ten sposób zdobyłam kilka naprawdę fajnych bluzek, ubrania dla dzieci, książki, a zostawiłam dla innych zabawki po moich dzieciach, kolorowe magazyny i mnóstwo dobrych jakościowo ubrań, których już nie nosiłam.

Gdy robimy w domu przegląd szaf i regałów, wspólnie z dziećmi ustalamy, które rzeczy pójdą dla innych do giveboxa. Maluchy uwielbiają z niego korzystać. Wiedzą, że to, co im jest niepotrzebne, znajdzie ktoś inny, a same przeszukują półki pełne książek i innych przedmiotów niczym skrzynię skarbów.

Ania Kaczmarek, jedna z osób najaktywniej działających wokół poznańskiej szafy, mówi:

Szafa givebox to już dla mnie miejsce w głowie, bo teraz wiem, dokąd zanieść rzecz, która przestała mi służyć i leży nieużywana, wiem, gdzie skierować znajomych. I to jest też taka wyprawa, gdyż szafy nie ma w mojej dzielnicy, ale jest ona celem, celem spaceru, celem „po drodze" do kina i tak dalej. I cieszę się, że to, co zostawiam w szafie, jeszcze komuś posłuży, bo dbam o to, by zostawiane w niej przeze mnie rzeczy były w dobrym stanie. I pisząc „rzecz" – nie mam na myśli ubrań, raczej całą masę przedmiotów mniej lub bardziej codziennego użytku.

Przerabiaj, naprawiaj

Zanim zdecydujesz, że ubranie powinno wylądować w kontenerze, zastanów się, czy możesz je jeszcze naprawić. Szycie i cerowanie to cenne umiejętności, jeśli chcesz dbać o swoją garderobę we właściwy sposób. Często wystarczy igła, nitka i trochę chęci, by zacerować spodnie. Zdarza mi się robić proste przeróbki ubrań moich dzieci, na przykład z długich spodni z dziurami na kolanach zrobić krótkie, przyszyć guzik czy łatę. Nie będę twierdzić, że jestem mistrzynią igły, bo tak nie jest, ale przełamałam się i nauczyłam się nawet szyć na maszynie. Kilka krótkich lekcji u przyjaciółki szyjącej na co dzień pozwoliło mi opanować podstawy tego – jak mi się wydawało – trudnego rzemiosła. Teraz wiem, że przeszycie ściegu wzdłuż rękawa nie jest takie skomplikowane, choć musiałam próbować na wielu ścinkach materiałów.

Nie zawsze mam czas, by zająć się szyciem, choć szczerze to polubiłam. Czasem wolę zanieść nadprute ubrania do krawcowej, która naprawi je szybciej i wprawniej niż ja. Dzięki temu odzyskujemy wiele ubrań, które są intensywnie eksploatowane przez moje dzieci. Inaczej musiałabym kupować im spodnie średnio raz na dwa tygodnie!

Oprócz łat i przeróbek zdarza mi się uszyć u krawcowej coś zupełnie od zera. Wybieram materiał i fason, robimy przymiarki, a na końcu zyskuję piękne ubrania szyte na miarę. To niesamowite uczucie mieć coś skrojonego wyłącznie na siebie, a nie z sieciówki, w której wszystko ma pasować na wszystkich.

Dorota Czopyk, autorka bloga „EkoEksperymety", opowiada:

Przerabiam, co się da! Spodnie łatam na pupie i kolanach albo obcinam na krótkie spodenki. Ze starych kurtek i bluz wypruwam zamki, sznurki, gumki i ściągacze. Teraz na przykład z zamka wyprutego z podartej peleryny męża i nieprzemakalnego materiału z jakiejś starej kurtki szyję panel dla dziecka, żeby noszone w chuście mieściło się w mojej kurtce, gdy będzie padać i wiać... Rajstopy tnę na krążki i mam gumki do włosów. Majtki i skarpetki tnę na kawałeczki i wypycham nimi leśne zwierzęta (maskotki), które robię na szydełku. Podkoszulki i bluzki tnę na szmaty.

Proste sposoby na przerabianie ubrań:
- Podarte spodnie obetnij nad kolanem i obszyj brzegi nogawek – zyskasz krótkie spodenki na lato.
- Obetnij rękawy w podniszczonej na łokciach koszuli – otrzymasz koszulę z krótkim rękawem.
- Zafarbuj wyblakły T-shirt – zyskasz koszulkę o odświeżonym kolorze.
- Białe, zniszczone trampki pokoloruj flamastrami do malowania tkanin – będą jak nowe.
- W znoszonym lub przymałym body dla dzieci odetnij dół i przyszyj falbankę – otrzymasz sukienkę dla dziewczynki.

Gdy ubranie nie nadaje się już do przeróbki:
- Stare ubranie potnij na kawałki i używaj ich jako szmatek.
- Możesz je też pociąć na długie paski i zrobić z nich torbę, kosz lub koszyczek na szydełku.

- Z ubrań pociętych na mniejsze, kwadratowe kawałki uszyj pled lub pokrycie na łóżko do dziecięcego pokoju.
- Skarpetek nie do pary użyj jako otulacza na szklaną butelkę.
- Kawałki materiału mogą posłużyć jako wypełnienie poduszek lub maskotek.
- Ze znoszonych ubrań lub starych firanek uszyj woreczki na jedzenie albo torbę na zakupy.

Adresy warte zapamiętania

- Internetowy sklep z rzeczami z drugiej ręki **Remix** (www.remix-shop.com/pl).
- Platforma sprzedażowa skupiająca marki wspierające sprawiedliwy handel: **Transparent Shopping Collective** (www.transparentshopping.com).
- Platformy skupiające niezależne marki i projektantów mody: **Showroom** (www.showroom.pl), **Pakamera** (www.pakamera.pl), **DaWanda** (www.dawanda.com), **Decobazaar** (www.decobazaar.com).
- Wypożyczalnia sukienek **Love The Dress** (www.lovethedress.pl).
- Wypożyczalnia torebek przy **Manufakturze de Mehlem** (www.demehlem.com/content/13-wypozyczalnia-torebek).
- **Givebox Poznań** (www.facebook.com/giveboxpoznan).

Garderobiana checklista

- Przejrzeć szafę i usunąć z niej nadmiarowe ubrania.
- Wziąć udział w wymieniankach odzieżowych.
- Zlokalizować najbliższy second-hand i wybrać się do niego z listą zakupów.
- Zlokalizować najbliższy zakład krawiecki.

- Przerobić lub naprawić dobrej jakości odzież.
- Uszyć ubranie skrojone na miarę.
- Założyć givebox we własnym mieście.

Rozdział II
Dzieci a *zero waste*

Życie w stylu *zero waste* z dziećmi wielu może się wydawać trudnym przedsięwzięciem. Kiedy kilka lat temu stawiałam pierwsze kroki na mojej drodze do minimalizmu, nie wyobrażałam sobie, jak przekonać do tego także rodzinę – przecież każdy ma swój zestaw ubrań, przedmiotów, książek, swoje zainteresowania, które często odzwierciedlają stan posiadania każdej z osób. Nie chciałam nikomu niczego narzucać, po prostu redukowałam liczbę własnych rzeczy i po cichu liczyłam na zaangażowanie pozostałych domowników. Z czasem okazało się, że sentymentalne podejście do przedmiotów to głównie moja domena, mąż jest minimalistą z urodzenia, a dzieci, obserwując nasze poczynania, uczyły się od nas w naturalny dla nich sposób. Widziały, że robię przeglądy szaf, patrzyły, jak szykuję książki do oddania, razem z nami chodziły na wymienianki i same potem wyszukiwały zabawki, którymi się już nie bawią i chętnie oddadzą je innym. Kiedy po raz pierwszy powiedziałam mojemu dwuipółletniemu synkowi, że jutro idziemy oddać niepotrzebne nam rzeczy dzieciom, którym one sprawią radość, bez zbędnych pytań zaczął wyciągać książki, zabawki i ubrania i wkładać je do przygotowanego na ten cel pudła.

My, dorośli, często myślimy, że to, co zajęło nam sporo czasu, dzieciom zajmie jeszcze więcej – bo trzeba im wytłumaczyć, bo muszą zrozumieć, bo nie będą chciały i napotkamy opór. Z mojego doświadczenia wynika, że to dorośli mają więcej problemów ze zrozumieniem i wyrobieniem sobie nowych nawyków, bo muszą zastąpić swoje dotychczasowe, często długoletnie przyzwyczajenia. Mały człowiek uczy się głównie przez obserwację dorosłych i własne doświadczenia. Jeśli więc mamy dzieci, warto od początku aktywnie zaangażować je w nasze poczynania, bez stosowania taryfy ulgowej. Dla nich będą one zupełnie normalne, logiczne i uzasadnione – skoro coś sprawdza się u dorosłych, sprawdzi się też u mnie. Poza tym maluchy uwielbiają, gdy oddaje się im kontrolę nad ich prywatną strefą, dlatego wybór zabawek czy książek do przekazania innym to dla nich nie tylko frajda, ale też ćwiczenie z odpowiedzialności za własne rzeczy i życie.

Gdy rozpoczęłam eksperyment *zero waste*, myślałam, że osoby samotne mają o wiele łatwiej, bo odpowiadają tylko za siebie i za swoje śmieci. Nie zaskoczą ich papierki po batonikach, kartoniki po soczkach czy foliowe opakowania po cukierkach. Ja jednak żyję w innych realiach i muszę podjąć wyzwanie wdrożenia nowych nawyków u nas wszystkich, u całej czteroosobowej rodziny. Bałam się jak nie wiem co, że to nie wypali i znów zasypią nas śmieci.

Prawda jest taka, że nie żyjemy całkowicie *zero waste*. Zdarzają nam się wpadki i przypadkowe prezenty muszą w końcu trafić do kosza. Jednak wbrew moim obawom redukowanie ilości śmieci wychodzi nam naprawdę nieźle.

Jak rozmawiać mądrze o odpadach

Pokazanie związku przyczynowo-skutkowego to nic złego. Dzieci doskonale rozumieją, że jeśli w oceanach jest za dużo foliówek, zwierzęta mogą je zjeść i zachorować lub umrzeć.

KASIA WĄGROWSKA: Zawodowo zajmujesz się prowadzeniem zajęć z edukacji ekologicznej. Czy mogłabyś opowiedzieć, jak to wygląda w praktyce?

AGNIESZKA SADOWSKA-KONCZAL: Prowadzę zajęcia dla różnych grup wiekowych – od przedszkolaków do seniorów. Z dziećmi poruszamy się wokół dwóch obszernych zagadnień: edukacji ekologicznej i edukacji globalnej, w ramach której poznajemy różne kraje, wplatając w to zagadnienia ekologiczne. Kwestia odpadów jest w tym ujęciu jednym z wielu wątków, poza tym tłumaczymy dzieciom, że dostęp do wody nie jest taki oczywisty. Nie epatujemy przy tym przykrymi obrazami, bo naszym celem nie jest wywoływanie jednorazowego współczucia, a kształtowanie odpowiedzialnych postaw i budowanie międzynarodowej solidarności. Ale dobrze też mówić o konsekwencjach. Pokazanie związku przyczynowo-skutkowego to nic złego. Dzieci doskonale rozumieją, że jeśli w oceanach jest za dużo foliówek, zwierzęta mogą je zjeść i zachorować lub umrzeć.

Okres wczesnoszkolny i przedszkolny to czas, gdy kształtują się postawy, a empatia jest wysoko rozwinięta. W ramach edukacji globalnej opowiadamy, jak wygląda życie w różnych częściach globu, wskazujemy różnice i podobieństwa. Tłumaczymy, że wybory, które podejmujemy w Polsce, mają znaczenie na drugim końcu świata, na przykład gdy kupuje się rzeczy wyprodukowane na innym kontynencie. Ważna jest przy tym sama forma zajęć.

Na tym etapie najlepiej sprawdza się edukacja przez zabawę, doświadczenie, najgorzej – suche pogadanki.

Co wpływa na dobór tematów?

Jako kraj jesteśmy zobligowani do realizowania idei zrównoważonego rozwoju, definiowanej między innymi przez zaktualizowane niedawno przez ONZ Cele Zrównoważonego Rozwoju. Jest ich siedemnaście, a dotyczą na przykład kwestii walki z ubóstwem, dostępu do wody, dostępu do edukacji, do praw człowieka i praw kobiet, deforestacji, ochrony różnorodności biologicznej, a nawet odpowiedzialnej konsumpcji i produkcji. Wszystkie się ze sobą mocno splatają. Sama definicja zrównoważonego rozwoju mówi, że należy żyć w taki sposób, by nasze bieżące potrzeby były zaspokajane, ale też w taki sposób, by również następne pokolenia mogły w równym stopniu korzystać z zasobów Ziemi. W Stowarzyszeniu Ośrodek Działań Ekologicznych „Źródła", z którym jestem związana od kilku lat, realizujemy projekty dofinansowywane ze źródeł zewnętrznych i warsztaty komercyjne. W obecnie realizowanym projekcie (projekt „Edukacja globalna dla najmłodszych" współfinansowany jest ze środków Ministerstwa Spraw Zagranicznych, w ramach programu Polska Pomoc) mamy czternaście różnych scenariuszy, każdy z nich poświęcony innemu krajowi. Przy okazji Wietnamu mówimy o żywności, przy Nepalu o dostępie do edukacji, przy Kenii o zrównoważonej i odpowiedzialnej turystyce oraz o ochronie przyrody. Komercyjne warsztaty zależą od zapotrzebowania placówek edukacyjnych. Możemy przygotować zajęcia poświęcone między innymi odpadom, zmianom klimatu, ochronie humanitarnej zwierząt. Często nauczyciel ma konkretny pomysł, a czasem potrzebuje sugestii.

Czy robicie warsztaty związane z problematyką bliską *zero waste*?

Dosyć rzadko. W Polsce świadomość ekologiczna bardzo często kończy się na segregacji odpadów, która jest ustawowym obowiązkiem. Według ustawy możemy segregować śmieci lub zapłacić więcej i mieć to z głowy. Ale ekologia wykracza daleko poza, dość prostą w sumie, kwestię segregacji. Oczywiście, gdy przyjrzeć się bliżej, okazuje się, że i z tym wielu Polaków wciąż jeszcze ma problemy, ale staramy się nie zawężać edukacji ekologicznej do problematyki odpadowej.

Staramy się też podpowiadać nauczycielom, że to ograniczanie produkowania odpadów jest kierunkiem, w którym powinniśmy podążać. Mam wrażenie, że potrzebujemy dużej zmiany społecznej, która, de facto, wiąże się ze zmianą pokoleniową. Często spotykam się z opinią, że *zero waste* jest niepotrzebne, bo przecież jest recycling. To bardzo konserwatywne podejście.

Wydaje mi się, że ludzie segregują śmieci przymuszeni ustawą, ale brak im pogłębionej świadomości. Nie zastanawiamy się, po co w ogóle przynosimy je do domu w takich ilościach. Kupujemy, płacimy za przetwarzanie, a nasze myślenie o odpadzie kończy się, gdy wynosimy go z domu. On znika z naszej świadomości. Masz rację, ludzie segregują przymuszeni aspektem ekonomicznym. To jednak wciąż za mało. Z badań TNS na zlecenie Ministerstwa Środowiska przeprowadzonych w 2014 roku wynika, że sześćdziesiąt osiem procent Polaków deklaruje segregowanie odpadów. Niektóre dzieci, które uczestniczą w naszych warsztatach, mogą odczuwać dysonans poznawczy. W przedszkolu mówi im się o segregacji śmieci, a w domu rodzic, który jest autorytetem, tego nie robi.

Trzeba jednak zrozumieć, że dorośli w szkołach nie uczyli się o ekologii. Świat zaczął się interesować edukacją środowiskową w późnych latach sześćdziesiątych, samo pojęcie zrównoważonego rozwoju zostało zdefiniowane dopiero w roku 1987. To trochę za mało czasu, nawet mimo wytężonej pracy administracji rządowej, placówek oświatowych i trzeciego sektora, by ekologia przeniknęła do edukacji formalnej i utrwaliła się w świadomości społecznej.

Jak dotrzeć z tymi informacjami do osób dorosłych, które nie są związane z systemem oświatowym?
Docierając do dzieci i nauczycieli, mamy nadzieję, że trafiamy również do rodziców. Z drugiej strony dużo dzieje się poza instytucjami oświatowymi. W korporacjach realizowane są działania z zakresu CSR, czyli odpowiedzialnego społecznie biznesu. Przyjmują różną postać: od wolontariatu po mailing wewnątrz firmy, newslettery i organizację eventów, ale bardzo często obejmują właśnie tematy ekologiczne.

Ale korporacje to nie wszystko. Są też uniwersytety trzeciego wieku, które również przekazują wartościowe treści, promują zdrowy i ekologiczny styl życia wśród seniorów. Z doświadczenia wiem, że seniorzy uczęszczający na takie zajęcia są bardzo spragnieni wiedzy. Ponadto znam akcje organizacji pozarządowych, które z sukcesem adresowane są do seniorów, a jednocześnie włączają do działania dzieci i młodzież. Taka międzypokoleniowa współpraca z ekologią w tle bywa szczególnie owocna dla obu stron.

Mam wrażenie, że ludziom, którzy pamiętają czasy PRL-u, bardzo trudno powstrzymać się od konsumpcji. Oni przez lata robili zakupy do jednej jedynej siatki z zagranicy, żyli w duchu *zero waste* z przymusu, od czego uwolniła ich przemiana ustrojowa. Teraz bez oporu kupują i pozbywają się rzeczy. Jak pracować z dorosłymi, żeby zwrócić im na to uwagę?
Masz dużo racji, można to nawet wytłumaczyć, szukając źródeł w biologii ewolucyjnej. Jak się doświadczy głodu czy niedosytu, magazynuje się na zapas, żeby zabezpieczyć się przed kolejnym niedoborem. Z grupą, o której wspomniałaś, pracuje się stosunkowo najtrudniej. Dla nich *zero waste* nie jest dobrym skojarze-

niem, a opór wynika z doświadczenia życiowego. Nie chcę generalizować, ale taką tendencję faktycznie można zaobserwować.

Jak z nimi rozmawiać? Trzeba szukać odpowiednich kanałów. Świetnie się do tego nadają pikniki, targi śniadaniowe czy śniadania w plenerze. Poza tym zawsze trzeba mówić językiem korzyści. Do dorosłych przemawiają dość wymierne czynniki ekonomiczne. Jak ktoś dba o budżet domowy, można próbować przedstawić mu *zero waste* jako proste, zdroworozsądkowe narzędzie, które sprzyja oszczędnościom. W ten sposób odczarowuje się ekologię, postrzeganą czasem jako drogą fanaberię nowobogackich. A w rzeczywistości jest ona po prostu minimalistycznym powrotem do korzeni.

Warto też pamiętać, że jeśli zarzucimy rozmówcę ogromną liczbą porad, wskazówek czy – co gorsza – nakazów, łatwo możemy go zrazić. Proponuję zacząć od sugestii, by ograniczyć zużywanie foliówek. I pokazywać na własnym przykładzie, że to wcale nie jest takie straszne.

Zdarza się, że ludzie z wygody lekceważą kwestie ekologii.
Tak, wygoda, kwestia przyzwyczajenia i strach przed oceną sprawiają, że trudno się przebić z ekologicznym przekazem. Ważna w rozmowach o ekologicznym stylu życia jest też świadomość, że nie wszyscy myślą identycznie jak my, wyznają te same wartości. Otaczając się ludźmi, którzy dokonują podobnych konsumenckich wyborów i wyznają bliskie nam wartości, łatwo popaść w złudzenie, że skoro ja i sporo osób wokół mnie tak żyje, to życie ekologiczne jest bardzo łatwe i z pewnością wszyscy mieszkańcy świata powinni myśleć podobnie. Warto pamiętać, że to, co dla nas jest codziennością, dla niektórych jest totalną abstrakcją. Z tego względu bardzo sobie cenię rozmowy podczas zakupów w sklepach. Moje wybory są pewnie postrzegane jako dziwaczne na tle „średniej krajowej", więc budzą zainteresowanie. Zagadują mnie ludzie w kolejkach, pytają, dlaczego przychodzę z własnymi opakowaniami. Anegdot z zaku-

pów mogłabym opowiedzieć dziesiątki, ale zawsze myślę, że być może kogoś udało mi się zainspirować do zmiany nawyków.

Wspomniałaś, że twoje życie zmieniło się pod wpływem ekologii.
Moja przemiana zaczęła się, gdy trafiłam na kurs trenerski edukacji ekologicznej. Jestem z wykształcenia biologiem, wymyśliłam sobie, że zajmę się edukacją ekologiczną. Niedługo później zaczęłam pracować w trzecim sektorze. Zaczęłam też poszerzać swoją wiedzę, to był długotrwały proces, który wywrócił mi życie do góry nogami.

Dużo udało mi się zmienić od tamtej pory, zadbać o ekologię w różnych wymiarach. Oduczyłam się niepohamowanego konsumpcjonizmu modowego. Nie kupuję w sieciówkach, ubieram się w second-handach lub u polskich producentów. Mam słabość do kosmetyków, ale świadomie wybieram nietestowane na zwierzętach preparaty o dobrych składach.

Nie wszystko jeszcze udało mi się zmienić. Szukam rozwiązań, które są dla mnie komfortowe. Żeby wyjść ze strefy komfortu, trzeba trochę wysiłku, ale nie ma co robić z życia niekończącej się pokuty.

A jak wygląda Twoje życie pod względem bezodpadowości?
Mam tu spory dylemat, dużo o tym ostatnio myślę. Jestem wegetarianką i konsekwentnie unikam oleju palmowego, jednocześnie bliska jest mi idea *zero waste* i choć dążę do tego „zero", nie chcę być niewolnikiem tej idei. Trudno czasem połączyć wszystkie priorytety.

Dużo rzeczy robię sama, między innymi mydła. Używam ekologicznych środków czystości, które nie zawierają tłuszczu zwierzęcego, pokochałam kubeczek menstruacyjny. Ale życie w duchu *zero waste* w polskich realiach wciąż wymaga dużego zaangażowania, a ja nadal się zastanawiam, ile jestem w stanie poświęcić ze swojego życia, żeby być *zero waste*. Trzeba też szukać innych rozwiązań. Może to być lobbing, który zmienia świadomość nie tylko konsumentów, ale i producentów. Tutaj upatruję większej szansy na zmianę rynku.

Powolne zmiany dobrze widać na przykładzie produktów dla wegan i wegetarian. Kiedyś było o nie dużo trudniej, teraz w każdym osiedlowym sklepie jest oferta dla wegan, powszechnie dostępne są mleka roślinne czy zamienniki mięsa. Myślę, że to kwestia czasu, by robienie bezodpadowych zakupów również nie było aż takim wyzwaniem. Na razie wymaga to wysiłku, na który nie każdy jest gotowy.

Czy masz marzenia dotyczące ekologii i *zero waste*?
Mam wiele takich marzeń. Chciałabym, żeby zrównoważony rozwój był respektowany przez administrację rządową, a polska gospodarka w większym stopniu skupiała się na wykorzystaniu odnawialnych źródeł energii.

Widzę też potrzebę uregulowania kwestii związanych z zakupami bezodpadowymi. Sklepy, które chcą sprzedawać w ten sposób, borykają się z niejasnym stanowiskiem sanepidu. A inne zasłaniają się nieistniejącymi przepisami. Chciałabym, żeby pełniej utrwaliło się w społecznej świadomości przekonanie, że nie ma przeciwwskazań, by kupować do własnych pojemników. Może wówczas pojawiłoby się więcej takich sklepów, a zrównoważone wybory stałyby się powszechniejsze.

Dziękuję za rozmowę.

Agnieszka Sadowska-Konczal – autorka bloga o ekologicznym stylu życia „EkoLogika" (www.ekologika.edu.pl), zajmuje się edukacją ekologiczną, pisze doktorat o edukacji dla zrównoważonego rozwoju i żyje tak, że – jak sama mówi – naprawdę trudno znaleźć jakiś aspekt jej życia, który by nie miał związku z ekologią.

Zakupy spożywcze

Nasze dzieci nie robią same zakupów, a gdyby nawet robiły, wiedzą, że zawsze trzeba wziąć z domu torbę, a w sklepie unikać plastików. Skoro to my, dorośli, jesteśmy odpowiedzialni za zaopatrzenie lodówki, spiżarni, łazienki i szafy, na nas spoczywa obowiązek dbania o to, co i w jakiej formie kupujemy. A skoro nasz styl kupowania opiera się na unikaniu jednorazowych opakowań, ładowaniu wszystkiego do bawełnianych toreb i kupowaniu na wagę do własnych pudełek, z takich produktów korzystamy wszyscy jako rodzina.

Nowością, którą wdrożyliśmy z myślą o dzieciach, była rezygnacja ze słodyczy i płatków śniadaniowych w plastikowych opakowaniach. Ważne było znalezienie alternatywy, tak by nikt nie czuł się poszkodowany przez nasze zmiany. Na szczęście dzieci pokochały suszone owoce kupowane w sklepie na wagę i teraz, gdy mają ochotę na słodką przekąskę, wołają o suszone morele, morwę białą i żurawinę. A gdy chcą coś pochrupać, dostają orzechy włoskie lub pekan. Poza tym zawsze mamy w domu owoce, które w połączeniu z domowym jogurtem i miodem tworzą wyjątkowo pyszny podwieczorek.

Czasem trochę oszukuję. Gdy czytam im książkę, w której jest opis kogoś jedzącego chipsy, na głos czytam o chipsach jarmużowych albo jabłkowych. Mam jednak nadzieję, że dzieci mi to wybaczą.

Lubię bajki opisujące, jak bezwartościowe i niezdrowe mogą być słodycze dla tych, którzy się nimi często objadają. Naszym ulubionym opowiadaniem jest *Basia i słodycze*[1] obrazowo przedstawiające dziecięce urodziny w parku rozrywki. Cieszę się, że moje

---

1 Zofia Stanecka, Marianna Oklejak, *Basia i słodycze*, Warszawa 2012.

dzieci same wyciągają wnioski i wiedzą, że można mieć zachcianki, których realizacja nie zawsze nam służy.

Dobre rady dla rodziców

- Jeśli dopiero zaczynasz wyrabianie bezodpadowych nawyków, na zakupy nie bierz ze sobą dzieci. Zamiast skupić się na wyborze odpowiednich produktów, będziesz zmęczony szukaniem maluchów między regałami. Jednak gdy już znajdziesz miejsca na bezodpadowe sprawunki, zaangażuj w nie również najmłodszych członków rodziny. Daj im woreczki, niech sami pakują warzywa i owoce. A jeśli są jeszcze za mali, pozwól im obserwować, jak ty to robisz. Odizolowanie niczego ich nie nauczy, a za jakiś czas i tak zainteresują się kupowaniem jedzenia. Lepiej od początku pokazywać im wartościowe miejsca.
- Słodkie przekąski sprawiają kłopot wielu osobom. Jeśli suszone owoce nie są dla ciebie, upiecz domowe ciasteczka ze zdrowych składników lub kup ciastka i czekoladę na wagę.
- Zamiast soczków w kartonikach i plastikowych butelkach z dzióbkiem lepiej dawać dzieciom domowe kompoty. Jeśli zabraknie nam przetworów, wspólnie robimy soki w wyciskarce. To większa frajda niż zwykłe kupienie soczku w sklepie. Traktujemy to jak wspólną zabawę, w której dorosły czyści i kroi owoce i warzywa, a dziecko wrzuca je do wyciskarki przy zachowaniu wszystkich środków ostrożności. Maluchy chętniej piją samodzielnie zrobiony sok, nawet jeśli zawiera warzywa, za którymi nie przepadają. A pulpę, która zostaje po wyciśnięciu, wspólnie wrzucamy do kompostownika lub — jeśli to pozostałości marchwi — razem robimy z niej ciasto.
- Cierpliwość i otwartość na potrzeby dzieci są konieczne przy zmianie nawyków na zgodne z zasadami *zero waste*. Jeśli bezpardonowo wyeliminujemy z ich życia rzeczy, które do tej pory lubiły, i nie zaoferujemy nic w zamian, spotkamy się z buntem i niechęcią do nowych zasad.

Dlatego tak ważne było dla mnie sprawdzenie, czy dzieci polubią bakalie i domowe soki. Wygląda na to, że teraz niczego im nie brakuje.

Higiena i pielęgnacja

Gdy byłam w pierwszej ciąży, wydawało mi się, że jest tyle rzeczy, które muszę mieć, by odpowiednio zadbać o moje dziecko. Nie miałam wśród znajomych osób, które przeszły już przez to, przez co ja miałam przejść. Byłam podatna na zabiegi marketingowe sklepów z akcesoriami dla dzieci. Pamiętam, że według nich każdy kosmetyk miał bardzo wąskie zastosowanie, co oznaczało, że jeśli bym chciała, żeby maluch był zdrowy, powinnam kupić chyba kilkanaście buteleczek, tubek i słoiczków. Krem do ciała, krem do pupy z odparzeniami, krem do pupy bez odparzeń, zasypka, szampon, mydło w płynie, olejek do mycia, balsam do ciała, płyny do płukania oczu, szampon na ciemieniuchę – to te, które potrafię teraz na szybko wymienić, mimo że okres niemowlęctwa moich pociech dawno się skończył.

Przy córeczce już wiedziałam, że nie należy popełniać tego samego błędu i kupować tony kosmetyków. Przydatne okazały się tylko:

- **olejek do ciała** – najlepszy jest naturalny olej ze słodkich migdałów, którego używam również do pielęgnacji twarzy,
- **mydło** – teraz robię je sama, ale wcześniej używałam jednego kosmetyku w płynie do włosów i ciała, to było najwygodniejsze przy małym dziecku,
- **zasypka do pupy** – najlepszą jest zwykła mąka ziemniaczana, o której wspominają nasze mamy.

Te trzy kosmetyki w zupełności wystarczają niemowlęciu. Starsze dzieci, oprócz mycia rąk, głowy i ciała, muszą też opanować dbanie o higienę jamy ustnej. Zrobiłam już kilka rodzajów **środków myjących do zębów** (zob. s. 194) oraz kupiłam brązową pastę firmy Trawiaste. Mój synek spróbował każdego z moich wynalazków. Najbardziej smakowała mu pasta na bazie oleju kokosowego, proszek do mycia z glinki i sody okazał się natomiast zbyt ostry w smaku (olejek miętowy potrafi być bardzo intensywny, szczególnie dla wrażliwych kubków smakowych dzieci). Na co dzień najmłodsi myją zęby kupną pastą bez fluoru, a ja nie ustaję w staraniach, by stworzyć dla nich jak najlepszą domową kompozycję.

Pieluchy

Największą bolączką rodziny dążącej do bezodpadowego życia są pieluchy. Statystycznie bobas zużywa od pięciu do ośmiu pieluch na dobę, co w skali roku daje około 1900–2000 sztuk. Przy zużyciu pięciu pieluch dziennie generuje się około 365 kilogramów śmieci rocznie – tylko na jedno niemowlę! Rodziny z małymi dziećmi są bez wątpienia największymi wytwórcami śmieci w skali kraju. Jeśli do tego dorzucić chusteczki nawilżane, którymi wyciera się pupę bobasa, sterta śmieci jeszcze bardziej rośnie. O ile używa się pieluch z włókien biodegradowalnych, które już pojawiają się na polskim rynku, sytuacja nie jest jeszcze tak dramatyczna. Są one droższe i trudniej dostępne niż zwykłe pampersy, ale jeśli jesteśmy w stanie zamówić przez internet specjalny ekożwirek do kociej kuwety, znajdziemy również biodegradowalne pieluchy.

Gdy moje dzieci były małe, walczyłam z niewyspaniem, powolnym akceptowaniem nowej rzeczywistości i specjalną dietą dla osób ze skazą białkową, nieustannie nosząc, karmiąc bądź usypiając – czyli prowadziłam normalne życie świeżo upieczonej mamy. W życiu bym nie pomyślała, że do tego wszystkiego mogłabym jeszcze dołożyć pranie pieluch wielorazowych. Pamiętam historie mojej mamy o praniu tetry, gdy to ja byłam dzieckiem. Brzmiały niczym opowieści z pola walki, co w sumie nie jest dalekie od rzeczywistości. Bobas w domu to istna rewolucja.

Gdy zaczęłam redukować ilość śmieci, stopniowo wprowadzałam zmiany w kolejnych sferach życia, od zakupów przez domowe porządki po własną pielęgnację i higienę bazującą na wielorazowych produktach. Wiedziałam, że kolejnym krokiem powinno być wprowadzenie wielorazowych pieluszek dla mojej córki. A. ma już ponad dwa latka i uczy się siadać na nocniku. Myślałam, że szybciej uda nam się ją odpieluchować, stąd opóźnienia w realizacji kolejnego eksperymentu *zero waste*. Teraz już widzę, że córeczka nie jest skora do całkowitej rezygnacji z pieluch, więc próbujemy sobie radzić z kilkoma kompletami wielorazowych, choć wiem, że ten etap może okazać się krótki. Nie zniechęcam się kosztami, bo rynek wtórny pieluch wielorazowych jest bardzo aktywny i można je sprzedać przez internet po bardzo korzystnych cenach.

Co warto wiedzieć o pieluchach

- Pielucha jednorazowa składa się przede wszystkim z tworzyw sztucznych: plastiku, folii i celulozy, albo mówiąc inaczej: z wkładki absorpcyjnej, włókniny, kleju, elastycznych nici, pasków i zapięć, a także substancji zapachowych i farb. Taka pielucha rozkłada się ponad 500 lat.
- Na początku przygody z pieluchami wielorazowymi warto czerpać wiedzę z blogów i grup na Facebooku poświęconych temu tematowi. Jest wiele ekspertek, które doradzą przy wyborze rodzaju otulaczy, wkładów i systemów pieluchowania, jakie są dostępne w kraju.

Patrząc na higienę niemowlęcia z perspektywy czasu, myślę, że każdy powinien używać pieluch wielorazowych. Jest to najbardziej odpowiedzialne zachowanie w stosunku do zdrowia własnego dziecka i środowiska. Pieluchy wielorazowe zrobione są z naturalnych włókien, dzięki którym skóra może oddychać, nie zawierają też toksycznych składników. Dziecku rzadziej odparza się pupa i szybciej jest gotowe na etap odpieluchowania. Poza tym otulacze na pieluchy są pięknie uszyte z najlepszej jakości tkanin, więc korzystanie z nich to czysta przyjemność.

Zabawki i prezenty dla dzieci

Gdy nasz synek był mały, prawie w ogóle nie mieliśmy zabawek. Czułam, że ich nie potrzebujemy, że dziecko dużo lepiej poznaje świat za pomocą prawdziwych przedmiotów. I w sumie niewiele się myliłam. Gdy rodzina przy pierwszej okazji sprezentowała nam kolorową zabawkę ze sklepu, J. najpierw nie wiedział, co z nią zrobić, potem bawił się nią przez krótki czas, a ostatecznie bardziej zainteresował się tym, co znajdował wokół siebie. Jego ulubionymi zabawkami stały się drewniane łyżki, ogon kota, kable (które oczywiście musieliśmy pousuwać, gdy zaczął raczkować) i skórzana piłka do baseballa, która motywowała go do posuwania się do przodu po podłodze. Mieliśmy matę sensoryczną dla maluchów po starszym kuzynie, kilka książeczek i płyt z piosenkami dla dzieci. Tak naprawdę maluch wcale nie potrzebuje szczególnego traktowania i wyjątkowych zakupów, bo w wystarczającym stopniu interesuje się dorosłymi sprawami, czyli wszystkim wokół, czego nie zna. Poznawanie świata wiąże się z obserwacją otoczenia, dotykaniem, czasem lizaniem i gryzieniem – to czynności dla dziecka oczywiste i naturalne. Czy głośno grająca zabawka w pstrokatych kolorach mu w tym pomoże? Do czego z prawdziwych rzeczy jest ona podobna? Nie widziałam takich przedmiotów ani w naszym domu, ani poza nim.

Mieliśmy jednak i takie gadżety, choć żadnego sami nie kupiliśmy. Rodzina chciała sprawić maluszkowi przyjemność i szanuję to, ale oczekuję też, że bliscy będą szanować nasze zasady.

Zabawki ze sklepu mają ten minus, że dają dużo gotowych, ograniczonych propozycji zabawy. Zamiast rozwijać wyobraźnię, zamykają ją w pewne z góry narzucone ramy. Od początku widziałam, że zwykła łyżka czy kuchenna miska sprawia dzieciom o wiele więcej frajdy niż plastikowe resoraki czy głośne, wydające płaski elektroniczny dźwięk organki.

Obserwując dzieci, widzę, które zabawki są regularnie brane do rąk, a które zachwycają przez chwilę, a potem leżą w kącie i zbierają kurz. Najlepiej sprawdzają się:

- **drewniane klocki** – najpierw są fajnym gryzakiem, potem instrumentem perkusyjnym, a dla nieco już starszego dziecka stanowią materiał do budowy domków, zamków i najprzeróżniejszych innych konstrukcji. Moje dzieci mają też drewniany zestaw o nazwie kulodrom – składa się on z klocków o różnych kształtach, z których buduje się tor zjazdu dla szklanej kulki; dzieci ćwiczą dzięki temu wyobraźnię przestrzenną;
- **klocki Lego** – są co prawda zrobione z plastiku, pakowane w karton i foliową torebkę, ale jeden prosty zestaw starczy na długie lata! Z perspektywy czasu widzę, że zestawy tematyczne z klockami narzucającymi formę zabawy są sezonowe, a zainteresowanie nimi szybko mija wraz z modą na konkretny film, którym są inspirowane. Najzwyklejsze klocki o prostych kształtach dają najwięcej frajdy, i to wielu pokoleniom szkrabów. Moimi klockami z dzieciństwa bawiły się po latach dzieci kuzynki, potem zestaw został przekazany dalej. Niektóre klocki moich dzieci mają już cztery lata i nie widać po nich żadnych śladów użytkowania (może oprócz tych klocków, w które maluchy powciskały plastelinę);

- **drewniany wózek dla lalek** – ulubiona zabawka mojej dwuletniej córeczki, która wozi w nim szmaciane lale i misie;
- **szmaciana lalka** – uszyłam jedną lalę i mimo że nie wyszła zbyt atrakcyjnie, jest w naszym domu bardzo lubianą zabawką;
- **instrumenty muzyczne** – rozwój dźwiękowy jest dla dzieci bardzo ważny, ale zamiast plastikowych sprzętów grających wybieramy prawdziwe instrumenty dostosowane do możliwości maluchów: marakasy, grzechotki, ukulele, harmonijkę i karimbę. Nawet jeśli dzieci grają nieudolnie, dźwięki tych instrumentów są na tyle ładne, że nie kolą w uszy jak elektronicznie brzęczące plastikowe organki;
- **książki, gry i puzzle** – mamy swój zestaw książek dla dzieci i ciekawych gier, ale często korzystamy z naszej osiedlowej biblioteki. Wolimy wypożyczać coś raz na miesiąc, a potem wymieniać na nowe. Dzięki temu unikamy znudzenia ciągle tymi samymi lekturami. Te z nich, które nam wyjątkowo przypadną do gustu, czasem kupujemy. Wypożyczanie książek, gier i zabawek w bibliotece to coś, co odkryłam stosunkowo niedawno, a moje dzieci od razu pokochały. Mój czteroletni synek ma już swoją kartę biblioteczną, a każda wyprawa po nowe książki sprawia mu niesamowitą frajdę. Może wybrać z przepastnych półek, co tylko mu się podoba, a i ja mam wtedy czas na przejrzenie sekcji dla dorosłych. Na miejscu oglądamy dziecięce czasopisma, gramy w gry i układamy puzzle. Poza tym biblioteka organizuje cykliczne zajęcia dla najmłodszych, pogadanki z ciekawymi osobami, opowiadanie baśni i warsztaty plastyczne. To nasze lokalne centrum kultury, przyjazne dzieciom i absolutnie w duchu *zero waste*.

Domowa edukacja bezśmieciowa

Na początku przy każdym straganie tłumaczyłam, że przeprowadzam taki eksperyment i staram się żyć bez odpadów. Aż syn mi wreszcie powiedział: „Mamo, przestań to zawsze powtarzać".

KASIA WĄGROWSKA: Do tej pory zwykle rozmawiałam z ludźmi bezdzietnymi. Tymczasem ograniczanie konsumpcji z dziećmi to dużo bardziej skomplikowany temat. Jestem ciekawa, co skłoniło ciebie – matkę trójki dzieci – do życia w duchu *zero waste.*
KORNELIA ORWAT: W moim życiu wszystko w tej kwestii potoczyło się bardzo naturalnie, włącznie z zaangażowaniem dzieci. Zainteresowanie *zero waste* zaczęło się od lektury artykułu o Bei Johnson, który znalazłam w internecie. Od razu przeczytałam go na głos rodzinie, włącznie z nieprzychylnymi komentarzami, bo projekt polegający na tym, by ograniczyć odpady do jednego słoika, wydał mi się nieprawdopodobny.

Chwilę później wspólnie z mężem pojechaliśmy za miasto. Od czasu do czasu pozwalamy sobie na wypad bez dzieci, dbamy w ten sposób o higienę związku. Szliśmy przez las, próbowaliśmy obserwować przyrodę, ale wszędzie wokół był ogrom śmieci. Można było tam znaleźć wszystko – od zużytych telewizorów po plastikowe butelki. Ten widok bardzo mnie poruszył, przypomniał mi się tamten tekst o Bei Johnson i postanowiłam coś z tym jednak zrobić.

Pisałam już wtedy blog poświęcony edukacji domowej, zdecydowałam więc natychmiast, że założę drugi, koncentrujący się wokół eksperymentu *zero waste* i w ten sposób zmobilizuję się do sprawdzenia, czy jestem w stanie zmniejszyć ilość generowanych w naszym domu śmieci. Dzieci brały udział w wymyślaniu nazwy (blog nazwaliśmy wówczas „Odśmiecownia"), projektowaniu logotypu. Dyskutowałam z nimi, czy *zero waste* oznacza zero marnotrawstwa, czy zero śmieci. W ogóle blog odgrywa ważną rolę edukacyjną, dzieci są często moimi pierwszymi odbiorcami.

Zresztą zanim ta idea pojawiła się w naszym domu, segregowaliśmy śmieci, zgodnie z ustawą z 2013 roku. Mamy dwa kosze, na odpadki suche i zmieszane. Tłumaczyłam dzieciom, co gdzie należy wyrzucać. Miały już więc trochę wprawy. Eksperyment bezśmieciowy stał się częścią życia naszej rodziny, od początku dotyczył także dzieci.

Twój blog jest źródłem inspiracji. Jestem ciekawa, jak wygląda wasza codzienność w duchu *zero waste*? Jak robicie zakupy?
Zakupy z dziećmi to temat rzeka. Staram się robić je sama, wtedy idzie mi to najsprawniej i mniej jestem narażona na te słynne dziecięce zachcianki. Ale moi synowie (dziesięć i dwanaście lat) są już na tyle duzi, że często mi w nich pomagają. Nierzadko także sami je już robią.

Wspólne zakupy mają ogromny walor edukacyjny, dzieci widzą, jakich dokonuję wyborów konsumenckich, że na przykład nie kupię makaronu w folii, tylko w kartonowym pudełku. Gdy moim dzieciom chce się czekolady i biegną po nią same do sklepu, przypominam im, by wybierali taką w papierku. Synów wysyłam do sklepu z zestawem tekstylnych toreb, tłumacząc, że w tej jabłka, w tamtej ziemniaki, a mięso do puszek. To oczywiste, z praktyką bywa różnie, bo syn pójdzie do sklepu i wraca z foliową torebką, bo na przykład nie zdążył powiedzieć pani ekspedientce, że ma swoją szmacianą, ale nie przejmuję się tym, bo wiem, że z czasem się nauczy.

Z czym jest im najtrudniej?
Myślę, że z kupowaniem mięsa. Dzieci trochę się wstydzą. A poza tym potrzeba refleksu, by działające automatycznie ekspedientki uprzedzić o własnym opakowaniu. Ja mam już opracowaną takty

kę: najpierw podaję puszkę i mówię dobitnie „Proszę do tej pusz-ki", a dopiero potem mówię, co chciałabym kupić. [*śmiech*]

To fantastyczne, że uczysz dzieci robić w ten sposób zakupy. Czy fakt, że edukujesz je w domu, ma wpływ na to, że jest im łatwiej oprzeć się pokusom? Budujesz w ten sposób środowisko, w którym prościej tym wszystkim zarządzać.
Tak, z pewnością. To jedna z przyczyn, dla których ludzie w ogóle podejmują się edukacji domowej – by uchronić dzieci przed niepożądanymi wpływami. Ale nie jest też tak, jak bywa to odbierane, że trzymam dzieci pod kloszem – mają różne zajęcia, obowiązki, zdarzają się konflikty. Chodzą też do szkoły muzycznej, więc nie jest tak, że zupełnie nie wiedzą, czym jest szkoła. To się także wiąże z pokusami, o których mówisz, bo na przykład ktoś przyniesie chipsy, których w domu na co dzień nie ma.

A jak jest z zachciankami zabawkowymi?
Niby dzieci mają ograniczony dostęp do pokus, ale w sumie to czasem niewiele trzeba. Najmłodsza córka chodzi na balet i tam ma koleżanki, które przynoszą modne gadżety, na przykład z motywami z *Krainy lodu*. Potem, gdy córka widzi podobne rzeczy w sklepie, prosi, żeby je jej kupić.

To trochę chyba kwestia charakteru. Córka chciałaby mieć wszystko, bardzo trudno jest jej się oprzeć pokusie. Natomiast najstarszy syn jest bardzo zdystansowany, dostaje drobne pieniądze na jedzenie, gdy ma więcej zajęć, ale rzadko kiedy je wydaje. Może jest oszczędny, a może nasiąkł już ideą *zero waste*.

Ale młodsze dzieci przy zakupach proszą o słodycze.

Moje dzieci również kuszą batoniki wyłożone przy kasie, choć nie wszystkie nawet znają.

Przyznam ci się, że ja ulegam. Nie mamy w zwyczaju kupować często słodyczy, dzieci nie jedzą ich codziennie. Jeśli raz na jakiś czas idą ze mną do sklepu, godzę się na zachcianki. Choć wprowadziliśmy zasadę, że kupuję jedną wybraną rzecz. Jestem zdania, że ciągłe odmowy prowadzą do buntu, bo świat jest pełen pokus. Nie jestem zwolenniczką restrykcyjnego wychowania.

Zabawki macie różne czy tylko z naturalnych włókien?
Różne. W duchu *zero waste* żyjemy od około dwóch lat, gdy zaczęliśmy, najstarszy syn miał dziesięć lat, więc zabawki w domu były. Także plastikowe. Pokusiłabym się o stwierdzenie, że plastik jest niezniszczalny, więc jeśli go nie wyrzucasz, może przetrwać kilka pokoleń. U cioci, która ma dorosłych synów, moje dzieci bawią się ich zabawkami czy klockami Lego z dzieciństwa.

Czy myślisz, że odcięcie dzieci od pewnych zabawek może skutkować zachłyśnięciem się konsumpcją? A może jest wręcz przeciwnie – ich wybory konsumenckie będą bardziej świadome?
Myślę, że nie da się dzieci odciąć tak kompletnie. Wiele zabawek istnieje w popkulturze. Dzieci, które będą ich zupełnie pozbawione, mogą – moim zdaniem – nie umieć się odnaleźć, mogą się czuć gorsze.

Natomiast można i trzeba przekazywać im pewne wartości, jak *zero waste*, pozwalając im w tym wzrastać. Liczą się racjonalne argumenty. Gdy tłumaczysz dzieciom, dlaczego starasz się zrezygnować z pewnych rzeczy, jest duża szansa, że one to zrozumieją, zaakceptują.

Od czego zaczynałaś swój projekt *zero waste*?
Od bezodpadowych zakupów. Zaopatrzyłam się w tekstylne torby, bardzo to przeżywałam na początku.

Miałaś tremę?

Tak, wydawało mi się, że ludzie patrzą na mnie jak na wariatkę. Na początku przy każdym straganie tłumaczyłam, że przeprowadzam taki eksperyment i staram się żyć bez odpadów. Aż syn mi wreszcie powiedział: „Mamo, przestań to zawsze powtarzać". Ale – z drugiej strony – miało to swoje plusy, skutkowało rozmową, a starsze panie w kolejkach przyznawały mi rację.

W drugiej kolejności zabrałam się do przeorganizowania domu. Zajmowałam się kolejnymi pomieszczeniami: kuchnią, czyli jedzeniem, łazienką, czyli higieną, pokojami. Miałam pewne chybione pomysły, wymyśliłam na przykład, że zrobię wielorazowe patyczki kosmetyczne, wycinając z tetry małe kwadraciki, a potem obszywając je na maszynie. Oczywiście nigdy tego nie zrobiłam.

Czy coś ci zupełnie nie wyszło?

Kompost, choć jeszcze nie powiedziałam ostatniego słowa. Miałam trzy podejścia.

Za pierwszym razem działałam zupełnie intuicyjnie. Zwykłe, plastikowe wiadro wstawiłam do drewnianej skrzyni i wrzucałam tam odpadki organiczne. Oczywiście wiadro szybko się zapełniło, ale nic szczególnego się nie działo – nie dodałam podłoża z ziemią, w której normalnie pracują mikroorganizmy. Wreszcie w sklepie wędkarskim kupiłam dżdżownice. Nie miałam pojęcia, ile należy ich kupić, więc – wstyd przyznać – kupiłam ich dziesięć czy dwadzieścia. Czytałam gdzieś, że szybko się rozmnażają. Wydawało mi się, że w moim wiaderku będą miały idealne warunki. Wciąż nic się jednak nie działo. Wreszcie dolałam wody, chyba za obficie, bo wiadro nie miało odpływów, dżdżownice się utopiły i zaczęło piekielnie śmierdzieć. Wylądowało więc to wszystko w wielkich pojemnikach z ziemią ze sklepu ogrodniczego i wysiałam na tym dynię ozdobną. Nawet ładnie rosła, ale niestety, zanim zakwitła, jakaś choroba ją zniszczyła. Za drugim razem do dwóch dużych pudeł wsypałam dużo ziemi, tym razem już bez dżdżownic. Na to wrzucałam odpadki kuchenne i zasypywałam znów ziemią. Jednak gdy pudła się napełniły, znów mieliśmy problem, co z nimi zrobić. Na szczęście moja teściowa jest działkowcem. Bardzo sprawnie zagospodarowuje wszelkie resztki, więc przydał jej się nasz prekompost. Ona robi tak, że wrzuca resztki do foliowych worków, szczelnie zawiązuje i w ten sposób kompost jej się tworzy szybciej. To samo zrobiła z prekompostem od nas. No i wreszcie, za trzecim razem, sięgnęłam po gotowe wiaderka *bokashi*. Przy czym też, przy dużej rodzinie i braku dostępu do ogródka, w którym moglibyśmy wykorzystać wytworzony w ten sposób prekompost, nie do końca zdały u nas egzamin. Teściowa mieszka jednak dość daleko...

Jak wyglądają twoje marzenia w duchu *zero waste*?
Mam ich kilka. Chciałabym, by na każdym osiedlu istniały otwarte kompostowniki, które rozwiązywałyby problem odpadków organicznych. Żeby segregacja śmieci była lepiej zorganizowana, a suche odpady miały większe szanse na przetworzenie. Skup plastiku to byłaby fantastyczna sprawa. I marzy mi się, by można było zagospodarować ponownie szklane słoiki, bo – zwłaszcza w mieście – dużo się ich jednak marnuje.

Dziękuję za rozmowę.

Kornelia Weronika Orwat – autorka bloga KorneliaOrwat.pl, na którym opisuje swoje postępy w ramach wyzwania „Rok bez marnotrawstwa". Mama trójki dzieci, dla których prowadzi edukację domową.

Wyjścia z dziećmi

Jeszcze kilka lat temu cieszyłam się, że w sklepach z akcesoriami dla dzieci są takie rzeczy jak: jednorazowy śliniaczek (bo gdy dziecko pobrudzi się w restauracji, będzie można go po prostu wyrzucić), jednorazowe chusteczki (bo jeśli maluch się pobrudzi, to łatwo można brud wytrzeć, a chusteczkę... wyrzucić), plastikowe sztućce (bo dziecko nie poradzi sobie z metalowymi), plastikowe kubeczki (bo szklane przewrócą się i potłuką) – mogłabym tak wymieniać jeszcze długo. Dziś, mądrzejsza o kilka lat życia z dziećmi i wiele bezodpadowych przemyśleń, mam inne podejście do wychodzenia z dziećmi – czy to do restauracji, czy na piknik, czy do kina.

Przede wszystkim zawsze biorę ze sobą zwykłe **śliniaki**, których używamy również w domu. W końcu co to za problem przepłukać je po użyciu w łazience albo przetrzeć szmatką?

Zamiast jednorazowych chusteczek zabieram **ściereczkę**, którą można zwilżyć wodą i wyczyścić dziecku buzię. Tak samo robimy w domu po zjedzonym posiłku. Oczywiście można też nie brać nic i umyć dziecko na miejscu, jeśli tylko mamy dostęp do łazienki.

Plastikowe **sztućce**, które kupiłam cztery lata temu, zachęcona ich atrakcyjnym wyglądem na półce z akcesoriami dla maluchów, nadal mamy w domu i dzieci lubią z nich korzystać, bo są... kolorowe. Najchętniej bym z nich zrezygnowała, ale nie chcę robić przykrości kilkulatkom. Staramy się jednak częściej używać zwykłych sztućców o mniejszym, dziecięcym rozmiarze i nie widzę powodu, by dziecko nie mogło używać właśnie takich od samego początku. W restauracji prosimy o mniejsze widelce i łyżki, a gdy ich brak, korzystamy z tego, co jest dostępne. Dla dzieci to zwykła nauka zachowania przy stole.

Plastikowe **kubki** mamy i korzystamy z nich na wyjazdach, ale uczymy dzieci, jak obchodzić się ze szkłem i z ceramiką. Kiedyś zdarzyło się, że przy znoszeniu szklanek ze stołu nasz czteroletni J. upuścił i potłukł jedną. I co z tego? Nam – dorosłym – również się to zdarza. Wiadomo, że szkło może się potłuc, więc po prostu trzeba się nauczyć obchodzić z nim odpowiednio delikatnie.

Użycie plastikowych kubków i sztućców redukujemy do minimum. Mogłabym je wyrzucić, ale nie ma sensu tego robić, skoro na razie spełniają swoją funkcję jako wielorazowe pomoce w jedzeniu.

Gdy wychodzimy na spacer lub wyjeżdżamy w podróż, napoje przelewam do **termosów** lub do **szklanych butelek z zakrętką**, owiniętych w pokrowiec ze skarpetki. Nowe kubki, które kupimy do używania w podróży i w terenie, będą już ze stali nierdzewnej, przystosowane do użytkowania również przez małe dzieci.

Checklista na wyjścia z dziećmi
- Zwykły śliniak.
- Ściereczka do wycierania buzi.
- Chustka/szmatka do owinięcia szklanych butelek.
- Pudełka do zabrania niedojedzonego jedzenia na wynos.
- Dużo cierpliwości i dobrej woli.

Rozdział III
Styl życia *zero waste*

Zero waste to styl życia, który wykracza poza ramy własnego domu. Jeśli raz postanowisz wejść na drogę redukcji odpadów, nie będziesz w stanie z niej łatwo zrezygnować. To wciąga! Widzę to na przykładzie swoim i swojej rodziny. To, że mamy ustalony styl robienia zakupów, przyrządzania posiłków czy dbania o higienę, nie zwalnia nas z przestrzegania zasad *zero waste* we wszystkich innych aspektach życia. Raz założone bezśmieciowe okulary pozostają na nosie na stałe. Ważne jest jednak, by przy tym nie urazić nikogo uszczypliwym komentarzem, nie być natrętnym reformatorem czyichś nawyków, bo takie działania zamiast pozytywnej reakcji wzbudzą sprzeciw. Nikt nie lubi wytykania błędów i zmuszania do zmiany przyzwyczajeń.

Nie oznacza to jednak, że nie możemy ujawniać bezodpadowych preferencji. Warto rozmawiać o tym, jak żyjemy, tłumaczyć, dlaczego dokonujemy takich, a nie innych wyborów, dawać pozytywny przykład i pokazywać, że to nie jest trudne i się sprawdza.

W restauracji

Dość często jem poza domem, bo albo nie chce mi się akurat robić obiadu, albo wychodzimy całą rodziną, by coś świętować. W trakcie wyboru restauracji zawsze zwracam uwagę, w jaki sposób podawane są w niej posiłki: czy używane są jednorazowe naczynia, czy sztućce będą plastikowe, czy serwetki są papierowe, czy do napojów serwowane są słomki, czy jest dostępna łazienka i czy resztki jedzenia można zabrać do domu. Zazwyczaj unikam miejsc, w których korzysta się z jednorazowych naczyń. Jeśli jednak mam ochotę na jedzenie z takiej restauracji, zabieram ze sobą własne utensylia: pojemnik i turystyczne sztućce (mogą być też zwykłe, z domowego kompletu).

Nauczona doświadczeniem, zawsze noszę przy sobie materiałową chustkę do wycierania ust, dzięki czemu nie używam papierowych serwetek.

Przy zamawianiu jedzenia staram się dowiedzieć, czy nie dostanę czegoś w jednorazowym opakowaniu. Zdarza się, że potrawa jest pięknie ułożona na porcelanowym talerzu, a dodatkowe sosy serwowane są już w plastikowych pojemniczkach. Na pytanie: „Dlaczego?", obsługa zazwyczaj odpowiada: „Bo tak się u nas robi". Brak refleksji restauratora nie musi skutkować od razu bojkotem danego lokalu. Warto wyjaśnić, dlaczego rezygnujemy z plastikowych jednorazówek, i poprosić o wielorazowe zamienniki. Jeśli nie ma takiej możliwości, wystarczy podziękować i odmówić korzystania z nich.

W kawiarniach warto sprawdzić, czy cukier oferowany jest w jednorazowych saszetkach i czy jest możliwość otrzymania cukru w cukierniczce. Podobnie z solą, pieprzem i wykałaczkami – być może są dostępne w młynku lub większym pojemniku.

Przy zamawianiu zimnych napojów sprawdzam kilka rzeczy: czy sok lub woda nie zostanie mi przyniesiony w jednorazowym kartoniku lub butelce, czy butelka po napoju jest zwrotna i czy nie dostanę plastikowej słomki. Jeśli brak napojów nalewanych do szklanek, można poprosić o wodę z kranu lub... napić się z własnego termosu. Z plastikowych słomek zawsze rezygnuję, a gdy mam ochotę wypić lemoniadę właśnie przez słomkę, biorę własną: wielorazową ze stali nierdzewnej.

Jeśli porcje w restauracji przerosną możliwości naszych żołądków, proszę o zapakowanie resztek do przyniesionego pojemnika. To ważne, by zawsze mieć ze sobą pudełko, inaczej dostaniemy do domu jedzenie w styropianowym pudełku, którego przetwarzanie jest problematyczne ze względu na wysoki koszt całego procesu w porównaniu z kosztami produkcji nowego opakowania.

Z ŻYCIA WZIĘTE

Słomka i sos

Prośby o uszanowanie naszych bezodpadowych zasad w restauracji zazwyczaj spotykają się z pozytywną reakcją. Wystarczy zadbać o dosłownie kilka elementów, by zjeść posiłek i nie wytworzyć śmieci. Zdarzają się jednak miejsca, w których obsługa nie chce przystać na nasze warunki lub czegoś nie dopilnuje.

Miałam kiedyś zabawną historię w pewnym warszawskim barze, w którym zamówiliśmy kilka zestawów śniadaniowych i świeżo wyciskane soki owocowo-warzywne. Wcześniej upewniłam się, że jedzenie dostaniemy na normalnych, ceramicznych talerzach, a napoje w szklankach. Poprosiłam jednak, by nie dawać mi słomki, bo unikam plastików. Po kilku minutach zobaczyłam, jak inna kelnerka przynosi nasze zestawy i soki – ze słomką włożoną do mojej szklanki. Po chwili pani, która przyjmowała od nas zamówienie, pospieszyła w moim kierunku, niosąc mały talerzyk. „Tak, ja pamiętam, że pani chciała bez słomki, proszę ją tu wyłożyć" – brzmiały jej słowa. Nie wiedziałam, co powiedzieć, bo przecież zabrudzona słomka nie zostanie ponownie użyta do napoju zamówionego przez inną osobę. Postanowiłam zacisnąć zęby i skorzystać z plastikowej rurki, oszczędzając jej przedwczesnego wylądowania w śmietniku.

Innym razem wybrałam się do budki nieopodal mojego biura na kreolskie jedzenie. Zapowiadało się szybko, smacznie i... odpadowo, bo w tym food trucku wszystko sprzedawane jest albo w styropianowych pudełkach z plastikowymi sztućcami, albo owinięte w folię aluminiową. Przeglądając menu, wybrałam danie, które – według mnie – najmniej zaśmieciłoby środowisko: bułkę z mięsem, karaibskimi sosami i warzywami. Gdy była gotowa, sprzedawca już rwał folię aluminiową, by zawinąć bułę na wynos. Postanowiłam jednak być twarda i zrezygnować z jakichkolwiek opakowań. Nie wzięłam nawet papierowej serwetki! Po kilku gryzach mój wybór (lub brak wyboru) okazał się wielkim błędem: z buły zaczęły obficie wyciekać sosy, robiąc białe, tłuste plamy na mojej sukience. Szybko znalazłam w biurowej kuchni talerz, nad którym mogłam kontynuować jedzenie. Utytłana sosami starałam się zachować fason i wycierać plamy tylko moją wielorazową chusteczką z nadrukiem w lisy. Było smacznie i brudno, a sukienkę musiałam prać kilkukrotnie, by wywabić ohydne tłuste zacieki. Od tamtej pory nie odwiedzam już tak chętnie budki z kreolskim jedzeniem.

W pracy

Co ma praca do życia bez śmieci? Całkiem sporo. Każde biuro jest prowadzone w określony sposób. Każdy zakład ma swoje zasady. Im większa firma, tym więcej ułatwień, usprawnień i – niestety – odpadów. Każdy z nas korzysta z łazienki, kuchni, własnego biurka czy służbowego sprzętu, jak choćby drukarki czy niszczarki do

dokumentów. Mnóstwo tych biurowych sposobów na uproszcze-
nie życia generuje sporo śmieci. Jak ich uniknąć?

Administracja w biurze

Po pierwsze, warto porozmawiać z osobą odpowiedzialną za ad-
ministrowanie biurem nad usprawnieniami, które pozwolą na redukcję odpadów. Jest kilka możliwości, które warto przemyśleć
i zaproponować:

- **Picie wody z kranu** zamiast butelkowanej wody mineralnej – warto zachęcać do tego pracowników; w moim biurze
  jest osobny kran z zamontowanym filtrem, dzięki czemu
  w ogóle nie korzystamy z wody butelkowanej.
- **Kosze do segregacji odpadów** – powinny stać na każdym
  piętrze budynku, najlepiej w każdym miejscu, w którym pracownicy wyrzucają śmieci, a przynajmniej w kuchni.
- **Kompostownik** – warto zaproponować ustawienie osobne-
  go kosza na odpadki organiczne i zbudowanie kompostownika nieopodal budynku biura; marzy mi się praca w firmie
  zachęcającej do założenia ogrodu, w którym ziemia powstała w wyniku kompostowania jest wykorzystywana do ho-
  dowli roślin.
- **Panele fotowoltaiczne** – zamontowane na dachu budynku
  mogą być wartościowym źródłem zielonej energii dla biu-
  rowca.
- **Zadaszona rowerownia** – zachęca do przyjeżdżania do pracy rowerem.
- **Dofinansowanie do biletów na środki komunikacji pub-
  licznej** – korzystanie z transportu publicznego jest mniej
  obciążające dla środowiska niż jazda autem, warto moty-
  wować pracowników, by przestawili się na ten sposób do-
  jeżdżania do pracy.

- **Suszarki do rąk** zamiast papierowych ręczników – dzięki zamontowaniu elektrycznych suszarek można znacznie zredukować zużycie papierowych ręczników.
- **Kupowanie większych opakowań** produktów oferowanych pracownikom zamiast mniejszych – w moim biurze pracownicy mają do dyspozycji między innymi płatki śniadaniowe i herbaty w torebkach przywożone w małych opakowaniach, zamiast tego moglibyśmy kupować herbatę i płatki na wagę lub w większych opakowaniach, skoro i tak schodzi tego codziennie bardzo dużo.

Ja w biurze

Zmiany – także w środowisku, w którym pracujemy – najlepiej zaczynać od pracy nad własnymi nawykami. Najprostszym przykładem jest podejście do zużycia papieru – jeśli nie potrzebuję czegoś drukować, korzystam z wersji elektronicznej. Robię to w 99 procentach przypadków, z małymi wyjątkami na dokumenty, które trzeba osobiście podpisać i przekazać w odpowiednie miejsce.

Wolę też nie brać wizytówek od osób, które poznaję w ramach pracy. Równie efektywne jest zapisanie kontaktu w telefonie czy elektronicznym notatniku. Jeśli będę chciała się z kimś skontaktować, na pewno szybciej znajdę jego dane w telefonie niż w przepastnym wizytowniku.

Praca to czasem także wyjazdy na konferencje. Zdarzało mi się gromadzić gadżety konferencyjne tylko dlatego, że były śmieszne, pomysłowe albo „mogą się kiedyś przydać". Od pewnego czasu już tego nie robię, za to udało mi się upolować darmowy bidon na wodę i termos na kawę. Poza tym uratowałam kilka bambusowych łyżeczek, które były podawane do jedzenia lunchu. Stanowią ekologiczną alternatywę dla sztućców plastikowych, a poza tym zrobiło mi się szkoda, że zaraz wylądują w śmietniku. Te łyżeczki, którymi sama jadłam, umyłam i wzięłam do domu. Teraz służą mi głównie na wyjazdach.

To, jak pakujemy jedzenie do pracy, również ma znaczenie. Do zawinięcia kanapek najczęściej używam szmatki z wprasowanym pszczelim woskiem (ang. *bee's wrap*)[1], która nie przecieka, nawet gdy kanapka jest z czymś tak soczystym jak pomidor. Świetnie się sprawdza szmatka kanapkowa z obszyciem z ceratki, również nieprzemakalna. Jeśli pakuję coś suchego, używam zwykłego kawałka materiału. Do sałatek biorę plastikowe lub szklane pudełko z pokrywką albo zakręcany słoik. Tak samo pakuję gotowe obiady, które odgrzewam w służbowej kuchence mikrofalowej. Wiele osób używa metalowych pudełek z pokrywką typu lunch box. Często mają one wewnątrz przegródki, co pomaga w oddzieleniu na przykład sałatki od potrawki w sosie i ryżu.

W pracy mam też szklaną karafkę na wodę. Rano ją napełniam i piję przez cały dzień.

Co ważne, nie są to jakieś wyjątkowe i wymyślne rozwiązania tylko dla zerowasterów. Korzysta z nich wiele osób w moim biurze, bo są po prostu praktyczne!

Zero marnowania... czasu

Można mówić o *zero waste* w kontekście odpadów fizycznych, namacalnych, ale warto wspomnieć też o tym, by nie marnować swojego czasu pracy na nieproduktywne czynności. Esencjalizm, czyli skupianie uwagi na tym, co ważne, jest kluczowy w efektywnym wykorzystywaniu własnych zasobów. Co nam po pracy, w której marnujemy swój czas, podczas gdy moglibyśmy robić ważne i przyjemne rzeczy

---

1 *Jak Bee's Wrap pomaga mi w kuchni*, ograniczamsie.com/2017/06/bees-wrap-pomaga-kuchni.html (dostęp: 30 lipca 2017)

dla nas samych i dla świata? Owszem, każdy ma inne priorytety i być może bezrefleksyjne „chodzenie do pracy" odpowiada wielu osobom jako forma spędzania czasu w trakcie dnia. Gdy się jednak głębiej zastanowić, tylko te rzeczy, na które mamy wpływ i które wykonujemy z przekonaniem o ich zasadności, zapamiętamy jako esencję naszego życia. Zamiast marnować czas, miej odwagę zapanować nad nim i pracować na pełnych obrotach tyle, ile potrzebujesz. Resztę swojego potencjału przeznacz na rzeczy znajdujące się najwyżej w twojej hierarchii wartości. Zero marnowania w pracy!

Uratować orangutany

Życie w komunizmie odcisnęło piętno na pokoleniu naszych rodziców. Mam wrażenie, że zachłystują się wyborem i dostępnością, trudno im zrezygnować z konsumpcji, do której ja mam spory dystans, bo po prostu nie potrzebuję wszystkich tych dóbr.

KASIA WĄGROWSKA: Jesteś założycielką facebookowej grupy „Zero Waste Polska". Opowiedz o niej trochę, bo wygląda na to, że udało się stworzyć zaangażowaną społeczność.
ALEKSANDRA NIEWCZAS: Grupę założyłam we wrześniu 2015, obecnie [lipiec 2017 – K.W.] ma ponad 5100 członków. Codziennie przybywają nowi, więcej chyba kobiet niż mężczyzn, bardzo dużo młodych ludzi. Każdego dnia pojawia się na niej kilkanaście postów, bardzo żywo komentowanych, dotyczących najróżniejszych zagadnień związanych z życiem bezodpadowym.

Dlaczego akurat Facebook?
Jestem jego fanką, nie korzystam z żadnego innego medium społecznościowego. Facebook jest dla mnie jedyną formą przekazu w internecie, nie używam go raczej do dokumentowania życia prywatnego, traktuję natomiast jako ważne narzędzie komunikacji. Decyzja o utworzeniu tam grupy była dla mnie naturalna.

Facebook silnie zakorzenił się w społecznej świadomości. Prawie każdy, nawet starsze osoby, ma tam swoje konto. Myślę, że to dobre miejsce na start.

Czy uważasz, że rozszerzanie świadomości warto zacząć od social mediów?

Myślę, że tak. Dziś internet jest wszechobecny, to dobry punkt wyjścia. Choć oczywiście rodzi się pytanie, jak trafić do tych, których nie ma na Facebooku. Trzeba docierać do nich w inny sposób, organizując spotkania czy warsztaty.

Być może pięć tysięcy członków to niedużo w skali kraju. Ale mam wrażenie, że powoli, powolutku idea *zero waste* zaczyna być modna. Myślę, że ona ma przyszłość, potrzebuje trochę czasu.

Myślisz, że taki ruch może zainspirować masy?

Żeby ta idea stała się powszechniejsza, potrzebne są odgórne działania i regulacje prawne. Ale rośnie zainteresowanie tym tematem. Jestem zdania, że sporo też zależy od nas, możemy wywierać presję w różnych miejscach: w sklepach, urzędach, co w konsekwencji może doprowadzić do zmiany mentalności lub rozstrzygnięć systemowych.

Spośród znanych mi osób, które żyją w duchu *zero waste*, wyróżnia cię zaangażowanie społeczne. Wciągasz sąsiadów w bezodpadowe życie. Czy mogłabyś o tym opowiedzieć?

Tak, do tej pory miałam trzy pomysły. Mam wspólny kompostownik z sąsiadką, zamierzam zaproponować kolejnym dwóm sąsiadom jego współfinansowanie.

Drugą moją inicjatywą był koszyk na zbędną żywność. Ponieważ powszechne jest kupowanie zbyt dużych ilości jedzenia, pod altaną śmietnikową postawiłam pojemnik, do którego można było odkładać nadwyżki żywności. Koszyk działał przez półtora roku. Jedzenie pojawiało się i znikało. Można tam było znaleźć różne rzeczy. Najczęściej chleb, choć zdarzały się przetwory, słoiki z zupą czy pierogi, czyli posiłki wykonane własnoręcznie.

Trzecią inicjatywą było pudełko na makulaturę, które powiesiłam przy skrzynkach pocztowych na klatce. Opatrzyłam je informacją, że to miejsce na ulotki, reklamy – bez folii. I to działa. Ludzie wrzucają tam niepotrzebne gazetki, a pudełko jest opróżniane przez sąsiadów lub panią sprzątającą. Dzięki temu jest porządek, dotąd niepotrzebne reklamy rozwiewał wiatr, teraz jest na nie miejsce.

To są bardzo inspirujące pomysły, które każdy może wykorzystać w swoim otoczeniu. Czy w pracy również rozmawiasz o *zero waste*? Udało ci się kogoś przekonać?
Tak, zaraziłam tą ideą kilka koleżanek. Jedna z nich chciałaby założyć bezodpadowy sklep, inne przyznają się, że je inspiruję. Udzieliłam też wywiadu do newslettera pracowniczego, więc wieść o *zero waste* szerzy się w mojej pracy.

Jak na wprowadzone przez ciebie zmiany zareagowali najbliżsi? Dali się przekonać?
Nie bardzo. Mieszkam z rodzicami. Twierdzą, że żyją za szybko, szkoda im czasu na przygotowanie się do bezodpadowych zakupów. Mama nie jest do końca przekonana, że niezapakowane produkty są higieniczne.

Wydaje mi się, że życie w komunizmie odcisnęło piętno na pokoleniu naszych rodziców. Mam wrażenie, że zachłystują się wyborem i dostępnością, trudno im zrezygnować z konsumpcji, do której ja mam spory dystans, bo po prostu nie potrzebuję wszystkich tych dóbr.

Co sprawiło, że zainteresowałaś się *zero waste*?
Trafiłam na artykuł poświęcony bezodpadowemu życiu Bei Johnson i wyobraziłam sobie, jakie konsekwencje dla świata ma nadmiar odpadów. Zaczęłam szukać w internecie informacji i obrazów. Znalazłam straszne zdjęcia cierpiących zwierząt zaplątanych

w odpady. Bardzo mnie ten widok poruszył, nie mogłam się na to zgodzić. Idea *zero waste* mi się spodobała i jednocześnie stało się dla mnie wyzwaniem takie życie, by z całą rodziną produkować jeden słoik odpadów.

Co zmieniłaś w swoim życiu w pierwszej kolejności?
Zadecydowałam, że zacznę od zakupu mydeł. Znalazłam sklep, w którym można było je kupić na wagę, przygotowałam się, kupiłam nawet specjalne drewniane pudełko, którego teraz nie używam. Ekspedientka wciskała mi próbki, ale odmówiłam i byłam z siebie bardzo dumna.

Nieco później zmieniłam swoje nawyki zakupowe, zaczęłam unikać dodatkowych opakowań i kupować na wagę. Wcześniej żyłam zupełnie inaczej, szłam do marketu i kupowałam wszystko, co mi się podobało. Zużywałam tonę ręczników papierowych, mokrych chusteczek, a teraz ich nie używam. Ręczniki papierowe zastąpiłam ścierkami wielorazowymi. Zamiast marketów wybieram targi, a w dużych sklepach decyduję się na szklane opakowania. Odkryłam, że bardzo lubię bezodpadowe zakupy, wreszcie mogę pogadać z ludźmi. W supermarkecie brakuje mi kontaktu z człowiekiem.

W tej chwili przeważnie wszystko, co chcę, kupuję na wagę do swoich opakowań. Niedaleko mnie jest targ, właściwie każdy rodzaj żywności możesz dostać tam na wagę. Mięso, nabiał, kasze, ryże, orzechy, owoce, warzywa, kandyzowane owoce. Kawę czy herbatę mogę kupić w sklepach – na wagę.

Największy problem mam z mlekiem, nie ma blisko mnie mlekomatu. Gdybym jechała po nie na drugi koniec miasta, to nie byłoby już w duchu *zero waste*.

Jak poradziłaś sobie z kosmetykami?

Prawie się nie maluję, więc nie potrzebowałam na razie zaopatrywać się w kosmetyki do makijażu. Z tymi do pielęgnacji mam pewien kłopot, bo mam wrażliwą skórę. Próbowałam różnych olejów, nie byłam do nich jednak przekonana, jestem przyzwyczajona do gładkiej konsystencji. Szampon i odżywkę do włosów udaje mi się kupować za granicą w szklanym opakowaniu.

Jednym z moich sukcesów jest zrezygnowanie z dezodorantu na rzecz wody z sodą oczyszczoną. Przechowuję ją w opakowaniu po oliwce magnezowej, która też służyła mi jako dezodorant, w szklanej buteleczce z dozownikiem.

A jest coś, co uznajesz za swoją porażkę?
Nie myślę o mojej drodze do bezodpadowego życia w kategoriach porażek, raczej wyzwań. Zmierzam w dobrym kierunku, ale idę we własnym tempie. Zdarza mi się kupić nowe ubranie, gdy uznaję, że jest mi potrzebne, choć najczęściej zaopatruję się w second-handach. Nie wszystko jednak chcę mieć z drugiej ręki. Rzeczy typu bielizna czy rajstopy mam nowe, używane są chyba trudno dostępne, nie sądzę, bym się do nich przekonała. Niespecjalnie wciągnęło mnie robienie kosmetyków. Obok pasty do zębów w proszku używam zwykłej w tubce. Może mogłabym środki chemiczne sama robić, ale to jeszcze przede mną. Nie jestem wobec siebie surowa, nie mam takiej natury.

Jak wyglądają twoje zerowaste'owe marzenia?
Chciałabym, żeby można było kupić produkty w opakowaniach zwrotnych, a markety były bardziej przystosowane do bezodpadowych zakupów. Chciałabym, żeby życie zerowastera było łatwiejsze, wygodniejsze. Jak widać, dajemy sobie radę, ale chciałabym, żeby było jeszcze trochę prościej, wygodniej. A prywatnie bardzo chciałabym pojechać do Azji i zająć się orangutanami z lasów

tropikalnych; lasy te wypala się po to, by pozyskać olej palmowy. Mam takie marzenie, by przytulić orangutana ze spalonego lasu gdzieś na Borneo.

Dziękuję za rozmowę.

Aleksandra Niewczas – prezes Polskiego Stowarzyszenia Zero Waste, założycielka facebookowej grupy „Zero Waste Polska". Redukuje odpady w swoim domu. Na co dzień pracuje w jednej z krakowskich korporacji.

W podróży

Wyjazdy to czas, kiedy można wpaść w pułapkę kupowania rzeczy jednorazowego użytku. Plastikowa butelka z wodą do pociągu, batonik jako przekąska, darmowa kawa w jednorazowym kubeczku, cukier w saszetce, cytrynka do herbaty w plastiku, plastikowa łyżeczka opakowana w folię – ilość śmieci wytwarzanych w trakcie podróży PKP jest zatrważająca. Bezrefleksyjnie akceptujemy wszystkie gratisy, usprawiedliwiając się wysoką ceną biletu, za którą „coś nam się należy".

Śmieci są generowane także podczas podróży innymi środkami lokomocji: w samolocie wszystkie posiłki i napoje serwowane są w jednorazówkach, na stacji benzynowej w trakcie postoju kupimy kawę w jednorazowym kubeczku i hot doga w papierku.

Gdy czegoś bardzo potrzebujemy, często przymykamy oko na ślad, który zostawiamy w środowisku w trakcie tego czasu wyjętego z normalnej czasoprzestrzeni, w której zazwyczaj wszystko kontrolujemy bez problemu. Zmęczyłam się odmawianiem przyjmowania gratisów podczas podróży, też chcę mieć coś z życia! Głupio mi czegoś nie wypić, gdy czuję pragnienie, a wokół mnie sam jednorazowy plastik. Łatwo wpaść w pułapkę takich myśli. Tymczasem wystarczy niewielkie przygotowanie, by nie zadręczać się ograniczeniami, tylko korzystać z dobrodziejstw pociągów, samolotów czy stacji benzynowych.

Co zabrać w podróż

Przede wszystkim warto zabrać własny **termos** z wodą i/lub ciepłym napojem. Gdy kawa lub herbata się skończy, można wlać do niego kolejną porcję już w trakcie podróży, zamiast kupować je w plastikowym opakowaniu. Wodę wystarczy wlać prosto z kranu, jeśli jednak nie ufamy kranówce, można zabrać termos z filtrem węglowym. Nie polecam jednak picia kranówki w dalekich krajach i w miejscach, gdzie są problemy z działaniem instalacji wodno--sanitarnych.

Oprócz termosu zawsze biorę ze sobą zwykły kubek, taki ceramiczny, z mojej kuchennej półki. Zawijam go w ściereczkę, żeby się nie stłukł, i piję z niego kawę z termosu albo proszę o nalanie do niego gratisowej kawy w pociągu. Uprzedzam pytania: nie, nic się nie wylewa, chyba że jest się wyjątkowo podekscytowanym rozmową ze współpasażerami – wówczas wszystko się może zdarzyć. Po użyciu myję kubek w łazience, przecieram szmatką i z powrotem zawijam, by schować go do plecaka. Jeśli boisz się, że zwykły kubek się stłucze, wybierz termos z kubkiem-nakrętką lub zdecyduj się na wielorazowy turystyczny kubek ze stali nierdzewnej. I pamiętaj o reszcie rodziny – pewnie też będzie się chciała napić w drodze. Dla dzieci świetnym rozwiązaniem są stalowe termosy z ustnikiem, których pojemność i kolor można wybrać w zależności od potrzeb i preferencji użytkownika. Są dość drogie, ale raz kupione posłużą bardzo długo.

W podróż pakuję też **sztućce** – zwykłe, metalowe z mojej kuchennej szuflady, oraz bambusową łyżeczkę, idealną do mieszania herbaty lub zjedzenia jogurtu. Na rynku dostępne są też stalowe sztućce turystyczne lub sztućce drewniane – dobre, bo lekkie i zajmujące mało miejsca.

Z dodatkowych rzeczy pakuję **wielorazowe słomki metalowe**, na wypadek picia zimnych napojów z zerowastową palemką (czyli miętą, melisą lub podobnym zielskiem). W innej formie drinków nie akceptuję.

Na wyjazd warto też wziąć ze sobą pudełko, słoik czy cokolwiek innego do zapakowania prowiantu. Drugie pudełko przyda się na ewentualne zakupy spożywcze robione na miejscu.

Przygotowania do dłuższego wyjazdu to osobny temat. Trzeba przemyśleć, czy planujemy robić duże sprawunki, jak będziemy spędzać czas, czy będziemy jeść na mieście, a może wszystkie posiłki będziemy przygotowywać sami – od tego zależy, ile worków, woreczków i pudełek zabierzemy ze sobą. Oczywiście im będą one lżejsze, tym lepiej dla nas – noszących cały bagaż.

Panie powinny przemyśleć pakowanie pod kątem czysto kobiecych potrzeb: wielorazowe płatki do demakijażu oraz podpaski i/lub kubeczek menstruacyjny mogą okazać się bardziej niż przydatne.

Co zabrać na festiwal

Jeśli wybieram się na festiwal lub koncert, zabieram wielorazowy pojemnik na napoje. Szklanka ze szkła może nie przejść na bramkach, dlatego stalowy większy kubek powinien być odpowiedni, ewentualnie taki zrobiony z grubszego, lekkiego, biodegradowalnego tworzywa. Dodatek słomki ze stali nierdzewnej czyni ze mnie festiwalowego hipstera, zawsze gotowego na zerowaste'owe napoje. Jeśli natomiast pamięć mi zaszwankuje albo zupełnie niespodziewanie znajdę się w miejscu, w którym serwuje się napoje w jednorazowych plastikowych kubkach, wielokrotnie wykorzystuję ten z pierwszego zakupu przy barze. Barmani się czasem dziwią, myśląc, że podaję im kubek do wyrzucenia, i szybko sięgają po nowy, ale ja informuję miło, acz stanowczo, że chcę go tylko ponownie napełnić. Pomyślcie tylko, o ile mniej mogłoby być śmieci po masowych imprezach, gdyby każdy wielokrotnie wykorzystywał swój pierwszy kubek.

Na niektórych festiwalach można skorzystać z możliwości zakupu specjalnego szkła, na przykład do degustowania piwa. To również dobre rozwiązanie, szczególnie jeśli nie można z jakiegoś względu wnosić swoich szklanek. Taki kufel posłuży nie tylko na festiwalu, ale też później w domu.

Najgorzej, jeśli chodzi o ilość generowanych śmieci, wypadają festiwale kulinarne. Jeszcze nie widziałam, by degustacyjne ilości jedzenia sprzedawane były na wielorazowych talerzach z metalowymi sztućcami. W tym przypadku trzeba się naprawdę sumiennie przygotować, by nie wytworzyć zbyt wielu śmieci, takich jak plastikowe sztućce, talerzyki, kubki, papierowe owijki czy folia aluminiowa. Radziłabym wziąć ze sobą:

- materiałową chustkę – do pakowania suchego jedzenia, pieczywa czy... wycierania ust,
- własny termos lub kubek na napoje,
- własny zestaw sztućców,
- pudełko (lub nawet dwa) na jedzenie serwowane na jednorazowych talerzach.

Żeby to wszystko pomieścić, warto zabrać troszkę większą torbę i lekkie, nietłukące się naczynia. W festiwalowych tłumach wiele złych rzeczy może się przytrafić szklanym lub ceramicznym utensyliom, dlatego lepiej postawić na te ze stali nierdzewnej.

Z takim zestawem można się czuć bezpiecznie i jest się przygotowanym na wiele gastronomicznych ewentualności.

Bilety

Jest jeszcze jeden element, który po podróży staje się odpadem: bilety. Od dawna nie kupuję biletów kolejowych w kasie dworca, tylko robię rezerwację przez internet. Dzięki temu mam bilet w wersji elektronicznej, który pokazuję konduktorowi na telefonie. Podobnie rezerwuję bilety festiwalowe, do kina czy do teatru, jeśli tylko jest taka możliwość.

Mam wrażenie, że nie jesteśmy w stanie uniknąć wydruków otrzymywanych przy odprawie lotniczej. Naklejki muszą się znaleźć na oddawanym do luku bagażu, żeby mógł potem do nas wrócić. Wydruk z numerem miejsca i godziną odlotu jest równie przydatny, choć zapisanie tych informacji w telefonie byłoby równie skuteczne. Bilet musi być sprawdzony przy bramkach lotniska oraz przy wejściu do samolotu. Być może w przyszłości będzie można i z tego zrezygnować, podobnie jak udało się to zrobić w przypadku podróży koleją.

W mieście

Podróżowanie po mieście również generuje odpady. Bilety autobusowe służą nam zazwyczaj przez czas jednego przejazdu, a potem lądują w śmieciach. Miasta poczyniły jednak duży krok naprzód i coraz częściej wdrażają elektroniczne formy potwierdzania prawa do przejazdów komunikacją publiczną. Wydawane są imienne plastikowe karty podobne do karty kredytowej, doładowywane wtedy, gdy skończą się na nich środki lub okres, na który wykupiliśmy przejazdy. Dla przygodnych miejskich podróżników powstały aplikacje mobilne, dzięki którym można kupić jednorazowy bilet on-line. Sama korzystam z aplikacji moBILET i SkyCash, dzięki którym mogę zapłacić nie tylko za przejazd komunikacją publiczną w wielu miastach w Polsce, ale też za parking, a dodatkowo zakończyć parkowanie, zanim upłynie czas, na który zarezerwowałam miejsce. Jest to rozwiązanie bardzo praktyczne, bezodpadowe i przynoszące wymierne oszczędności.

Najtańsze i najbardziej w stylu *zero waste* jest jednak jeżdżenie po mieście rowerem. Nie emituje się spalin ani szkodliwych gazów (jeśli nie liczyć wydychanego przez nas dwutlenku węgla), nie potrzeba biletów, a dodatkowo poprawia się własną kondycję i tężyznę fizyczną, tym samym oddalając ryzyko przedwczesnej śmierci.

W przedszkolu i w szkole

Dzieci to nasi mali ambasadorzy, gdy znajdują się poza domem. Wyposażone w nawyki odpowiedzialnego korzystania z zasobów tego świata mogą pokazywać innym, jak żyć w sposób niezakłócający naturalnej równowagi naszej planety. Mogą też znaleźć się w sytuacjach, w których będzie im trudno podjąć właściwą decyzję, jeśli nie zostaną wsparte przez mechanizmy postępowania opracowane przez dorosłych. A najlepiej uczą się, obserwując innych!

Na przykładzie przedszkola mojego synka na razie mogę stwierdzić, że edukacja ekologiczna maluchów sprowadza się do nauki segregowania odpadów i okazjonalnego wykonywania upcyclingowych prac plastycznych – co jest oczywiście dobre i ważne, ale na pewno niewystarczające. Chętniej zobaczyłabym, jak dorośli dają przykład maluchom, unikając generowania śmieci. Prezenty dla dzieci z okazji świąt mogłyby być pakowane bez użycia folii. Chętniej widziałabym podarki w postaci zdrowych przekąsek bez opakowań zamiast standardowych cukierków w papierkach i czekoladek w sreberkach. Zamiast soczków w kartonikach i niby--zdrowych batoników w plastiku, które dzieci dostają w przedszkolu, wolałabym zwykłe zdrowe jedzenie na co dzień, owoce bez opakowań, jogurciki w szklanych słoiczkach.

Programy „Owoce i warzywa w szkole” oraz „Mleko w szkole” organizowane przez Agencję Rynku Rolnego też pozostawiają wiele do życzenia, jeśli chodzi o kwestię opakowań, w których produkty są dostarczane do szkół. Czy jabłka muszą być w kawałkach i w foliowych torebkach? A mleko w małych (200 ml) kartonikach ze słomką? Czy w szkolnej stołówce już nie można rozlewać mleka do kubków? Aż chciałoby się powiedzieć: „Za moich czasów było lepiej”, a przecież te „moje czasy” nie są aż tak odległe. Ważne, by w edukacji dotyczącej zdrowego odżywiania nie cofać się i nie powielać niedawnych błędów krajów zachodnich, które zasypały uczniów opakowaniowymi śmieciami, tylko iść naprzód z duchem postępu i nieustannie poszerzanej świadomości ekologicznej.

Jak przygotować dziecko do szkoły

Wszystko zależy od tego, co szkoła oferuje dzieciom w stołówce i w jaki sposób podchodzi do sposobu spożywania posiłków. Moje dzieci otrzymują wszystkie posiłki w instytucjach, do których chodzą, i nie muszą zabierać ze sobą jedzenia. W innym przypadku warto zastosować kilka sposobów, dzięki którym dzieci będą mogły bezodpadowo zjeść drugie śniadanie i napić się, a przy okazji pokazać innym, jakie to proste.

1. Drugie śniadanie można włożyć do **wielorazowego pudełka** – najlżejsze są lunch boxy ze stali nierdzewnej; można do nich zapakować nie tylko kanapki, ale też na przykład sałatkę.
2. Kanapki można zapakować także w lżejszą niż pudełko szmatkę w stylu **chusty** *furoshiki* albo w kawałek materiału z wprasowanym woskiem pszczelim (wspominany już *bee's wrap*). Sama w ten sposób pakuję sobie kanapki do pracy, a synek nie może się doczekać momentu, gdy pójdzie do szkoły i będzie mógł używać tych pięknych kanapkowych opakowań. Zabrudzoną *furoshiki* wystarczy przeprać, a szmatkę z woskiem – przetrzeć wilgotną ściereczką lub umyć letnią wodą z delikatnym mydłem.
3. Zamiast dawać dziecku pieniądze na kupno soczków w kartonikach czy napojów w puszkach w szkolnym sklepiku, lepiej wlać wodę lub ulubiony napój do jego własnego **bidonu** lub **termosu** i nauczyć uzupełniania zwykłą wodą z kranu. Jeśli obawiasz się jej jakości, dodaj do bidonu filtr z węglem aktywnym, który dodatkowo oczyści ją ze szkodliwych substancji.

Życie z uczniem w stylu *zero waste* to nie tylko bezodpadowe pakowanie śniadań. Jest wiele innych możliwości, by ograniczyć użycie plastików i eksploatowanie zasobów naturalnych.

1. Jeśli tylko jest taka możliwość, kupuj **podręczniki z drugiej ręki**. Zmniejszysz zużycie papieru!
2. Wybieraj **zeszyty** zrobione z papieru wytwarzanego z makulatury.
3. Do rysowania świetne będą **kredki drewniane i świecowe** w kartonowych opakowaniach. Unikaj plastików również w przyborach do malowania – farbki można znaleźć w szklanych słoiczkach zamiast w plastikowych, a pędzle – z drewnianymi rączkami.
4. Ucz dzieci **ponownego wykorzystywania każdego kawałka papieru**. Jeśli masz kartki zadrukowane z jednej strony, niech w domu ćwiczą kreatywność na drugiej, czystej stronie.
5. Zamiast plastikowych długopisów lepiej używać **wiecznego pióra** z możliwością ponownego napełnienia atramentem. Uczy to nie tylko odpowiedzialnego podejścia do środowiska, ale również wyrabia piękniejszy, bardziej staranny charakter pisma.
6. I najważniejsze: wspieraj dziecko w wymyślaniu jego własnych szkolnych usprawnień. Unikaj niekonstruktywnej krytyki i nie wypowiadaj się źle o innych dzieciach, które nie stosują się do zasad *zero waste*. Zamiast robić sobie wrogów, lepiej **dawać przykład**.

Zerowaster w szkole

„U mojej córki w klasie jest dużo »dziwolągów«, więc ona się gubi w tłumie z metalowym pudełkiem na drugie śniadanie, ze szklaną butelką i z ubraniami z ciuchlandu. Ona za to jest z siebie dumna. Ja natomiast jestem zachwycona, gdy przychodzi ze szkoły i z rozżaleniem opowiada o tym, co kto robi nie tak. Szkoda, że dzieci nie szanują środowiska, ale fajnie, że ona rejestruje te zachowania jako niewłaściwe" – mówi Maria mieszkająca w czeskim Brnie.

Organizowanie przyjęcia *zero waste*

Święta, urodziny czy zwykłe spotkanie ze znajomymi to nie lada wyzwanie, jeśli chce się uniknąć odpadów. Za każdym razem, gdy organizuję taką imprezę, przede wszystkim staram się unikać wszystkiego, co jednorazowe.

Gości zapraszam telefonicznie, za pośrednictwem internetu lub w trakcie bezpośredniej rozmowy. Papierowe **zaproszenia** użyte zostaną tylko raz, a potem stanowią pamiątkę albo kłopot, bo trudno je ponownie wykorzystać.

Zakupy przed imprezą robię w sklepach, które sprzedają jedzenie na wagę, albo w kooperatywie spożywczej. Dzięki temu unikam produktów opakowanych w plastiki.

Jednorazowe **naczynia** to moja zmora. Zawsze mam problem natury moralnej, gdy znajdę się na imprezie, na której jedzenie serwowane jest właśnie na nich. Warto dowiedzieć się wcześniej, jak gospodarz planuje podawać potrawy, bo gdy okaże się, że na jednorazowych talerzach, można jeszcze: a) porozmawiać z nim/nią, zapytać, czy nie da się jednak użyć naczyń wielorazowych, i zaoferować się z własnym kompletem lub b) przynieść własne wielorazowe sztućce i talerze.

Dla mnie to nie problem, by używać domowej zastawy, nawet na imprezie dla dzieci czy na pikniku. Po zabawie sztućce, talerze, szklanki, kubki czy kieliszki można przecież umyć. Jeśli wiem, że zabraknie mi naczyń, pożyczam od znajomych, zamiast kupować nowy komplet, który nie będzie mi później potrzebny.

W przypadku dużych imprez lepiej przygotować **jedzenie**, które można zjeść palcami. Dobrym rozwiązaniem jest też przyszykowanie kilku rodzajów składników i sosów, które każdy gość może układać sobie na łyżce, dowolnie komponując smaki, i zjeść jednym kęsem. Wędzony łosoś, papryka w kawałkach i sos koperkowy mogą stworzyć jeden zestaw, pomidor, kawałek mozzarelli i listek bazylii – drugi. Ogranicza nas tylko wyobraźnia. Gdy kiedyś zorganizowałam dość dużą imprezę dla znajomych właśnie w tym stylu, wszyscy dobrze się bawili, komponując własne jednołyżkowe sałatki. Testowali różne połączenia warzyw z sosami, wymieniali się informacjami, co do czego pasuje, a co tworzy mieszankę wybuchową i lepiej tego nie próbować.

Napoje warto przyrządzić samemu w domu, na przykład domową lemoniadę, świeżo wyciskane soki czy mrożoną herbatę z owocami. Niewybrednym gościom wystarczy zwykła woda z kranu – sama o taką proszę, gdy jestem gdzieś zaproszona.

Żeby uniknąć **resztek**, przed imprezą potwierdź jeszcze raz liczbę gości, by wiedzieć, ile jedzenia i napojów przyszykować. Gdy robicie imprezę składkową, podzielcie się rozsądnie obowiązkami, by nie okazało się, że każdy przyniesie tyle rzeczy, że będziecie jeść je na siłę.

Na wypadek gdyby jednak zostało coś na talerzach, poproś wcześniej gości, by przynieśli własne pudełka do zapakowania resztek na wynos. Mówiąc „resztki", mam oczywiście na myśli pozostałe ciasta, sałatki czy kanapki, a nie nadgryzione kawałki z czyjegoś talerza. Te ostatnie można ostatecznie wrzucić do kompostownika, niech dżdżownice też coś mają z naszego święta.

Prezenty

Prezenty są formą wyrażenia naszych uczuć do drugiej osoby. Przemyślane i dopasowane do gustu obdarowanego sprawiają radość, nieraz przez długie lata. Nietrafione w najlepszym razie sprzedajemy, a w najgorszym niestety lądują na śmietniku. Dlatego tak ważne jest zastanowienie się, co dać bliskiej osobie, by nie sprawić kłopotu ani jej, ani środowisku.

Przy dzieciach temat prezentów jest szczególnie drażliwy, ale odpowiednia informacja o naszych potrzebach i stylu życia potrafi zapobiec wielu problemom.

Jest kilka zasad, którymi warto się kierować przy dawaniu i otrzymywaniu prezentów w myśl idei *zero waste*.

Zrób listę pożądanych prezentów

Dobrze przygotowana lista prezentów zawiera tylko te rzeczy, które są nam potrzebne. Jeśli nie jesteś pewny, co bliska ci osoba chce otrzymać, zapytaj wprost, co jej się przyda. A jeśli organizujesz imprezę urodzinową lub zbliżają się święta Bożego Narodzenia, przygotuj listę dla rodziny, by bliscy wiedzieli, czym mogą ci sprawić przyjemność.

W moim przypadku – odkąd zaczęłam redukować liczbę posiadanych rzeczy – najlepiej sprawdzają się prezenty w postaci biletów na wydarzenia lub kuponów gwarantujących ciekawe przeżycia. Pisząc „kupon", mam na myśli kawałek papieru, najlepiej ponownie wykorzystany kawałek kartonu lub papieru pakowego, na którym zapisana jest forma danej przygody. Może to być wspólny spacer, wypad za miasto, a z bardziej kosztownych propozycji: bilet do SPA, na koncert ulubionego muzyka, do teatru albo zaproszenie na wspólną kolację w ulubionej restauracji.

Sama lubię dawać właśnie takie prezenty. Na święta moje dzieci otrzymały kupony na przeżycia, wśród których były między innymi: spacer śladami zwierząt po lesie, zabawa w chowanego, zabawa w berka, noszenie na barana i wspólny czas z grami planszowymi. Synek dostał na urodziny bilety do kina na niedzielne seanse dla najmłodszych. Mój mąż co roku otrzymuje ode mnie podobne kupony, choć z nieco innymi propozycjami: wspólne wyjście do pubu, romantyczna kolacja, a ostatnio wykupiłam mu lot motolotnią, kurs sensoryczny dla piwowarów i kurs gry w bilard.

Ciekawą opcją są też kupony z biura podróży dofinansowujące wakacje w wybranym miejscu.

Taki prezent może nie wygląda spektakularnie pod choinką, bo jest niewielki i zazwyczaj mieści się w małej kopercie, ale mina osoby obdarowywanej podczas jego otwierania jest warta zrobienia szybkiego zdjęcia.

Propozycje prezentów

Zerowasterowi z pewnością przydadzą się:
- termos na wodę,
- kubek termiczny na kawę,
- bawełniane chusteczki do nosa,
- własna kompozycja herbat kupionych na wagę do słoiczka,
- zioła w słoiczkach,
- suszone owoce ze sklepu na wagę,
- własnej produkcji kosmetyki i mydła,
- własnoręcznie uszyte woreczki na zakupy,
- ręcznie uszyta maskotka,
- zestaw wielorazowych akcesoriów higienicznych (płatki z materiału, ściereczka do mycia twarzy, szczotka do szorowania ciała),
- e-book,
- zestaw do cerowania ubrań.

Możliwości jest o wiele więcej, najlepiej sprawdzić, czy prezenty się nie zdublują i czy osoba obdarowywana na pewno będzie z nich zadowolona.

Sam sposób zapakowania prezentu również nie jest bez znaczenia. Zamiast cienkich papierów, które łatwo się drą przy otwieraniu, lepiej wybrać wielorazowy worek, najlepiej własnoręcznie uszyty, albo kawałek materiału, którego można użyć jak chusty *fu-*

roshiki. W zasadzie prezent o każdym kształcie i rozmiarze (oprócz tych wielkogabarytowych) można zawinąć w chustę. Jeszcze lepiej, jeśli worek, do którego włożymy podarek, nadaje się do ponownego wykorzystania jako torba na zakupy lub torebka do pakowania jedzenia na wagę.

Podziękuj i próbuj ponownie

Co jednak, jeśli mimo zrobienia listy i poinformowania o swoich potrzebach dostajesz coś, czego nie potrzebujesz? Nie przejmuj się zbytnio, bo możesz sprawić przykrość najbliższym. Pamiętaj, że niechciany prezent zawsze można oddać, wymienić lub sprzedać. Nie każdy weźmie sobie do serca twoje preferencje. Niektórym trudno zmienić nawyki zakupowe. Ważne, by być miłym, podziękować za prezent i przy następnej okazji powtórzyć to samo ćwiczenie z listą i opowiadaniem o swoim stylu życia. W końcu nie od razu Rzym zbudowano.

Drugie życie rzeczy

Edukacja jest potrzebna, by ludzie rozumieli, dlaczego coś robią. Wielu z nich wydaje się, że śmieci trafiają do jednego kosza, ale to nieprawda.

KASIA WĄGROWSKA: Prowadzisz blog „Na nowo śmieci", na którym pokazujesz upcycling rzeczy uznawanych za odpady. Przyniosłaś mi dziś kilka drobiazgów, opowiesz o nich?
JULIA WIZOWSKA: Pierwszą z rzeczy, które chcę ci pokazać, są długopisy z łusek po nabojach – nie są wykonane przeze mnie, ale mają swoją historię. Kupiliśmy je podczas naszej podróży poślubnej. Nie prowadziłam jeszcze wtedy bloga, ale ten zakup miał wpływ na jego powstanie. Pochodzą z Mostaru w Bośni i Hercegowinie, który – jak wiadomo – został mocno zniszczony podczas wojny w byłej Jugosławii. Długopis jest wciąż w użyciu, można go rozkręcić i wymienić wkład.

Mamy z mężem tradycję, by w święta obdarowywać się prezentami, które nie są kupione, a wykonane samodzielnie. Tutaj mam wizytownik, który podarowałam mężowi na ostatnie święta. Zrobiłam go ze starej kasety, wkleiłam zamek, wypełniłam filcem i pomalowałam z zewnątrz, z założenia mąż ma w nim trzymać różne karty płatnicze.

Mam też druty z pałeczek chińskich, to jedna z pierwszych rzeczy zrobionych przeze mnie na bloga, wciąż w użyciu. Przetarłam je papierem ściernym, oszlifowałam i zakonserwowałam olejem lnianym. Zrobiłam na nich myjki, próbowałam robić kapę na łóżko, ale one lepiej nadają się do małych prac.

Jedną z popularniejszych rzeczy na blogu jest biżuteria z ubrań. Do jej zrobienia wykorzystałam dwa stare T-shirty i jeden motek, który pozostał mi z robienia dywanu.

Uzbierało mi się bardzo dużo pudełek po soczewkach, są dokładane do płynu, który kupuję co miesiąc. Czyszczę je i wypełniam różnymi balsamami – przygotowuję je jako podarunki dla sióstr: one mi oddają swoje puste pudełka, a ja im te wypełnione. Ze starych koszul robię poduszki lub torby na zakupy.

Co tu jeszcze mamy... To jest dywan, który zrobiłam jako pierwszy. Był taki moment, że coś wylaliśmy na prześcieradło, rozprułam je, pocięłam na paski, zrobiłam „włóczkę", a z niej pokrowiec na pufę. Z kartonu przygotowałam szafkę na buty, używamy jej na co dzień już od roku, a zrobiłam ją zaledwie w półtora dnia.

Skąd czerpiesz pomysły? Każdy ma w domu śmieci, ale zwykle traktuje je zupełnie bezrefleksyjnie.
Patrzę na śmieci jak na surowiec, nie spieszę się z wyrzucaniem rzeczy. Jeśli mam coś niepotrzebnego, odkładam i zastanawiam się, co z tym zrobić. Najczęściej wpadam wtedy na jakiś pomysł. Na początku pojawia się zarys – teraz przykładowo wymyśliłam, by z jednorazowych pudełek po jedzeniu zrobić tablicę-przybornik nad biurko. Potem myślę nad szczegółami, by obkleić je tapetą, bo mam jej nadwyżki, i dołożyć karton, który mam po przesyłce.

Najzabawniejsze jest, że mieszkamy w kawalerce, mój mąż zawiaduje pokojem, a ja kuchnią – pod stołem gromadzę różne rzeczy, które mogą mi się jeszcze przydać. Potem wykorzystuję wiele surowców naraz i znikają.

Jesteś chomikiem z natury?
Właśnie nie, mam mało swoich osobistych rzeczy, mało ubrań. Największy problem jest z książkami, trudno nam się z nimi rozstać. Podczas ostatnich porządków opróżniliśmy cały regał – część sprzedaliśmy, resztę przerobiłam. Ze zdezaktualizowanych podręczników akademickich zrobiłam bombki na choinkę, obkleiłam metodą *papier mâché*, część pofarbowałam, część pozostawiłam

w takiej formie. Są dość praktyczne, jak mocniej je przygnieciesz, to się zniszczą, ale kiedy upadną na ziemię, to nic im się nie stanie. I ładnie wyglądają. Obdarowywałam nimi rodzinę, bardzo się podobały.

Czy wszystkie śmieci jesteś w stanie zużyć?
Nie wszystkie, części pozbywam się tak czy inaczej.

Czy zdarzył ci się odpad, który wyjątkowo trudno przerobić?
Tak, cały czas się zastanawiam, co mamy zrobić z filtrami do wody. Od półtora roku nie używamy wody butelkowanej. Filtry wymieniam co miesiąc, zbieram je, chciałam obsadzić kwiatkami, ale wciąż jeszcze nie wykrystalizowała się ostateczna wizja.

A jak myślisz, jak to, co robisz, ma się do idei *zero waste*?
Zakładając ten blog, myślałam o zwykłych ludziach, nie o zaangażowanych ekowariatach. Pisałam z myślą o tych, którzy nie ograniczają zakupów, żyją bez spinki takim trochę śmieciowym życiem. Próbowałam im pokazać, jak ograniczyć wyrzucanie śmieci. Ale naturalną koleją rzeczy blog rozwinął się w kierunku *zero waste*, jest tam teraz sporo wątków dotyczących ograniczania się na poziomie zakupów. Można uznać, że teraz to dwa równoprawne tematy.

Poruszasz tematy takie jak recycling, upcycling i DIY oraz świadome zakupy i świadoma konsumpcja. Twój blog ma ogromny walor edukacyjny, jestem ciekawa, jak sama żyjesz na co dzień.
Żyję według idei *zero waste*, ale nie ortodoksyjnie. Dzisiaj spotykam się z tobą, więc nie robię obiadu, kupię na mieście dla męża, więc wzięłam z domu pudełko. Wzięłam też tekstylną torbę, bo wracając, zrobię zakupy, ale pójdę do supermarketu, bo bazar Różyckiego, na którym się zaopatruję, będzie już zamknięty. Czasem robię tam

zakupy z własnymi opakowaniami na wagę. Ekspedientki poznają mnie po torbie z koszuli, dużo z nimi o niej rozmawiałam [śmiech]. Teraz chodzę już z inną torbą, mam też woreczek na chleb.

Rozumiem, że nie jesteś zakupową terrorystką?
Nie. Trochę zachłysnęłam się na początku. W zapale neofity wymieniałam detergenty na ocet, mydła w płynie na mydła w kostce. Mojemu mężowi to nie do końca odpowiadało, zwłaszcza te detergenty. Nie narzucam już swojej wizji, bo też nie lubię, gdy ktoś mi coś narzuca. Pisząc blog, też trzymam się formy doradczej, nie nakazowej, sugeruję, nie zmuszam.

Co ludzi najbardziej przekonuje do ograniczania odpadów?
W moim przypadku – dobry projekt. Ktoś zrobił taką samą torbę z koszuli i przysłał mi zdjęcie. Po publikacji wpisu o wycieraczce z rajstop dostałam mnóstwo entuzjastycznych komentarzy. To są bardzo miłe dla mnie momenty.

Z jakimi problemami ludzie najczęściej do ciebie piszą?
Wyobraź sobie, że cały czas pytają mnie, jak segregować śmieci. Kompletnie nie wiedzą, co do którego kosza wyrzucić. Mam żal do ustawodawców i samorządów, uchwala się i udoskonala prawo, a nikt nie dba o edukację u podstaw.

Na moim osiedlu stoją pojemniki do segregacji odpadów, ale na początku szło bardzo opornie. Początkowo wspólnota prosiła, potem pogrożono, że ci, co się nie dostosują, będą płacić wysokie kary. Założono atrapy kamer, w tym jedną skierowaną na śmietnik. Jednych przekonuje dobro natury, a drugich tylko bat, jak ktoś ma wizję kary, to dopiero zaczyna segregować.

Edukacja jest potrzebna, by ludzie rozumieli, dlaczego to robią. Wielu z nich wydaje się, że śmieci trafiają do jednego kosza, ale to nieprawda – w śmieciarce jest w środku kilka pojemników, a tam, gdzie nie opłaca się wysłać śmieciarki, wysyła się kilka samochodów. Wiem to, bo z dziennikarskiego obowiązku sprawdziłam.

Dziękuję za rozmowę.

Julia Wizowska – autorka bloga „Na nowo śmieci" (www.nanowosmieci.pl), z pasją zajmuje się upcyclingiem, dając rzeczom nowe życie. Z zawodu dziennikarka, reportażystka.

Zwierzęta a *zero waste*

Zwierzęta domowe są naszą radością. Kochamy je miłością bez-
względną, za którą one odwdzięczają nam się tym samym. Często
się jednak zdarza, że to one są głównymi „wytwórcami" rosnącej
górki śmieci w naszym koszu. Worki i puszki po karmie, opakowania po żwirku, sam zużyty żwirek, opakowania po zabawkach...
Jak dobrze opiekować się zwierzętami i nie utonąć w plastikach?

Jedzenie

Kupuj jedzenie na wagę. W sklepach zoologicznych zazwyczaj
można napełnić karmą własny pojemnik. Sama zabieram ze sobą
słoik, pudełko lub opakowanie po wcześniej kupionej kociej karmie i proszę ekspedientkę o napełnienie. Jest to opcja bezodpa-
dowa i oszczędna, bo jedzenie kupione na wagę kosztuje zazwyczaj kilka złotych mniej niż to zapakowane fabrycznie.

Można też robić własną karmę w domu. Warto sprawdzić, co
nasz pupil lubi i chętnie je, i przygotować mu domowe smakołyki. Moja mama gotuje kaszę lub ryż z mięsem i warzywami, którymi jej psy się zajadają. Sama gotuję czasem kotu wątróbkę czy
inne podroby. Koty jako drapieżniki lubią też jeść surowe, świeże
mięso, choć moja kicia nie wie, jak się z nim obchodzić. Słyszałam,
że to kwestia przyzwyczajenia pupila do nowego rodzaju jedzenia
i że niekiedy potrzeba trochę czasu, dlatego nie warto zniechęcać
się po kilku nieudanych próbach.

Niektórzy są zdania, że zwierzęta z powodzeniem poradzą sobie bez jedzenia mięsa. Są nawet wegańskie karmy dla psów, które
ponoć cieszą się dużym powodzeniem wśród zwierzaków.

Niektórzy twierdzą, że zwierzęta to świetne odkurzacze pochłaniające resztki z obiadu, a dom z psem lub kotem nie musi
się martwić, co zrobić z takimi odpadami. Bywa, że czworonożni

podopieczni rzeczywiście lubią jeść pozostałości z ludzkiego stołu, ale wątpię, czy to zdrowy sposób na uzupełnienie ich diety. Poza tym akurat moja kicia nie ma ochoty na nic, co pozostaje z naszego obiadu.

Jeśli nie znajdziesz dobrej karmy na wagę w okolicy, wybieraj taką, która jest pakowana w pudełka lub torby z papieru albo nadające się do ponownego użycia lub przetworzenia.

Smakołyki dla psów i kotów również można dostać na wagę lub sztuki. W sklepach zoologicznych wielokrotnie widziałam specjalne kości do gryzienia dla psów czy chrupiące przekąski w słoikach, sprzedawane na sztuki. Sama kupuję kici smakołyki tylko okazjonalnie, zazwyczaj z okazji świąt lub jej urodzin (czy raczej dnia, w którym wydaje mi się, że się urodziła), ale wówczas wybieram te dostępne luzem.

Żwirek i torebki

Koci żwirek może być zapakowany w plastikową torbę, ale są też na rynku żwirki w torbach papierowych. Warto wybrać ten drugi rodzaj opakowań, ponieważ nawet jeśli nie zostanie poddany recyclingowi, rozłoży się samoistnie w naturze.

To, jakie podłoże do kuwety wybieramy, też nie jest bez znaczenia. Zwykły piasek jest najbardziej naturalny, ale nie pochłania zapachów, więc nie nadaje się dla osób trzymających kuwetę w domu. Taki piasek trzeba często wymieniać na nowy, wyrzucając zabrudzoną zawartość do odpadów zmieszanych lub – najlepiej – do kompostownika dostosowanego do przetwarzania zwierzęcych odchodów.

Żwirek bentonitowy świetnie pochłania zapachy i się zbryla, ale nie można wrzucać go do toalety, a zatem również ląduje w odpadach zmieszanych lub w specjalnym kompostowniku.

Najlepszy dla domu i kota jest podkład drewniany lub tak zwany biodegradowalny, zrobiony z przetworzonych części roślin, najczęściej kukurydzy. Można go spłukiwać w toalecie (w niewielkich ilościach), gdyż po dłuższym czasie rozkłada się on w wodzie. Nie polecam jednak tego sposobu pozbywania się nieczystości ze względu na toksyny, które mogą przedostawać się do wody z kocich odchodów. Zużyty podkład najlepiej wrzucać do kompostownika, w którym z czasem toksyny zostaną zneutralizowane.

Wyprowadzanie psa w miejscach publicznych także wiąże się z obowiązkiem sprzątania po nim. Popularne foliowe torebki na psie odchody to również odpad, którego trudno uniknąć. Nie mam psa choćby z powodu konieczności kłopotliwego sprzątania po nim. Jednak osobom, które muszą sobie z tym radzić na co dzień, polecam pakowanie odchodów pupila w papierowe torebki, najlepiej samodzielnie zrobione ze starych gazet czy makulatury. Dzięki temu, nawet jeśli psie odchody wylądują w koszu na odpady zmieszane, nie zanieczyścimy środowiska dodatkowymi foliówkami. Jeśli możesz, zrób przy domu kompostownik na zwierzęce odchody, najlepiej w pewnej odległości od grządek z warzywami. Kompost uzyskuje się po kilku lub kilkunastu miesiącach i można go użyć do nawożenia roślin.

Zwierzęce zabawki

Moja kicia najchętniej bawi się tym, co mamy w domu. Zwykły sznurek z pętelką zawiązaną na końcu sprawia jej wiele frajdy. W trakcie domowych kocich szaleństw podobnie chętnie używane są piłeczki utoczone z kawałka gazety. Mamy kilka sklepowych piłeczek, które regularnie się gubią i cudem znajdują – chyba każdy koci właściciel to zna. Zamiast więc kupować kolejne, lepiej wykorzystać to, co i tak mamy w domu.

Podobnie psy lubią bawić się tym, co mamy pod ręką – aportowanie patyków i zabawa starymi dziecięcymi piłkami sprawia im równie wielką frajdę co szaleństwa z drogą zabawką ze sklepu przeznaczoną specjalnie dla nich.

Drapak dla kota można zrobić samemu z deseczki i konopnego sznurka. Wystarczy ciasno owinąć deseczkę sznurkiem i umieścić w widocznym dla kota miejscu.

Jak widać, zwierzęta mogą przysporzyć trochę śmieci, ale wystarczy kilka prostych zmian i mamy w domu bezodpadowego pupila.

Rozdział IV
Zero waste a oszczędności

Niektórzy myślą, że na życie w stylu *zero waste* trzeba przeznaczać spore kwoty. Bo zakupy kosztują więcej, bo na początku trzeba zaopatrzyć się w wiele akcesoriów, bo w jednorazówkach jest taniej, szybciej, łatwiej, a czas to również pieniądz. Przyznam, że nie liczę zbyt dokładnie, ile wydaję, odkąd zmieniłam styl życia na bezodpadowy, ale widzę, że zostaje mi więcej pieniędzy na koncie, kupuję więcej lepszych jakościowo produktów i mam mniej problemów z zagraconym mieszkaniem. Jak to się dzieje?

Bezodpadowe życie to przede wszystkim zmiana dotychczasowych nawyków. Już samo **planowanie** zakupów, tak by uniknąć jednorazowych opakowań i jeść zdrowo, sprawia, że kupuję tylko te rzeczy, które są nam potrzebne, i nic poza tym. Zakupy raz w tygodniu z listą najczęściej używanych produktów pozwalają kontrolować zarówno dietę, jak i budżet. A dzięki temu, że w kooperatywie spożywczej można też sprzedawać swoje przetwory, nadmiar jedzenia się nie marnuje.

Gotowanie z pozostałości z poprzedniego dnia to również bardzo zdroworozsądkowe rozwiązanie. Uczy kreatywności w kuchni, łączenia czasem z pozoru nieoczywistych smaków i używania przypraw, a przy tym pozwala zachować kilka złotych w portfelu. W chłopskiej kuchni od zawsze trzymano się zasady, by w pełni wykorzystać to, co się ma, by nic się nie zmarnowało. Dziś mamy ten komfort, że w dowolnym momencie możemy wyrzucić niechciane jedzenie do śmieci i nie przejmować się tym, co później dzieje się z odpadami. Gdyby tak jednak być zmuszonym do zatrzymywania w domu wszystkich resztek, uzmysłowiłoby to nam, ile żywności marnujemy. Zatem racjonalne wykorzystanie produktów żywnościowych nie jest wymysłem bezodpadowców, lecz najrozsądniejszym sposobem gospodarowania owocami ziemi, a przy okazji pozytywnie wpływa na nasze finanse.

Zakupy na wagę skłaniają do zastanowienia, ile jedzenia tak naprawdę potrzebujemy, i do kupowania dokładnie takiej ilości. Zaopatrywanie się w produkty sprzedawane luzem w większych sklepach przyczynia się do oszczędności także dlatego, że zwykle są one tańsze niż ich odpowiedniki w opakowaniach. Ser krojony w plasterkach zapakowany przez producenta jest średnio dwa razy droższy od tego na wagę. Podobnie twarożek, który można kupić do własnego słoiczka.

Z litra mleka dostępnego w kooperatywie spożywczej powstanie około litra jogurtu dwa razy tańszego niż w zwykłym sklepie. Wiadomo, że nabiał od szczęśliwych krów jest zdrowszy, ale czy przy okazji to się najzwyczajniej nie opłaca?

Życie w stylu *zero waste* przynosi również oszczędności na produktach, których już **nie kupuję**, bo zmieniłam swoje nawyki. Nie kupuję słodyczy ani jogurtów, śmietany ani kefirów w plastikowych kubeczkach (mogę zrobić je sama, jeśli będę miała ochotę). Sama rezygnacja z butelkowanej wody to oszczędności rzędu 60 złotych miesięcznie, a ponad 700 w skali roku! Mimo że nie piję wody mineralnej, nie zaobserwowałam u siebie żadnych niedoborów i czuję się świetnie, pijąc wodę z kranu. W restauracji zamiast o butelkowaną wodę proszę o szklankę zwykłej kranówki, która jest darmowa, a zatem również oszczędzam.

Nie gonię za nowościami, bo, po pierwsze, zdaję sobie sprawę, że nie są mi potrzebne, a po drugie, bardzo rzadko chodzę po sklepach. Oczywiście to nie jest tak, że zupełnie zrezygnowałam z kupowania czegoś nowego, bo chcę sprawdzać nowinki na rynku *zero waste*. Jednak takie zakupy muszą mieć uzasadnienie, na przykład koniec zapasu danego produktu w domu albo tak duże zużycie danego przedmiotu, że już nie da się go naprawić. Nie mamią mnie już promocje w stylu „kup trzy produkty, a czwarty dostaniesz gratis", bo zazwyczaj nie potrzebuję aż tylu naraz. W pierwszej kolejności wykorzystuję to, co już mam w domu, a dopiero potem uzupełniam zapasy.

To, że robię zakupy poza centrami handlowymi, też ma wpływ na ilość wydawanych pieniędzy. Bycie *poza systemem*, w którym rządzi marketing, promocje i masowa sprzedaż, niezwykle pomaga w utrzymaniu w ryzach domowego budżetu. Brak pokus = brak nieplanowanych wydatków = grubszy portfel.

Bio, eko czy bez opakowania?

Kiedyś usłyszałam pytanie: lepiej wybrać produkty z certyfikatem ekologicznym czy bez opakowania? Moim zdaniem sam fakt, że produkty oznaczane jako bio i eko zapakowane są w folię czy plastik, powinien budzić nieufność. Co prawda zawartość torebki czy pudełka może pochodzić z certyfikowanych, kontrolowanych upraw, ale producent zostawia konsumenta z nie lada dylematem: co zrobić z opakowaniem? Nie widziałam jeszcze na paczce na przykład ekokaszy napisu w stylu: „Dziękujemy za zakup, a opakowanie odeślijcie na nasz adres, z chęcią wykorzystamy je ponownie". Dopiero wówczas nie miałabym wyrzutów sumienia przy kupowaniu tak zapakowanego produktu.

Produkty ekologiczne występują też w sprzedaży na wagę. Na terenie Polski sklepów sprzedających je w ten sposób nadal jest niewiele, ale warto rozejrzeć się po okolicy i sprawdzić, czy aby na pewno czegoś nie przeoczyliśmy. Jeśli brak u nas produktów sprzedawanych luzem, polecam zapytać bezpośrednio w sklepie, czy właściciel nie zechciałby uzupełnić oferty o zdrowe towary na wagę. Sklepy tworzone są dla ludzi, którzy chcą w nich kupować, dlatego dla sprzedawcy nasz głos powinien się szczególnie liczyć.

Każdy może się przyczynić do niezaśmiecania planety, korzystając z oferty działów z produktami na wagę. Nie są one jednak opatrzone informacjami o ich wysokiej jakości. Osobiście unikam takich stoisk, ale na bezrybiu i rak ryba. Lepiej wybrać standardową wersję produktu bez opakowania niż w jednorazowej foliowej torebce.

Wyższa cena jest argumentem przeciw kupowaniu produktów z odpowiedzialnych upraw, szczególnie jeśli finanse ograniczają nam swobodę wyboru. Wychodzę jednak z założenia, że przy odpowiednim wcześniejszym zaplanowaniu zakupów i – co ważne – ogólnym ograniczeniu konsumpcji tylko do tego, co jest zdrowe i wartościowe, znajdą się fundusze i na produkty z sekcji „bio". Kupowanie pryskanych warzyw czy owoców jest krótkowzroczne, gdyż nie bierzemy pod uwagę, że za jakiś czas mogą pojawić się u nas choroby wynikające ze spożywania żywności przeładowanej sztucznymi nawozami. Najbardziej wrażliwi na te kwestie są rodzice dzieci alergików i dzieci z nietolerancjami pokarmowymi. Kiedy karmi się je produktami niefaszerowanymi chemią, po jakimś czasie obserwuje się różnicę w stanie zdrowia maluchów. Wysypki znikają, nietolerancje pokarmowe łagodnieją, a odporność wzrasta. Nie bez przyczyny producenci jedzenia dla niemowląt tak gorąco zapewniają o ich ekologicznej proweniencji – wiedzą, że dzieciom dajemy to, co najlepsze. A skoro dzieci mają jeść zdrowo, my sami również nie powinniśmy inaczej. Wprowadzenie ekologicznej żywności na stałe do naszej diety wszystkim przyniesie długofalowe

korzyści, a dodatkowo wesprze lokalne gospodarstwa dbające o naj-
wyższą jakość płodów ziemi.

Dzięki bezopadowemu podejściu do mojej **łazienki** znalazłam
nowe sposoby na dbanie o siebie, które przy okazji przynoszą
oszczędności. Zamiast drogich kosmetyków do twarzy używam ich
własnoręcznie zrobionych odpowiedników. Czasem kilka składników wystarczy, by ukręcić krem czy wymieszać płyn do demakijażu. Zwykły olej kokosowy może służyć jako balsam do ciała, surowiec do zrobienia pasty do zębów czy maska do włosów.
Jeden olej zastępuje więc trzy kosmetyki! Zamiast kupować mydła w płynie, robię mydło w domu; tu również mogę się posłużyć
resztkami olejów z mojej kuchni. Wszystko można wykorzystać!

Kupno bezodpadowych środków higienicznych to całkiem spora inwestycja – około 100 złotych kosztuje kubeczek menstruacyjny, a paczka wielorazowych podpasek kilkanaście–kilkadziesiąt złotych. Ich koszt jednak zwraca się już po kilku miesiącach
używania. Trzeba pamiętać, że jednego kubeczka można używać
przez trzynaście, a nawet piętnaście lat, a zaoszczędzone pieniądze przeznaczyć na przyjemniejsze rzeczy.

Zmiana środków do czyszczenia na naturalne jest korzystna
dla zdrowia i dla portfela. Kilka składników kupowanych na wagę,
w tym najtańsze: ocet i soda oczyszczona, pozwala zrobić większość domowych porządków. Pół litra octu kosztuje około 2 złotych, kilogram sody oczyszczonej w szklanym słoiku – mniej niż
7 złotych. Używam ich do czyszczenia powierzchni wszelakich,
prania, a także w kuchni. Nie inhaluję się sztucznymi aromatami
ze sklepowych środków czyszczących. Nie spuszczam ich szkodliwych składników do kanalizacji. Dbając o swoje zdrowie, świadomie podchodzę do tego, jak traktuję naszą planetę.

Na **garderobie** za bardzo nie oszczędzam. Wybieram zazwyczaj polskie marki szyjące lokalnie z dobrej jakości tkanin. Nie są to tanie rzeczy, ale cieszę się, że dzięki moim zakupom wspieram lokalny biznes i przyczyniam się do wzmacniania pozycji rodzimych przedsiębiorstw na rynku. To równie ważne jak kupowanie z drugiej ręki, które z kolei jest o wiele tańsze i przedłuża życie ubrań.

Zamiast wyrzucać, **naprawiam**. Nauczyłam się **szyć**, dzięki czemu łatanie dziur, skracanie ubrań i drobne przeróbki nie są mi już straszne. Dzięki maszynie do szycia odziedziczonej po Tacie uszyłam sporo wielorazowych woreczków na prezenty, worki na jedzenie, worek na ubrania do przedszkola dla mojego synka i szmacianą lalę dla córeczki. Jestem dumna z moich nowo nabytych umiejętności, mimo że profesjonalną szwaczką nie jestem i pewnie nie będę. Wiem już jednak, jak wygląda sam proces szycia i ile zajmuje czasu. Dopiero teraz rozumiem, skąd biorą się ceny skomplikowanych w uszyciu ubrań, takich jak choćby sukienka czy spodnie.

Naprawiamy też sprzęty domowe, obuwie, książki, wszystko, co jeszcze nadaje się do użycia. Mam świadomość, że wyrzucanie sprzętów to marnowanie ich potencjału. A dbałość o dobrej jakości przedmioty jest kluczowa dla zachowania odpowiedniego standardu życia. Przy produktach wielorazowego użytku to naturalne, że chcemy cieszyć się nimi jak najdłużej.

Wykorzystywanie tego, co już mam, i ponowne użycie z pozoru bezużytecznych rzeczy pomaga mi **ograniczyć poziom konsumpcji**, dzięki czemu również oszczędzam. Pamiętam, jak usilnie szukałam idealnych foremek na mydła. Po dłuższych poszukiwaniach, mimo że na rynku jest ich naprawdę duży wybór, zdecydowałam się na silikonowe foremki na lód i metalową keksówkę, które leżały nieużywane w domu. Podobnie zamiast jechać do sklepu po specjalny pojemnik na przybory artystyczne, sprawdziliśmy, jak w tej funkcji spiszą się upchane w kącie kartony po butach – okazały się dobrym wyborem. **Kreatywność w wykorzy-**

staniu przedmiotów sprawia, że mamy mniej wydatków, a na wysypiska trafia mniej śmieci.

Na **kompostowaniu** zyskuje moja balkonowa uprawa roślin. Zamiast kupować ziemię, wykorzystuję jej resztki z zeszłego roku, wzbogacając je o gotowy kompost i płynny humus z dna kompostownika. Rośliny dawno tak pięknie mi nie kwitły. Nie muszę już kupować ziemi ogrodowej w foliowych paczkach ani specjalnych nawozów w plastikowych butelkach.

Muszę jednak podkreślić, że w bezodpadowym stylu życia priorytetem wcale nie są oszczędności, choć z pewnością są miłym efektem ubocznym. Najważniejsza jest motywacja do tego, by zmieniać nasze otoczenie na lepsze, zaczynając od przetasowania własnych nawyków i być może ustalenia nowej hierarchii wartości. To dbałość o środowisko, rozumienie wpływu, jaki mają na nie nasze codziennie wybory, i wprowadzenie realnych zmian są kluczowe, by wytrwać w życiu *zero waste* i cieszyć się z każdego sukcesu.

Co kosztuje?

- nowy bidon
- nowy termos
- stalowe lub szklane pudełka na żywność
- słoiki z grubego szkła typu *mason jar*
- pieluchy wielorazowe
- podpaski wielorazowe
- kubeczek menstruacyjny
- bawełniane myjki do twarzy
- kompostownik
- torba na kółkach na zakupy
- kupowanie nowych ubrań z naturalnych tkanin
- samochód elektryczny marki Tesla :)

Co nie kosztuje albo kosztuje bardzo mało?

· szklana butelka po soku (na wodę)
· używany termos (na kawę)
· plastikowe pudełka, które masz już w domu
· słoiki po przetworach
· używane pieluchy wielorazowe
· własnoręcznie uszyte podpaski
· ręcznie uszyte myjki do twarzy
· domowe wiadro na kompost
· bawełniana torba wielorazowa
· kupowanie ubrań z drugiej ręki
· rower :)

Zakończenie

Zmiany, jakie się wprowadza, zaczynając żyć w stylu *zero waste*, są kompleksowe, a korzyści z nich wynikające wpływają zarówno na nasze zdrowie i portfel, jak i na kondycję całej planety. Łatwość, z jaką konsumujemy, jest dziś największa w historii ludzkości. Sprzedaż nakręcają aktywne działania marketingowe, a ludzie są nakłaniani, by kupować więcej, szybciej i w nieprzemyślany, spontaniczny sposób. Masowa sprzedaż jest bez wątpienia siłą napędową naszej gospodarki, choć jej konsekwencje dla środowiska nie są bez znaczenia.

Wdrożenie choćby kilku z zasad, które opisałam w tej książce, to pierwszy krok do tego, by żyć bardziej świadomie i nie produkować tylu śmieci. Już najprostsze rzeczy, jak zabieranie na zakupy własnej wielorazowej torby, picie wody z kranu czy wykorzystywanie resztek w kuchni, mogą znacznie odchudzić kosz na odpady. Zasada osiągania sukcesu przez zrywanie nisko wiszących owoców (ang. *low-hanging fruits*) sprawdza się tu doskonale.

Gdy rozpoczynałam mój eksperyment *zero waste*, zastanawiałam się, ile czasu zajmie mi ograniczenie produkowanych śmieci do jednego słoika rocznie i czy w mojej sytuacji w ogóle jest to osiągalne. Po roku widzę, że zmiany tego typu potrafią być bardzo czasochłonne, a odśmiecenie mieszkania wymaga wiele pracy

i determinacji. Nie zniechęcam się jednak faktem, że zamiast słoika mam nadal kubeł, a w zasadzie kilka. Wiem, że moje starania
przynoszą wymierne efekty, a kompleksowe zmiany w sposobie
prowadzenia domu i – szerzej – całego życia przyczynią się do
realnej zmiany na korzyść naszego środowiska.

Wielokrotnie słyszę wątpliwości ze strony sceptyków, którzy
zastanawiają się, czy działania jednej osoby mogą mieć jakiekol-
wiek przełożenie na całokształt systemu, w którym tkwimy. „Co
ty sama możesz zrobić, skoro inni nadal kupują wszystko w plastiku i nie dbają nawet o segregowanie śmieci?" Wiem jednak, że
każda zmiana, nawet najtrudniejsza do wprowadzenia, musi mieć
kiedyś swój początek. Aktywności jednostek sumują się, by osiągnąć efekt kuli śnieżnej, na który tak bardzo czekam. Są zauważa-
ne przez innych ludzi, prowokują do dyskusji, edukują, a w końcu
wpływają na działania przedsiębiorców i ustawodawców.

Zamiast narzekać, że samemu niewiele można zdziałać, rób-
my to, co do nas należy, pokazując innym, że się da. Być może
za parę lat w Polsce będzie już kilka osób mogących pochwalić
się tylko jednym słoikiem odpadów na miesiąc, a może i na rok.
Może ty będziesz jedną z nich?

Podziękowania

Jestem wdzięczna wielu osobom, które przyczyniły się do tego, by ta książka powstała i miała najlepszą formę z możliwych. Dziękuję Oldze, Ani, Kornelii, Julii, Agnieszce i Oli za poświęcenie mi czasu w trakcie wywiadów. Dziękuję Dorocie, która ugościła mnie u siebie i pokazała mi piękny fragment swojego życia bez śmieci. Dziękuję Uli za rozmowy o minimalizmie, a Pawłowi i Łukaszowi za dużą dawkę wiedzy na temat odpadów. Dziękuję całej grupie „Zero Waste Polska" za nieustanną inspirację.

Dziękuję Marcie i Aurelii za pomoc w redakcji, a Ani za zauważenie potencjału w temacie *zero waste*.

Jednak najbardziej jestem wdzięczna mojemu Mężowi, dzięki któremu zdecydowałam się na podjęcie tej ciężkiej rękawicy, jaką jest napisanie książki. Dziękuję za nieustanne wsparcie i wiarę w moje siły!

Projekt okładki
Zuzanna Weremiuk

Fotografie na okładce i w książce
Agnieszka Werecha

Redakcja
Aurelia Hołubowska

Opieka redakcyjna
Bogna Rosińska
Anna Steć

Adiustacja
Magdalena Matyja-Pietrzyk

Korekta
Joanna Myśliwiec

Projekt typograficzny i łamanie
Jadwiga Malik

ISBN 978-83-240-4637-9

Książki z dobrej strony: www.znak.com.pl
Więcej o naszych autorach i książkach: www.wydawnictwoznak.pl
Społeczny Instytut Wydawniczy Znak
ul. Kościuszki 37, 30-105 Kraków
Dział sprzedaży: tel. 12 61 99 569, e-mail: czytelnicy@znak.com.pl

Wydanie I, Kraków 2017
Druk: Colonel

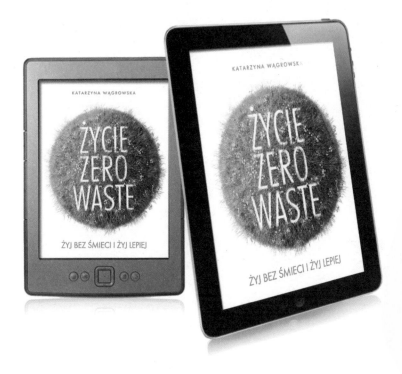

E-book dostępny na

woblink.com